朝鮮半島
中華人民共和国
延辺朝鮮族自治区
ロシア連邦
（ソ連）
ウラジオストク
ポシェット湾
豆満江
延吉
会寧
羅津・先鋒
清津
白頭山
瀋陽
通化
鴨緑江
恵山
咸鏡北道
両江道
江界
慈江道
清川江
咸鏡南道
安東
平安北道
新義州
雲山
寧辺
安州
咸興
興南
永興
大同江
平安南道
朝鮮民主主義人民共和国
永興湾
成川
元山
平壌
南浦
臨津江
黄海北道
江原道
金剛山
沙里院
黄海南道
板門店
鉄原
金化
束草
海州
開城
38°
汶山
春川
江陵
甕津半島
議政府
漢江
江華島
金浦
仁川
ソウル
京畿道
太白山脈
日本海
忠州
太白山
忠清北道
慶尚北道
清州
大韓民国
浦項
倭館
大邱
慶州
慶尚南道
智異山
洛東江
蔚山
光州
順天
釜山
全羅南道
麗水
巨済島
日本
対馬
対馬海峡
福岡
済州道
済州島
北九州
0
100km

朝鮮戦争の謎と真実

金日成、スターリン、毛沢東の機密電報による

A・V・トルクノフ

下斗米伸夫・金成浩――訳

草思社

ЗАГАДОЧНАЯ ВОЙНА
КОРЕЙСКИЙ КОНФЛИКТ
1950-1953 ГОДОВ
А. В. Торкунов

毛沢東は建国直後の1949年12月から翌年２月までモスクワに滞在、中ソ蜜月ぶりを世界に示した。上は、レーニン26周忌記念祝典に出席した毛（左から４番目。同２番目が周恩来、中央がスターリン）。下は、スターリン70歳の誕生日の記念撮影（中央はブルガーニン）　共同通信提供

開戦前夜... 1949年12月16日、モスクワに中国代表団を出迎える。前列左から2番目が毛沢東、次いでモロトフ、グロムイコ、ブルガーニン

ソ連の初代北朝鮮大使として平壌に赴任したシトゥイコフは戦争初期に重要な役割を果たす（右から2人目は金日成）

1949年２月、訪ソしてモスクワ駅で迎えられる金日成(左)、朴憲永（右から２番目)。朴の左はグロムイコとミコヤン

49年３月、モスクワから帰国の途につく北朝鮮代表団（前列右が金日成）

平壌のソ連大使館内の北朝鮮外相・朴憲永（右端）（1951年8月15日）

戦時下の平壌・ソ連大使館の外交官

ソ連大使館の避難光景

落ちた米軍の飛行機

ローラーが南北を往復するような戦乱を避け、逃げまどう難民（下も）

少年兵も加わった北朝鮮兵士

負傷し疲労した北朝鮮兵捕虜たち

砲撃の瞬間。前線では激烈な戦闘が繰り広げられた。

戦争の悲惨さを無言で語る、大量銃殺された犠牲者たち

行軍する韓国兵

後援を待ちながら休息をとる。

三八度線上の仮設教会で。教会は米軍が組織した。

捕獲された戦利品

I・スターリン。フィリポフ、フィン・シの偽名を用い、モスクワから金日成、毛沢東らに直接、暗号電報で秘密指令を出して戦争を操り、休戦を阻止した。

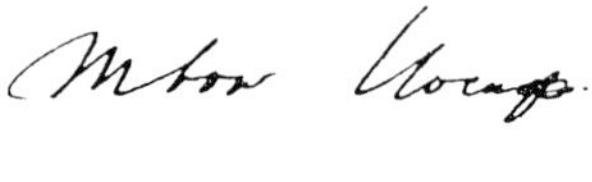

毛沢東（モスクワ滞在中、ソ連軍を閲兵している）。モスクワへの反発と苛立ちをつのらせつつも、一貫してスターリンに直接指示を仰ぎ、「抗米援朝」を決断、休戦交渉にあたった。　　共同通信提供

戦争を作戦指導したソ連軍事顧問、A・ワシレフスキー将軍

金日成。開戦から休戦まで終始、
朝鮮人民軍を指揮し、党内を粛清、
北朝鮮最高指導者の座を占める。

林彪の辞退を受け、中国人民志願軍
を率いた司令官、彭徳懐将軍

A・ハリマン（1943～46年、駐ソ米大使）

H・トルーマン米大統領。開戦直後に介入を決め、スターリンに対抗。原爆使用を主張するD・マッカーサー最高司令官を解任。

筋金入りの反共主義者の李承晩・韓国大統領は、最後まで休戦に反対した（1950年9月、マッカーサーと）。オリオン提供

戦争の惨禍は死傷者にとどまらず、癒しがたい傷跡が残され、三八度線を境に南北は対峙を続けた。捕虜の帰還問題は休戦交渉最大の難問となった。　　　　　オリオン提供

序文

この研究は、半世紀が過ぎた今もなお、多くの点で謎に包まれたままの戦争を明らかにするためのものである。一九五〇～五三年の朝鮮戦争の勃発については、この数十年間、二つの異なった説が存在してきた。その一つはソ連、中国、そして北朝鮮（朝鮮民主主義人民共和国）の側からのもので、南朝鮮（大韓民国）による北側への突然の攻撃により戦争が勃発したというものである。韓国、米国、そして西側諸国では、それらとは全く反対の見解が主張されている。つまり、侵略は北側の人間が行ったもので、南側の人間は挑発行動など行わなかったにもかかわらず、罪なき犠牲者となったというものである。この後者の説を支持する人々の間でも、対立していた側の誰が攻撃の命令を下し、誰が軍事行動を指揮し、誰が最終的に戦いをやめる決定を行ったのかといった、終わりなき議論がなされてきた。

これまで、現実を映しだした学問的な解答は出されてこなかったし、また不可能でもあった。だが一九九〇年代になって、ようやく朝鮮戦争の真実を明らかにする歴史書の執筆にとりかかれる状況が生まれてきた。これには、なによりもソ連の最高機密公文書が公開されたことが関連している。

まさにこの研究は、こうした公文書が基礎となって、読者に提供されることになったものである。著者は、なによりもスターリンと二つの国のソ連大使（平壌および北京駐在）、スターリンと金日成および毛沢東との間の暗号電報や、書簡によるやりとりを詳細に分析している。そこには、ソ連邦共産党

〔一九五二年までは全連邦共産党〕中央委員会政治局の決定と、その他の膨大な文書も含まれている。この本の中では、そうした文書への解説および分析がなされている。

本書は、当然のことながら、朝鮮戦争の全体像を解明することを意図したものではない。それは第一に、朝鮮戦争の開始時期に関するいくつかの重要な文書が、ソ連の公文書の中ではいぜんとして発見されていないからである。第二には、その当時の出来事をバランスのとれた形で再現するには、朝鮮戦争に直接関与した他の国の公文書資料を徹底的に研究することが必要だからである。それらのいくつかを取り上げることはできた。だが本書の準備には活用されなかった。すべての紛争当事者の目的と動機の解明に光を当てる資料の大部分は、従来通り研究者の目にも隠されたままである。つまり北朝鮮と中国の公文書のことである。第三に、朝鮮戦争の全体的な歴史を詳述することは、多くの国々の研究者によって書かれた膨大な数の貴重な資料を使うということである。もちろん、この研究においては多くの同僚の研究成果から学ぶこともあった。だがそれらをこの本で直接引用することはなかった。

そして、それゆえにこの本には独自の存在理由があるといえるだろう。本書が追究するのは、一九四〇年代終わりから五〇年代初めにかけての朝鮮半島における出来事に関してであり、多くが初めて使用されるそれらのソ連の資料をもっぱら原典として、自らの見解を提示しようとしている。願わくは、二〇世紀の波瀾万丈の外交史および戦史に対して正しい学問的見解を与えるうえで、専門家や関心ある読者が、この仕事にささやかな貢献があったと判断されることを。

テキストへの注記と補足

本書では、しばしば一九四〇〜五〇年代の資料を引用しているが、その中には中国や（南北）朝鮮の都市名に、時代遅れになった日本統治時代のものが表示されていて、今日の地名とは異なっている。特徴的なのは、文書資料において、政治家などの名前がさまざまに異なったかたちで表記されているということである。たとえば、北朝鮮指導部のメンバーの一人である朴憲永〔パク・ホニョン〕は、パク＝ヘン＝エン、ときにはパク＝ヘンネンとされ、あるいはパク＝ヘン＝ネンと記されるといった具合である。しかし、確実性を優先するために、われわれは原文に訂正を加えないことにした。同じように、文法・句読点・文体などもそのままにされている。また、過去の時代の居住地や登場人物の名前が今日と同じ場合には、現在の基準に合わせている。それは、公文書資料の中では、中国の指導者毛沢東は、マオ＝ヅェ＝ドゥンと呼ばれているが、本書ではマオ＝ヅェドゥンとなっている、といった具合である。

本書の付録として、引用文および著者の解説に出てくる人物の情報〔主な登場人物〕が簡潔に掲載されている。しかし、残念ながら、この種の付録はすべてを解明することに成功しているわけではない。同じように面倒なことは、引用文において言及されている非合法活動（諜報・破壊）に関係あるメンバーの名が、その性格ゆえに仮称のままであるということである。

朝鮮戦争の謎と真実◉目次

解説　戦争と同盟の舞台裏

下斗米　伸夫

〈1〉

一九五〇年から五三年にかけての朝鮮戦争時に展開された、朝鮮民主主義人民共和国（北朝鮮）、中華人民共和国、そしてソ連邦、つまりソビエト社会主義共和国連邦の国際関係については、まだ「謎」が多い。本書はソ連崩壊後ロシアですすむ文書公開をもとに、著者A・V・トルクノフ氏が知りえた文書を紹介することで、多くの「真実」を初めて明らかにした。

冷戦期の朝鮮戦争に関する研究は、ほとんどが「国際共産主義」のイデオロギー外交などといった、推測にもとづくものでしかなかった。ソ連崩壊前後から公文書館資料や回想が出ることで、冷戦研究が欧米でも新しい次元に入ってきた。日本でも朝鮮戦争に関して、アメリカの文書館資料を使った萩原遼氏の『朝鮮戦争』（文藝春秋）や、旧ソ連資料も利用した和田春樹氏の『朝鮮戦争』（岩波書店）などの研究が出ている。しかし本書によって、冷戦時の武力紛争、いな文字通り熱戦であった朝鮮戦争の国際的側面については、ほとんどはじめて知ることになったということができよう。

というのもトルクノフ氏が利用できたのは、ソ連側の文字通りの極秘情報、今でもほとんどアクセスしにくいロシア大統領文書館、つまり昔の共産党中央委員会政治局の資料館にあたるものであって、旧ソ連関連での最高レベルの意思決定に関する資料があるといわれる。スターリン期などソ連の最高決定のプロセスについての政治学分析や歴史記述が、こういったこれまで利用できなかった資料を解読することでようやく可能となりはじめている。

その中でも本書ほど冷戦期ソ連外交の本格的な「決定の解剖」を行ったものは少ない。その秘密は先の資料のユニークさにあると言えよう。この資料の一部は、一九九四年六月ロシア政府から韓国の金泳三政権に渡された二一六点の朝鮮戦争関連資料、あるいは『イストーチニク』誌九六年一月号に公表されたものと重なるものがある。[1]いずれにしてもスターリン時代や冷戦、とくにアジアの社会主義と冷戦の研究、またソ連政治史に関心ある読者だけでなく、政治学、意思決定などに関心ある読者にとっても貢献するところ少なくない。

ちなみに中国でも朝鮮戦争、中ソ同盟関連の資料がようやく明らかにされ、沈志華氏の『中ソ同盟と朝鮮戦争研究』(広西師範大学出版、一九九九)といった仕事が出ている。[2]もっとも中国でこの本が地方大学でしか出版されなかったことに、この問題をめぐる現代中国の困惑ぶりが示されている。アジアでも本格的な朝鮮研究の国際比較が望まれる。

本書のテーマは現代日本の問題とも直結している。というのも朝鮮戦争こそ、五一年秋のサンフランシスコでの単独講和から日米安全保障条約締結へと至る動きを規定した最大の対外的要因であったからである。つまりこの時の中ソ同盟と朝鮮戦争の関係という真実が初めて明かされることは、戦後日米関係、日米安保という同盟誕生の秘密を知ることにもつながる。

いずれにしても五〇年間、ソ連研究や冷戦研究、とくに朝鮮戦争の研究者たちが待ちこがれていた未公開のソ連・文書館資料がついにその姿を現したこと、ここにこの仕事の価値があろう。歴史は残酷なものであるし、この影響は今も朝鮮半島に痕跡を残している。だがこの歴史をひもとき、沈思してこそ、朝鮮半島を含む東アジアの将来像への礎石が準備されよう。

一九四五年八月、日本の降伏とソ連軍による関東軍の武装解除、そして「朝鮮の解放」（ワシレフスキー）のなかで、金日成のパルチザン軍とソ連との関係がいっそう強化され、朝鮮民主主義人民共和国が形作られた。四八年九月には金日成を首相とする朝鮮民主主義人民共和国政府が成立し、秋にはソ連軍も北朝鮮から撤退しはじめた。アメリカ軍も四九年に撤収する。もっともソ連軍関係者は経済管理などのためにソ連市民管理局といった形で一部はのこった。

だがソ連の指導者は冷戦時、総じて、朝鮮半島問題にあまり関心を示さなかった、というのが本書の主張でもあるが、歴史の真実であろう。ソ連の歴代最高指導者でこの地を踏んだものはその後も誰もいなかった。フルシチョフ回想録でも知られたように、戦争を始めたのは金日成であった。スターリンが五〇年秋北朝鮮の当初の敗北後、アメリカが隣人となったとしてもかまわない、と言ったのはある意味でソ連指導部の本音でもあった。ちなみにソ連とロシアを通じて最高指導者が平壌を訪問することは、二〇〇〇年沖縄サミット前のプーチン大統領までなかった。その意味では朝鮮戦争をイデオロギー面のみから見ることがいかに間違っているかにつながる。

ソ連と朝鮮民主主義人民共和国との国際関係が定位されたのは、一九四九年三月一七日に「ソ連邦と朝鮮民主主義人民共和国との経済的文化的協力協定」が結ばれてからであった。このとき金日成が訪ソし、実はスターリンに武力統一の可能性を打診していた。しかし第1章でもふれているが、この現実的可能性は乏しいとしてスターリンは拒否した経緯がある。したがって結ばれた協定は軍事同盟を約したものではなかった。

ソ連が東欧の社会主義国と同盟関係を結んだのは多くは一九四八年であった。だが朝鮮民主主義人民共和国との同盟関係は、条約上は六一年まではなかったのである。本書も指摘しているように、この四九年の経済的文化的協力協定によって北への経済協力は増加した。その後金日成はたびたび南進統一を主張するけれども、ソ連はまったく消極的であった。むしろ四九年九月二四日のソ連共産党――正式には一九五二年までは全連邦共産党（ボリシェビキ）であるが本書では煩瑣をさけるためソ連共産党と表記——政治局決定は、北朝鮮の南への関与は許されないと念を押していたほどである。ひとつには、スターリンには三八度線を分界とする米ソの朝鮮共同占領の義務があったからでもある。

しかしアジアの国際関係を根本的に変えたのは、人民中国の誕生である。内戦での蔣介石率いる国民党軍の敗北と、毛沢東の中国共産党率いる中国革命の勝利とは、同時に北朝鮮をめぐる関係に甚大な影響を与えた。なかでも一九五〇年二月、訪ソ中の毛沢東とスターリンとの中ソ友好同盟相互援助条約によって、朝鮮半島をめぐる政治的雰囲気が変わった。ソ連の極東通の外交官であったカピツァも、スターリンの朝鮮戦争に対する当初の消極姿勢を変えたのはこの条約であった、と回想している[3]。

スターリンは一九四九年夏、中国革命が成功する可能性が焦眉のものとなった時、極東問題をいっそう真剣に考えざるをえなくなった。中ソ同盟が結ばれる少し前、一九四九年七〜八月には劉少奇を中心とする中国共産党代表団が訪ソした。その時、中国側とスターリンの間には、香港、台湾解放をめぐって対立が表面化していた。中国は香港、台湾の解放を願ったが、スターリンは消極的であった。七月一一日、劉少奇とスターリンとの会談で劉が火器、航空機の供給を求めた時、スターリンは以下のように答えた、とソ連外交官カピツァは回想録に書いている。第二次世界大戦によってソ連経済は打撃を受け、西部国境からウラルにいたるまで荒廃した、ソ連の軍事支援が香港と台湾の解放に向かえば米国との対立は避けられず、世界大戦の口実となる、ロシア国民はこれを許さないだろう、と。第三次世界大戦が生じる可能性は、フルシチョフが第二〇回党大会でのスターリン批判で指摘したように、スターリンの脳裏を片時も離れない問題であった。

劉は北京と連絡したのち、七月二七日のソ連共産党政治局会議に出席し、このスターリンの議論を了承、とくに台湾、香港解放でのスターリンらソ連の消極的立場を理解した。モロトフはこのスターリンの立場を敷衍《ふえん》して、敵との対決を避け、紛争を挑発することを警戒したためだ、と答えている。

ちなみにこの席には、政治局員で東北人民共和国政府主席の高崗が出席していた。彼はこの席で、劉少奇の発言に賛成し、さらに彼の将来の命取りとなるような発言を行った。そこで彼は、満州をソ連邦の第一七番目の共和国とするという提案を行って、ソ連指導者らの拍手喝采を得たのである。[4]彼はこれをアメリカからの攻撃を避ける基地、そして蔣介石の最終的壊滅のための基地として位置づけた。青島にソ連基地をおくことも提案していた。ソ連側にはもちろん満州併合論はなかったが、この不規則発言に劉少奇は怒りの表情であったという。劉少奇は直ちに北京に連絡、高を召還するが、スターリンはこの発言は冗談と取りなし、両者の和解を試みた、という。本書中でも、朝鮮指導部と中国とをつないでいた高崗が失脚、自殺するのは朝鮮戦争後の五四年である。

中ソ友好同盟相互援助条約は、四九年末に訪ソした毛沢東によって五〇年二月、つまり朝鮮戦争の直前に結ばれた。毛沢東の最初の訪ソは、当初少人数の訪問だった。だが、やがて遅れて周恩来がモスクワに到着、一月末から二月半ばにかけて、ミコヤン政治局員、ヴィシンスキー外相との間で条約交渉がはじまった、という。当初は友好同盟条約というのがソ連の草案であったが、周はこれに相互援助という言葉を挿入させた。条約が同盟の仮想敵国としたのは、日本、および日本と同盟している国、とあった。

こうして人民中国の誕生と、ソ連と中国との同盟条約の締結とは、アジア社会主義国、極東の政治地図に大きく影響した。ソ連共産党における朝鮮問題の専門家だったワジム・トカチェンコは、二〇〇〇年出版の『朝鮮半島とロシアの国益』の中で、四九年秋の社会主義中国の登場とともに、モスクワの指導部内では、世界政策の原則問題では中国と連絡しつつ、その他極東の個別の問題に関しては中国に任せていた、というテーゼを出している。[5]

トカチェンコによれば、ロシアにとって朝鮮半島は農業地帯であるにすぎず、東欧のような人民民主主義国になり、ソ連が影響力を行使する可能性は限定的であり、乏しかった。労働者・勤労者の数も三

％でしかなかった。本書の第1章にあるように、四九年のスターリン・金日成会談で後者が出した南進攻撃の提案に社会主義体制の盟主であるスターリンが冷淡であった理由でもある。

本書を通読して気づくのは、いわば影としての日本の存在である。とくにその軍事的復活のおそれ、それが朝鮮戦争に何らかの形で介入する可能性が論じられている。なかでも五二年秋の周恩来へのスターリンの対日警戒感の表明は、アメリカの弱さへの言及とともに意外なほどだ。周知のように中ソ同盟条約は、中ソが日本、そしてその同盟国に対してあたるという内容を持つものであった。

なぜ敗北し、占領下にあった日本が標的だったのか。条約が予定した三〇年の間に日本が軍事大国にはなりえないことは自明だったし、事実そうはならなかった。毛もスターリンも、あえて米国を主敵とした同盟を考えることには消極的であったということである。こうして曖昧な敵・日本が標的となったのである。(6) それでも日本の影は、中国志願軍の関与という国際化のいわば半面として出てきていた。対日講和への準備会談で日本再軍備をすすめるダレスの五一年一月訪日時、日本再軍備に反対するマッカーサー、吉田の消極姿勢とダレスとの亀裂が生じていたのは、まさにこの時点であったことに注目したい。

こうしたなか中朝、とくにソ連の指導者スターリンは、米国よりもむしろ日本軍国主義の復活の可能性をおそれていた。もっとも日本がもし何らかの形で介入するとすれば、韓国民族主義が反日に傾き、北側に不利だった状況が一転するという議論にもつながった。

〈3〉

法的側面はともかくとして、この朝鮮戦争をめぐる中ソ、北朝鮮の三国関係は、しかし多くは垂直的であって、スターリンが、金日成、毛沢東に対して指令を下すような関係にほかならなかった。このことを明らかにしたのは本書の功績である。本書でインスタンツィヤとか、「中央」と呼ばれているスターリン直轄の意思決定プロセスが直接関与していた。「同志フィリポフ」、または「フィン・シ」の名前で彼は戦闘の細かい指導から、終結の決断、休戦条件の細部にいたるまで関与していた。スターリン個人の意思が役割を果たさない重要問題はなかった。

四五年秋に発作で倒れてからは病気がちでクレムリンにすらあまり出向かないスターリンであるが、意思決定は彼の別荘にあつまる一握りの幹部（ベリヤ、マレンコフ、フルシチョフなど）とともになされた。他方、四五年秋から一部で後継者ともみなされたモロトフはスターリン最末期には「帝国主義の手先」であると疑われて外相からはずされ、政治局の後身、幹部会ビューローにも入らなかった。共産党政治局が実際に開催されたのは一九五二年は四回のみであって、ほとんど開かれなかった。

ちなみにソ連共産党とよばれる組織は、一九五二年一〇月の第一九回党大会で、それまでの正式呼称、全連邦共産党（ボリシェビキ）から、ソ連邦共産党になった。

スターリンのこの姿勢は、当然にも、もう一方の革命指導者、中国の毛沢東の不満をかき立てた。五一年後半からは、スターリンへの書簡には「ボリシェビキ的敬意をこめて」という表現が消えていく。

スターリンが五一年春以降の膠着状態、とくに毛沢東と金日成から停戦要求が出ていたのにいっさいこれに応じなかったことは、本書が明らかにした重要な部分である。五二年秋、このために訪ソした周恩来に対してスターリンが答えた部分は、パワー・ポリティクスとは何かの模範解答のような内容である(7)。

ちなみに、朝鮮での共産主義の台頭と来るべき世界大戦に備え、日本を軍事化し関与させるべきか、それとも冷戦とはいえ、たかだか局地戦争のために四五年の終戦の合意を破棄すべきでないかをめぐり、アメリカの識者は分かれていた。ダレスや冷戦の闘士たちは前者を選んだが、ケナンのようなソ連専門家は後者の観点から日本中立化すら主張した。アチソン回想録を読んでいると、このとき日本の中立化(G・ケナン)、朝鮮半島放棄（駐英大使ジョゼフ・ケネディ、つまりケネディ大統領の父）、対ソ戦争は無意味（フーバー元大統領）といった意見がアメリカにあったことに気づく[8]。朝鮮では勝てない、われわれはモスクワには至れないと、中国・朝鮮から手を引くべきことを彼らは主張した。それでも日本を軍事化しないことは、スターリンのソ連とトルーマンとのある意味での合意事項でもあった。直接対決を避ける米ソの間には、ケナンとマリクの間で休戦交渉という回路が生きていた。

第三次世界大戦は不可避だが、これを引き延ばしたい、そのために朝鮮戦争は利用された。スターリンの妄執で引き延ばされた戦争は、一九五三年三月五日夜の彼の死去とともに終わった。ベリヤ、マレンコフらがスターリンの死の床で、明白な後継者は決めないまま後継体制を決める。ベリヤは一時期急速な改革を試みるが、七月に逮捕、一二月には処刑される。権力闘争では共産党を握ったフルシチョフが結局勝利することになる。

こうしたなかで朝鮮戦争の幕引きが決まった。スターリンの外相でありながら、朝鮮戦争時は不興を買って外相をはずされ、スターリンの死後外相に復帰したモロトフも、チューエフという人物に語った回想のなかで、「スターリン死後、朝鮮戦争を終わらせることにした。この問題はわれわれには不要だった。当の朝鮮人がわれわれに押しつけたものであった」と素っ気なく述べている[9]。たしかにソ連から見て朝鮮戦争とはその程度の認識であった。

それにしてもその被害、影響は甚大であった。オーバードーファーの推定によれば、中国兵九〇万名、北朝鮮兵四五万名が死傷した。約四〇万の国連軍兵士が死傷、このうち三分の一近くは韓国兵であった。アメリカ軍は戦死五万四〇〇〇名であった[10]。ちなみにソ連は、中国東北人民軍に航空部隊を提供、航空機三三五機と飛行士一二〇名が失われた。ソ連は全体で士官一三八名と一六一名の兵士を失った[11]。

〈4〉

朝鮮戦争後のソ連と朝鮮民主主義人民共和国との関係について述べておこう。結論からいえば、同盟関係ができるのはずっと遅れて、なんと一九六一年になってからである。その間、五四年一二月には通信、五五年には航空、五六年には文化協定がそれぞれ決まったにすぎなかった。スターリン死後もソ連指導者、とくにフルシチョフの積極的とは言えない態度が示されている。同盟が結ばれるのは六一年七月六日まで待たなければならなかった。これが「友好協力相互援助条約」であり、金日成が訪ソして結ばれることになった。

中国との同盟条約と同じ呼称であるが、その締結からさらに一〇年もあとになってからである。韓国とアメリカとは朝鮮戦争直後の五三年一〇月に相互防衛条約を結んでいる。これからさらに八年もたっている。実際には五八年にソ連、北朝鮮との間に同盟条約の構想が生じ、五九年には署名が予定された。しかしこれは延期され、さらに六〇年九月に予定されたフルシチョフの平壌訪問もまたキャンセルされた。

この条約には、極東と全世界の平和と安全を維持する目的のために国際問題の全重要問題について協議する、とある。そして同盟国は一方が軍事攻撃を受けたときには、直ちに相互に軍事援助と支持を行う、とも規定されていた。だが日本とその支持国といった国を対象とする中ソ間の条約や、ドイツを仮想敵国とした東欧諸国とソ連の同盟条約とは異なって、相手国は特定されていない。その意味では、ソ連が当時締結した同盟条約の中では異色であった。また攻撃と同時に直ちに同盟関係が生じる、という自動的な性格でも特異であった。

しかもさらに奇妙なことがある。中国と北朝鮮もこの直後の一一日、同名の同盟条約を締結した。つまり、中ソ、朝ソの同盟はこうして完成した。だが、この中朝条約のことを金日成はモスクワにはまったく知らせることなく、締結がなされたという[12]。フルシチョフが同盟締結前に北側に、米ソ関係が平和共存となったらこの同盟条約は無効となると言ったこととも関係しているだろう。奇妙な同床異夢。ことにこの条約は、統一などの進展いかんで無効となると北の指導者もたびたび公言してきた(七一年朝日新聞社長に対する発言)。

中ソ対立の中で、朝ソ関係は複雑になった。六二年末にはソ連からの武器援助問題がこじれた。フルシチョフは武器購入を要求、朝ソは関係断絶寸前までいったという。また五八年の中ソ同様、六二年には核技術提供をめぐって朝ソ関係はさらに悪化する。一九六八年のプエブロ事件という危機が朝ソ関係をいっそう決定的に毀損する。同盟の裏側とはこのようなものであった。

本書が明らかにしたように、朝鮮戦争はいびつな社会主義国三者の関係、そして日米安保体制との対峙という東アジア国際政治の基調を形成した。同盟となる三者の関係の内実は、核技術提供の蜜月から中朝のイデオロギー的自立、いな、三者の決定的対立と六〇年代末の中ソの交戦といった事態へと至った。日本のアメリカとの単独講和と日米安全保障条約という関係はこの朝鮮戦争という状況で形成され、日本外交にも大きな傷跡をのこした。単独講和から五〇年、日中正常化は達成されたが、いまだに、ロシアとの平和条約も、朝鮮民主主義人民共和国との関係正常化にも成功していない、という二一世紀東アジアの現実をいかに克服するか。本書の突きつける課題は重い。

*

本書は Anatory Vasilievich Torkunov, *Zagadochnaya Voina: Koreiski konflikt 1950–1953 godov*, Rosspen, 2000 を翻訳したものである。文字通り訳せば「謎の戦争——朝鮮戦争一九五〇～五三年」であるが、邦題は『朝鮮戦争の謎と真実』とした。原著は朝鮮戦争勃発五〇周年を記念して二〇〇〇年にロシアの著名な学術出版社ロススペン社から一〇〇〇部だされた。

著者アナトーリー・ワシリエヴィチ・トルクノフ氏は一九五〇年生まれで、政治学博士、教授(専門は国際関係、グローバル問題)。現在、モスクワ国際関係大学(外務省付属)学長および東洋学科教授の要職にある。ロシア国連協会理事長、国際関係研究協会理事など、新しいロシアを代表する国際政治学者、歴史家であるだけでなく、日露の学術交流のため来日する機会も多い知日派の一人でもある。著書に『一九八〇年代の南太平洋地域』（一九八九）、『CISの発展とワシントン』（一九九四）、『朝鮮問題、新しい視点』（一九九五）などがある。

翻訳にあたっては、ロシア語原著のほか、抄訳である英語版 *The War in Korea 1950–1953, Its Origin, Bloodshed and Conclusion*, Tokyo, 2000 も参照した。

地名の特定に関しては、本書でのロシア語表記がゆれていること、およびハングル読みと日本語読みの部分が混在していること、そのため推定せざるをえなかった部分があることを付記しておきたい。ちなみにロシア語原典の韓国外務省訳では、細かい地名はほぼロシア語原音どおり表記して、地名の特定はなされていない。戦時中の電文は、速記者を横においてそのままタイプ打ちして推敲もされず発信されたからである。このため訳者の一人である金成浩がソウルで特定する作業に当たったが、すべて判明させるのは難しく、カタカナ表記の地名をのこさざるをえなかった。なお、中国軍（志願軍）の軍編成は、兵団—軍—師団（師）、朝鮮民主主義人民共和国軍（人民軍）の編成は、軍団—師団となっている。ロシア語からの翻訳にあたってはこれらを考慮して訳した。また、各章の記述の理解を助けるため、訳者による要約と年譜（重複する章は割愛）を付した。文中、暗号電報が数多くやりとりされているので発信者と宛て先を明示するようにした（詳しいデータは巻末の注を参照されたい）。巻末の「主な登場人物」は著者によるものだが、一部訳者が補正した。「南朝鮮」などの呼称は原著のロシア語表記をそのまま訳出した。

本書は、下斗米がトルクノフ教授による本書を、渡辺・竹村君ら法政大学大学院生とともにゼミで講読しているとき翻訳を思い立ち、琉球大学専任講師でソ連外交史研究の金成浩氏の協力を得て完成したものである。草思社からの出版に際しては、編集の労を執られた赤羽高樹氏のご協力を得た。困難な出版事情のなかで出版を快諾され丹念に原稿に目を通して助言してくださった加瀬昌男社長には感謝の言葉もない。版権についてはパノフ駐日ロシア大使、ロシア大使館のイゾトフ参事官、また内容に関しては、朝日新聞の横堀克美元論説委員、加藤千洋外報部長、とくに人名地名表記では佐賀大学森善宣、神奈川大学郷田正万教授らのご教示を得たことに心から感謝したい。

注

（1） Istochnik, No. 1, 1996, 123-136. 韓国では抄訳として出た。タイトルは『ソ連の資料で見た韓国戦争の顛末』、著者はエフゲニー・バジャーノフおよびナターリア・バジャーノワ、訳者はキム・カンリン（漢字名不明）（韓国・アジア太平洋平和財団研究員）、図書出版ヨルリム（ソウル）、一九九八年三月。

（2） 沈志華『中ソ同盟と朝鮮戦争研究』広西師範大学出版、一九九九年。

（3） M. S. Kapitsa, *Na raznikh parallelyakh*, 1996, M.,

（4） Tam zhe, 45.

（5） V. P. Tkachenko, *Koreiskii poluostrov I interesy Rossii*, 2000.

（6） M. S. Kapitsa, 54.

（7） 本書第13章参照。

（8） Deane Acheson, *Present at the Creation, My years in the State Department*, 1969.

（9） Sto sorok besed c Molotobym, Iz dnevnika F. Chyueva, M., 1991, 141.

（10） ドン・オーバードーファー、菱木一美訳『二つのコリア』共同通信社、一九九八年、二四ページ。

（11） Grif sekretnost snyat, 1993, 395. なお、ソ連軍が一九五〇年代に極秘出版した『朝鮮戦争一九五〇～五三年』が二〇〇〇年に再刊された（*Voina v Koree 1950-1953*, Sankt-Peterburg, 2000）。

（12） Tkachenko, 19.

第1章　スターリン、南からの侵攻を恐れる

●要約

一九四五年の朝鮮解放後、四九年三月の金日成とスターリンの会談まで、スターリンは、金のいう武力統一、解放戦争には慎重で、むしろ南からの侵攻を警戒していたことが示される。

●年譜（1945年〜49年7月）

45年2月4日　米英ソ首脳のヤルタ会談でソ連の対日参戦密約
4月5日　モロトフ・ソ連外相、日ソ中立条約不延長通告
5月7日　ドイツ、連合国に無条件降伏
7月16日　米、原爆実験に成功
8月6日　米、広島に原爆投下。9日には長崎に
8月8日　ソ連、対日参戦
45年8月15日　日本が連合国に無条件降伏、朝鮮の植民地支配終わる
8月16日　ソ連軍、朝鮮北部・清津占領、三八度線以北に進駐へ
9月2日　マッカーサー極東米軍司令官、三八度線を境に米ソによる南北朝鮮の分割占領を発表。米軍、三八度線以南に進駐へ
9月6日　「朝鮮人民共和国」が発足するが、

45年12月16日　米ソが南北で分断統治
　　　　　　　米英ソ外相会議、モスクワ協定（26日）
46年3月20日　第一回米ソ共同委員会（ソウル）
　　7月　　　金日成・朴憲永訪ソ、スターリンと会談
47年9月23日　米国が朝鮮独立問題を国連に付託すると発表
48年2月　　　南朝鮮単独選挙実施の国連決議
　　4月3日　済州島で武装蜂起（単独選挙反対運動）
　　4月22日　中国人民解放軍、延安奪回
　　8月15日　大韓民国（韓国）が成立（李承晩大統領）
　　9月9日　朝鮮民主主義人民共和国（北朝鮮）が成立（金日成首相）
　　12月25日　ソ連軍、北朝鮮から撤退
49年1月12日　シトゥイコフ・ソ連大使が平壌に赴任
　　1月25日　ソ連・東欧五カ国がコメコン（経済相互援助会議）を設置

49年1月31日　中国人民解放軍が北京［北平］無血入城
　　2月22日　金日成ら北朝鮮代表団訪ソ（〜4月7日平壌着）
　　3月4日　ソ連・モロトフ外相解任、後任ヴィシンスキー
　　3月5日　スターリン・金日成会談（モスクワ）
　　4月4日　西側一二カ国がNATO（北大西洋条約機構）結成
　　4月23日　中国人民解放軍が南京入城
　　4月28日　金一・北朝鮮軍政治総局長、訪中（〜30日）
　　4月　　　平壌で南北協商会議
　　5月6日　ドイツ連邦共和国（西独）成立
　　5月12日　ソ連がベルリン地上封鎖を解除
　　5月27日　中国人民解放軍が上海占領
　　6月29日　米軍、韓国から撤退完了
　　7月1日　南北合同の朝鮮労働党発足
　　7月2日　劉少奇・中国副主席、訪ソ（〜8月14日）

スターリンの不安と現状維持志向

一九四五年に朝鮮が解放された瞬間から四九年末にいたるまで、スターリンは朝鮮半島で武力を行使しようとはしなかった。そればかりか、むしろ反対に、敵こそが平和を脅かし、北側を攻撃するのではないか、という不安をますます強く感じるようになった。ちょうど第二次大戦直前のドイツとの関係と同じように、ソ連の指導者は、ワシントンとソウルを挑発しないように、朝鮮において現状を維持するべく、あらゆる努力をした。

ここに前述の期間の朝鮮問題に関するクレムリンの意向を明らかにする公文書がいくつかある。

一九四七年五月一二日、在北朝鮮ソ連代表部のメレツコフとシトゥイコフは、スターリンに緊急の要請を送った。

《メレツコフ、シトゥイコフ→スターリン》

《一九四六年七月二六日付ソ連政府決議に従い、貴下は、四六年一二月一八日付暗号電報第一五三二七号で、産業および鉄道輸送網の再建と発展のために、北朝鮮人民委員会への援助供与を行うべくソ連人専門家八二名を派遣することに関して、ご自分の名前で自らの考えを提示した。

しかし、現在にいたるまで、北朝鮮には一人もソ連の専門家は送られてきていない。

われわれは、何度となく対外貿易省に依頼したが、われわれに表明されたところでは、ソ連の専門家派遣に関する問題は、外務省が解決しなければならないとのことである。

外務省はといえば、これは国防省の仕事だと表明し、最後には国防省は国防省で、自己の管轄ではない以上、この問題に適切に対処できないと表明した。

こうしたことから、北朝鮮で働くソ連人専門家の構成や派遣に関する問題は、実際には何ら解決されていない。

北朝鮮での複雑な状況は、一刻も早いソ連人専門家の派遣を求めている。

日本が降伏してからしばらくの間、北朝鮮で働いていた日本人専門家たちは、すべて日本へ帰還した。その結果、北朝鮮の産業と鉄道輸送網は、よりいっそう深刻な技術技能労働者の不足に直面し、極度に劣悪な状況が表面化している。

技術技能労働者の不足によって、北朝鮮の産業と鉄道輸送網とは、一九四七年第1四半期の計画を完遂できなかった。

北朝鮮人民委員会は、何度となくわれわれに技術技能労働者の援助を要請してきた。しかし、これまでに一度もわれわれは彼らに援助を供与していない。

このため、人民委員会の担当者たちに、自らの手で国営産業と交通を維持できるのだという自信を抱かせるにいたっていない。

ソ連、あるいは他国の専門家による援助なしに、北朝鮮の産業や鉄道輸送網は機能できない。

われわれは、人民委員会が産業と輸送網を整備するのを援助するためだけでなく、わが国の朝鮮における地位を強化し、将来にわたり影響力を行使するために、北朝鮮にソ連の技術技能労働者を至急派遣する必要がある。

南北朝鮮の統一と朝鮮臨時政府の成立までにソ連の専門家が北朝鮮に到着しないと、朝鮮臨時政府は、外国の援助を受けずにはいられない以上、必然的にアメリカ人専門家を朝鮮に呼び寄せ、われわれの国益に反して、朝鮮における米国の影響力が強化されることになる。したがって、ソ連人専門家の北朝鮮派遣を早めるよう、貴下の指示を請う。(1)》

スターリンは、暗号文にして指令を出した。

《うまく朝鮮人を働かすことのできるソ連人専門家五～八名を与える。われわれは朝鮮問題に深く入り込む必要はない。(2)》

一九四九年一月一七日、北朝鮮の指導者金日成《キムイルソン》と朴憲永《パクホニヨン》は、ソ連大使シトゥイコフと会談した。その後、大使はモスクワに電報を打った。

《シトゥイコフ→モロトフ（外相）》

《その時の金日成の希望では、彼らはソ連と友好相互援助条約を結びたいとのことだ。だが、国が二つに分断されている今日のような情勢では、そうした条約の締結は理にかなっていないと、私は金日成と朴憲永に説明した。これは、朝鮮民主主義人民共和国に反対する南朝鮮側反動によって、国家の分断を固定化するために利用されるかもしれない。》

私のこの説明は、金日成と朴憲永とを少なからず狼狽させた。金日成は、自信なさそうに条約締結の正当性を述べた。彼は、自らの意見を補強するために、条約締結問題を何度となく金日成に提議したという最高人民会議常任委員会の金科奉《キムドゥボン》委員長を引き合いに出した。もし、何らかの理由によって友好相互援助条約の締結が不可能ならば、ソ連が朝鮮に援助を与えるという秘密合意が締結されるべきであると表明した。

私の追加説明の後、金日成と朴憲永は、今は友好相互援助条約締結問題を持ち出すには機が熟していないということに同意した(3)。》

平壌からの不穏なニュース

その後すぐ、一九四九年一月二七日、ソ連大使シトゥイコフの気がかりなニュースがモスクワの注意を引きつけた。

《シトゥイコフ→モロトフ》

《この一〇日間（一月一五日から二五日まで）、南朝鮮警察隊と軍隊が三八度線を侵犯する件数が増加している。

一月一五日、サガンリ地区で南朝鮮警察小隊が、三八度線を越えて人民委員会委員長の家を攻撃した。侵犯者たちは、書類を強奪しようと試みた。しかし、駆けつけた北朝鮮警護隊が侵犯者を追い払った。

一月一八日には、軽機関銃と小銃で武装した三〇名ほどの南朝鮮警察小隊が、サガンリ地区で三八度線を越え、労働党地区委員会の建物に火炎瓶を投げたため、建物は焼失した。同じく駆けつけた北朝鮮警護隊が侵犯者を追い払った。

一月二〇日には全谷地区の鉄原方面で、四〇名ほどの南朝鮮軍小隊が北朝鮮の警護哨所に攻撃を加えた。銃撃戦の結果、北朝鮮警護隊は四名の死者を出し、二人が重傷を負い、二人が行方不明となった。ちょうどこの日、楊口地区で、六〇名ほどの南朝鮮兵士の集団が三八度線を越え、村落に火を放った。その結果、一人の住民が死亡、一人が怪我をした。

一月二三日には、自動小銃で武装した八〇名の南朝鮮軍兵士の集団と九〇名の警察隊が、全谷地区の鉄原方面で三八度線を自動車で越えようと試みたが、北朝鮮警護隊によって撃退された。北朝鮮警護隊の偵察では、南朝鮮軍部隊は三八度線付近に集結しているということだ。南朝鮮軍部隊の中心を、重要な作戦拠点である洪川—鉄原—南川店—海州のラインに配置している。警護隊のデータによれば、開城地区には、一万一〇〇〇名規模の第一旅団が集結し、他の方面には三〇〇〇～五〇〇〇名が集結しているということである。南朝鮮から戻った斥候兵らの証言によれば、南朝鮮軍による北への攻撃が準備されているとの噂が通常以上に広がっている。南側が最初に進攻を開始し、主導権を確保すべきだ、と将校たちは話していたそうである。

朝鮮当局の方では、三八度線の警備を強化し、警戒を強める方策をとっている。

結論。現時点での南朝鮮軍の攻撃はありそうもない。なぜならば、国内および国際的な情勢がそうした行動を容認することはないだろうからである。

南朝鮮軍が三八度線に接近し、ソウルを北側の攻撃から防衛することは、南側がいつも想定していることだからである。ソウル防衛の観点から重要である主要拠点に集結している可能性は排除できない。

昨今、南朝鮮は破壊およびテロ工作員集団の北側への派遣を強化している。これまでに約八〇人が逮捕されている。

開城で捕らえられた一四名の集団は、爆発物五個、火炎瓶六本、そしてガソリン一ヴェドロー〔約一二・三リットル〕を所持していた。倉庫や学校の建物が放火され、地元の政府機関指導者に対するテロが行われた。(4)》

一九四九年二月、平壌駐在ソ連大使の不安が高まった。シトゥイコフ大使は三日、「中央」に通知した。

《シトゥイコフ→モロトフ》

《三八度線の情勢は不穏である。南朝鮮警察隊と軍部隊は、毎日のように三八度線を侵犯し、北朝鮮の警護哨所を攻撃している。三八度線を北朝鮮警護隊二個旅団が守っている。これらの旅団は、日本製の小銃で武装しているだけである。しかも、それぞれの小銃には三発から一〇発の弾丸しか装填されていない。自動化された武器は存在しない。北朝鮮警護隊がこのような状態であるため、南朝鮮警察隊からの攻撃に際して、北朝鮮側は反撃できず、後退を余儀なくされ、弾丸を撃ち尽くし、時には南朝鮮警察隊の手に落ちるのである。

前記の二個旅団のために、ソ連政府はソ連製武器を提供することを決めた。

ソ連国防省の指示に従って、この課題には沿海州軍管区が従事することになった。武器配備の迅速化を促すために、私は軍管区司令部と数回の話し合いをもったが、肯定的な返事はもらえなかった。軍管区側は、輸送船が与えられていないことを引き合いに出し、武器を運べるのは二月下旬だけで、それも輸送船が提供されるといった条件が揃った場合のみである、とのことだ。このように武器は届いていないのに、北朝鮮はソ連政府の決定に従って、射撃部隊と旅団を組織しているということを考慮されたい。この問題への貴下の早急なる介入をお願いする。(5)》

同じ日、ソ連大使シトゥイコフは、南側の武力による挑発行為について伝えた。

《シトゥイコフ→モロトフ》

《朝鮮内務省の情報によれば、二月三日午前九時、日本海に沿った街道付近で、南朝鮮警察隊と軍部隊を載せた六台のトラックが三八度線を越えた。出動した北朝鮮警護隊により、侵犯者は三八度線外へ撃退された。

一〇時には、同じ方面で南朝鮮警察隊と軍部隊を載せた車両三五台が三八度線を越え、北朝鮮領内に四キロも侵入し、一八時まで居続けた。この地区にある北朝鮮の警護哨所は、北方へ退却した。九時に、日本海沿岸の三八度線地域の北朝鮮警護哨所が、ひそかに送り込まれた南朝鮮兵士らによって銃撃された。

また一〇時には、同地区で、南朝鮮掃海艇と小型船舶が、三八度線から北へ一五キロのところにある居住地大浦里を射撃した。この地区には北朝鮮警護隊の中隊が配置されている。前記の地域には、しかるべき処置として、警護隊を追加的に配置する。

最後にお知らせする。

北朝鮮領土へのたび重なる侵犯に関して、朝鮮内務省は二月五日、李承晩《イスンマン》「傀儡《かいらい》」政権の軍部隊が三八度線を侵犯した事実を列挙して発表する模様だ。発表の中で、これらの挑発行為は、国連の新委員会の朝鮮到着と関連しており、南朝鮮において米軍のさらなる駐留を正当化するためのもので、三八度線を不安定にする目的を有しているということが指摘されるだろう。(6)》

翌日、大使は情勢を明確にした。
《シトゥイコフ→モロトフ》
《確認された情報によれば、日本海に面した襄陽地区の三八度線付近の情勢は次のようなものである。
二月三日、南朝鮮警察隊が三八度線を侵犯し、北へ向けて進軍を開始したが、北朝鮮警護隊との戦闘は断念した。援軍を得て、北朝鮮警護隊が彼らを退却させたということだ。南朝鮮警察隊は、基士門および陶里村がある地域の高地を占拠するのに一度は成功した。

銃撃戦の結果、北朝鮮警護隊では八名の死者と三名の負傷者が発生した。

北朝鮮警護隊は二月四日、三八度線の侵犯者を撃退する措置を講じた。また、増援部隊を得て、南朝鮮警察隊は再び三八度線を越えて、北へ二〇〇～三〇〇メートル入った所にある一九八・五高地を占拠した。侵犯者はこの高地で防御を固め、監視拠点を構築した。この高地がある地域の三八度線南側に、大砲を装備した南朝鮮軍大隊までもが駐屯していた。この地区の北朝鮮警護隊の数は一七〇名。武器は、重機関銃一丁、軽機関銃一丁、二〇丁の自動小銃と小銃である。

この地域には、必要に応じて、前述の高地を占拠している侵犯者集団の撃退に朝鮮人民軍歩兵大隊が配備される。

三八度線の残りの場所については、二月四日は平穏無事だった(7)》

スターリン・金日成会談——モスクワ、49年3月

三八度線が緊張していることについては、一九四九年三月五日にモスクワで開かれた、スターリンと金日成率いる北朝鮮代表団との会見でも話題にのぼった。ソ連と北朝鮮指導者の会談の公式記録には、次のように記録されている。

《**金日成**「南朝鮮にはいまだに米軍が駐留し、北朝鮮への策動をもくろんでいる。われわれは陸軍を持っているが、海の防備はまったくない。これに関してソ連の支援が必要だ」

同志スターリン「ところで南朝鮮には米国の部隊がどのくらい駐留しているのだ?」

金日成「二万名未満である」
同志シトゥイコフ「およそ一万五〇〇〇名から二万名です」
同志スターリン「南朝鮮には国軍はあるのか」
金日成「およそ六万人規模の軍隊がある」
同志スターリン「この数字に含まれるのは常備軍だけか、それとも警察隊もか」
金日成「これは常備軍のみの数字である」
同志スターリン（からかって）「あなた方はそれらを恐れているのか」
金日成「いいえ、恐れていない。しかし、海戦に備えた部隊があったらいいだろう」
同志スターリン「北と南のどちらの軍隊がより強いのか」
朴憲永「北のほうがより強い」
同志スターリン「朝鮮には日本によって残された造船所はあるのか。たとえば、清津やその他の場所に」
金日成「造船所はない」
同志シトゥイコフ「造船所はありますが、大きくないのが難点です」
同志スターリン「これについては援助を与えられるが、朝鮮は軍用機を所有することも必要だ」
同志スターリン「南朝鮮軍にはスパイ要員が侵入しているのか」
朴憲永「侵入していますが、まだ姿を現していない」
同志スターリン「まだ姿を現す必要はなく、それは正しい。南側もまた、おそらく北の部隊にスパイを送り込んでいるかもしれないので、慎重さが必要だと指示せよ」
同志スターリン「三八度線で何が起こっているのか。南側が侵入して来ていくつかの拠点を占拠したが、また後で、これらの拠点を奪還したというのは事実なのか」

金日成「南側がこちらの軍にスパイを送り込んでいる可能性については警戒している。そして、必要な処置を講じている」

金日成「三八度線のある江原道では、南側との小競り合いがあった。その時、敵警察隊には十分な武器がなく、北朝鮮正規軍が登場すると、彼らは退却した」

同志スターリン「南側を追い払ったのか。それとも、彼らが自ら退却したのか」

金日成「戦闘の結果、南側は撃退され、国境線から退却した(8)」》

三八度線の緊張に備えよ

一九四九年春までに、スターリンは、朝鮮の平和を維持するという自分の試みが重大な脅威にさらされていることを理解することになった。ソ連大使に、四月一七日、至急電が回された。

《情報によれば、南朝鮮軍に自由に行動させるため、五月に米軍は、南朝鮮から日本の近隣の島へ撤退する模様である。これと時を同じくして、国連の委員会も朝鮮から引き揚げるようだ。

四月から五月にかけて、南側は軍部隊を三八度線地域に集中せねばならず、六月には北側に対して奇襲をしかけ、八月までには北側の軍を粉砕したいということだ。

四月一〇日までに、南側は開城地区に八〇〇〇名規模の歩兵旅団を集結させ、議政府地区には一万人規模（三個旅団規模と想定される）の歩兵旅団を集結させている。東豆川の停車場には四月一〇日に、三両の戦車が下ろされた。

これらの情報に対してしかるべき対応策を検討し、われわれに連絡願いたい。(9)》

このすぐ後、四月二〇日、ソ連大使は、指示を遂行してはいるものの、北側の戦闘準備が拙劣な状況にあることに関して深い不安を表明し、報告した。

《シトゥイコフ→スターリン》

《朝鮮人民軍の戦闘準備が本質的に不足していることを以下、報告する。

(1) 朝鮮軍には、戦闘機を保有する戦闘訓練混成連隊があるが、七カ月間に八〇名の訓練生の中からたった八名しか飛行士の育成に成功していない。

残りの飛行士の訓練は、UT-2型練習機の不足および昨今の航空燃料不足のため、中断している。朝鮮側の要請に基づいてわれわれが要請した飛行機はこれまでに補充されておらず、いつ補充されるかは不明である。朝鮮側には、ソ連対外貿易省が売った航空燃料三〇〇トンが残っているが、B70・B74・B78の混合物であり、使用することはできない。朝鮮人の言葉によれば、これまでにソ連対外貿易省から役に立つ航空燃料は届いていないとのことである。

(2) 国防省への私の要請で同意を得たにもかかわらず、朝鮮軍軍事顧問長スミルノフ将軍に代わる、より経験豊富で有能な将軍の任命はいまだ行われていない。彼は軍事面ではせいぜい師団長レベルのうえ、性格が粗暴で、朝鮮人の間で権威をもって指導力を発揮することができなかった。同様に、海軍および全般的作戦に関して朝鮮軍を指導する軍事顧問もまだ到着していない。全師団の三分の二には、師団長付顧問がいない。

(3) 一九四六年六月二六日のソ連政府決定によって、軍事用オートバイ二〇〇台が、一〇〇台のサイドカーとともに朝鮮に供与されなければならなかった。これらのオートバイは軍事用であっても、モスクビッチ型バイク二〇〇台は軍事作戦において役に立たないということは、ソ連対外貿易省の担当者にも明らかだった。したがって、オートバイ大隊は信頼のおけるものではない。

（4）一九四八年七月二八日のソ連政府の決定により、機械製造省・兵器省・農業機械製造省は二カ月の間に、朝鮮に対して、シュパーギン式自動小銃と、その弾丸、および迫撃砲用弾丸を製造するための設備を送る義務を負った。同時に、この決定に沿って、前記各省には、製造設備を設置し、生産を軌道に乗せるために専門家集団を派遣する義務が生じた。

設備の大部分はすでに送られてきたが、これまでに専門家は派遣されてきていない。つまり、ソ連政府の決定は実現されていないばかりか、朝鮮における兵器および弾薬の製造は立ち上がっていないということだ。

（5）朝鮮政府からソ連国防省を通じて、海軍防衛組織すなわち高射砲連隊の創設に関する要請が、ソ連政府によって実現されたかどうか、これまでに私は確認していない。

以上述べてきた問題に対して必要な措置を講ずるよう、貴下に要請する。[10]》

これと同じ日、平壌駐在ソ連代表部は、三八度線地域の情勢についてスターリンに報告した。

《ワシレフスキー、シトゥイコフ→スターリン》

《わが軍部隊の北朝鮮からの撤退後、「南側」が三八度線地域の秩序を乱す行為は、挑発的で、常習的な性格を帯びてきた。先月までにこうした侵犯の回数が増加した。

一月一日から四月一五日までに、三八度線方面では三七回の侵犯が発覚し、そのうちの二四回は三月一五日から四月一五日までの間に発生したものである。

こうした侵犯の特徴についてだが、警察警護隊の小競り合いで、規模的には中隊から大隊まであり、小銃や機関銃などの火器を伴ったもので、「南側」が三八度線を越境している点にある。すべてのこれまでの侵犯において、発砲したのは「南側」からである。

三八度線付近の情勢の複雑化と並行して、「南側」は、三〜四月の間、歩兵部隊を三八度線に集結させた。

たとえば、一個歩兵旅団がソウルから開城地区へ移動させられた。情報によれば、三八度線付近への「南側」軍部隊の集結が続いている模様だ。

「南側」が北朝鮮政府軍部隊に対して、より強力な戦力で活動を強化し、新たな挑発行為を行う余地はこれまで以上に残されている。

以上から必要なのは、北朝鮮政府軍司令部に、より強力な「南側」の挑発的示威行為の可能性に対応するために適切な措置を講じるよう、われわれから促すことである。(11)》

一九四九年五月二日、ソ連大使シトゥイコフは、四月一七日の「中央」の指令に対して、すなわち、実際南側が北側への侵攻を準備しているかどうか解明せよという指令に対して、詳細な報告を提出している。

《シトゥイコフ→スターリン》

《貴下からの電報で指示されたとおり、米軍の撤退準備と南朝鮮軍の北朝鮮侵攻準備に関して、私が検討し、まとめた結果をお伝えする。これらの情報は、南側への諜報活動に従事している内務省保安局から受けたものである。これらの情報は、すでに四月一日に朝鮮の諜報機関によってもたらされたが、諜報分野の責任者である次官にも、内務相にも、つまり朝鮮政府に伝わらなかった。

内務省保安局の責任者が受け取った情報は、軍の諜報機関に伝えられ、そこを通じて貴下および私にもたらされたものである。

そのため、これらの情報は、内務相にも金日成首相にも、そしてわれわれの内務省付顧問にも伝えられておらず、私にも報告されていなかった。

このような事実は許しがたく、これを排除し、しかるべき秩序を導き出すよう措置を講じるものである。

スパイ情報とラジオ・ソウルの放送によれば、昨今、米国と南朝鮮当局との間で、米軍の南朝鮮からの撤退についての交渉が活発に行われている模様だ。これらの交渉に国連の委員会も参加していることは、四月一六日付の李承晩の次のような声明でも明らかだ。

「南朝鮮と米国双方の政府代表団は最近、米軍部隊の南朝鮮からの撤退についての交渉を行った。これについては、朝鮮問題を扱う国連委員会に正式に通告された。国連の委員会との協議は、この交渉に大きな助けとなった」

四月一九日の米国大使ムチオの表明によれば、会談は「数カ月で終えることができる」ということである。米軍撤退の正確な期日の確定は、四月一九日の李承晩の表明によれば、「南朝鮮軍の創設にどれくらいの時間がかかるかによる」ということである。

南朝鮮国防部〔国防省〕が記者団に表明したところでは、南側には「十分な数の軍部隊が存在しているので、米軍が撤退した後も変わることなく秩序を維持し、のみならず、北朝鮮が南側に攻めてきた場合にも、防衛できることはもちろん、猛反撃を加えることができる」とのことである。

北側への軍事侵攻計画にもとづき、南朝鮮当局は「国防軍」の兵員数を増加させている。スパイ情報によれば、今年一月一日には五万三六〇〇名だった兵員の数が、第1四半期末のうちに七万名まで成長した。

新しい技術を備え、機械化された特殊部隊が二〜四倍に増大していることに、特に厳重な注意を払うべきだ。「思想的に注意を要する」兵隊や将校を軍から除去する措置がとられた。軍隊には、反動的な気質の若者が徴兵されている。米国は「国防軍」に対し、多種多様な相当数の各種兵器・装備を供給している。南朝鮮当局は、より大規模な武器供与を受けるための措置を講じている。このことを主要目的として、趙炳玉《チョビョンオク》一行がワシントンを訪問している。

南朝鮮政府は、大規模な軍部隊を、三八度線に隣接した地域に集中させている。

入ってきた情報によれば、ここにいる軍隊は総勢四万一〇〇〇名である。南朝鮮当局は平壌の動向に特別な注意を払っている。

北朝鮮の諜報活動に関与しているある南朝鮮軍大隊長によれば、この三八度線付近には三万名まで兵力が増強されるだろう。北側に対する作戦計画が準備されており、第一旅団ではすでに大隊長までこの計画が知らされた。六月中に活発な動きが起きるであろうと予測される。こうした計画と関連して、南朝鮮当局は、南側での蜂起を鎮圧し、民主的運動の完全撲滅を目指す確固たる対策をとることにした。

南側の諜報活動は、北側各地方に破壊工作と蜂起者のグループを組織し、それらに新要員の募集任務、スパイ活動、蜂起計画の作成をさせようとしている。軍事行動が開始された場合には、彼らは破壊テロ活動および蜂起の組織化を行わなければならないようになっている。これら一派は南側から手榴弾やピストルの供与を受けており、逮捕者の証言によれば、五月には新たな追加兵器を受け取ることになっていたという。このような一派は平壌で二回、海州で一回、そして新義州で一回出没している。これらすべての問題に関して、私は金日成および朴憲永との会談の場を持ち、事前に必要な対策を講じることを取り決めた。

朝鮮の軍隊と警護部隊を強化補充し、警戒心を高めるための対策を遂行する。[12]》

南からの脅威に、北は準備不足

一九四九年五月二七日、金日成はソ連大使に宛てて、南朝鮮軍大隊が三八度線地域で軍事行動を開始したと伝えた。金日成の情報によれば、北側からの監視から南側国境地帯を隠すために、南側は三八度線沿いにある多数の高地を占拠しようとした。注目すべきなのは、ソウル政権が半島最南端にある済州島での蜂起鎮圧に加わった部隊を三八度線地域に配備したことである。[13]

一九四九年六月五日、ソ連大使シトゥイコフは北朝鮮指導部の言葉を引用し、南側が侵攻の準備をしているのは、朝鮮半島の平和的統一を恐れているからだと伝えた。ソ連大使との会談で、金日成と朴憲永は強調した。

《もしも今、朝鮮半島全域で自由な条件の下、総選挙が実施された場合、左派および社会主義組織が勝利するだろう。左派および社会主義組織は、北側では八〇％の支持を、そして南側においては六五～七〇％の支持を獲得する。だからこそ南朝鮮と米国は軍事的な問題解決に執着するのである。[14]》

ソ連大使は六月一八日、南側からの侵攻の脅威が増加しているという自らのテーゼを繰り広げた。

《シトゥイコフ→スターリン》

《南朝鮮労働党中央委員会、および諜報員からの情報によれば、米軍の南朝鮮からの撤退は事実である。つまり、実際、米軍は出ていく。

同じ情報によれば、米軍の中心をなす第五部隊はすでに出発し、撤退は六月一五日までに完了するとのことだ。これに関連して李承晩は、少なくとも七月に米軍の撤退を完了するように要請した。

これらの情報によらずとも、公式情報と比較してみると、米軍撤退が本年七月一日までに完了するという根拠は存在する。

米軍の撤退は、朝鮮の統一問題に軍事的な方法を用いることに執着している南朝鮮反動勢力の束縛を解くことになった。これについて、李承晩、李範奭《イボムソク》、申性模《シンソンモ》らと「民主国民党」指導部が賛成意見を述べた。意見が分かれたのは、期間の決定においてのみだった。申翼熙《シンイッキイ》や李ゲンゲンらは、北側への侵攻に際しては、後方支援の対策をしっかりと終えておくことが必要であると考えた。金錫源《キムソグオン》や強硬派に立つ他の軍人気質の者たちは早急に進軍の計画が実行されることを望んだ。

米軍の撤退と関連し、南側の国防軍は、三八度線付近に集結し始めた。スパイ情報によれば、済州島には一個大隊が、光州、和順、大邱にもわずかな部隊が残留している。

情報によれば、国防軍は米軍撤退の公式声明が出される三日前にも、北側への侵攻を開始するだろう。

六月を通して、南朝鮮軍、また、北朝鮮警護隊は、何度となく甕津《オンジン》地区において三八度線を越境した。この地区では現在も戦闘が続き、南朝鮮軍部隊の数も増強されている。六月一日までは一個大隊がそこに残留していたが、現在では、三個迫撃砲大隊および一個訓練大隊が集結している。

一度だけ、南朝鮮軍部隊が北朝鮮領土内に一〇キロも侵入することに成功した。そして、北朝鮮警護旅団による反撃の結果、三八度線外へ撃退された。北朝鮮軍部隊は戦略上有利になる高地を二カ所占拠しており、最近そこでは戦闘があった。

甕津地区での事件に関連して六月一一日、李承晩は公式声明を発表し、その中で「共産主義者に大きな損害を与える攻撃計画がある。ここ二～三週間で、この計画は実行に移されるだろう」と語った。

このような状況下では、南朝鮮当局が、これまで以上に軍事的挑発行為を大規模に行う可能性を排除できない。

公式情報によると、南朝鮮軍は、補給を受けたばかりの六個師団を追加している。[15]》

ソ連大使シトゥイコフは六月二二日、北朝鮮が南からの侵攻に全く準備ができていないと、「中央」への外交至急電報で断定した。

《シトゥイコフ→スターリン》

《朝鮮人民軍は、三個歩兵師団と一個歩兵旅団から成り立っている。

師団と旅団とは、大体において準備ができているが、しかしながら、武器の一部は足りていない。そのため、おのおのへ五〇〇～一〇〇〇丁の機関銃と自動小銃が、これから五日間で補充されるだろう。

師団および旅団司令部は十分な準備ができておらず、それは半年以上も総司令官付軍事顧問がいなかったからである。平壌には三三両の戦車を有する陸軍戦車連隊がある。この連隊は五月に編成された。連隊の要員は整っているが、戦闘行動における連隊内の小区分がはっきりしておらず、全体的に連隊の組織化がなされていない。必要な場合には、戦車連隊は軍事行動に参加することができる。

平壌方面に集結している軍部隊は十分ではなく、そのため、南側からの軍事行動が始まった場合には、南朝鮮軍はこの方面に効果的な打撃を加えるだろう。この方面に、彼らは三〜四個師団程度まで集結させることができる。

現在の情勢を分析してみよう。必要な場合、この方面には損害を受けた師団を移動させなければならない。

三八度線そのものの警備は、二つの国境警備旅団が担っていて、おのおの六個大隊を有している。これらの旅団部隊は、前線に沿って伸びているので、南側からの侵攻があった場合には、断固たる抵抗を行えない。これらの旅団でもやはり兵器が不足している。この兵器というのは、日本製型とソ連製型の混合である。これらの旅団の日本製弾薬は、完全に不足している。六月にこれらの旅団に供与される兵器は、日本製小銃の代わりになるだろう。

軍部隊、すなわち、政府保安隊、軍警備連隊、鉄道保安旅団は、国家施設や倉庫を防衛するのに専念している。

機械化旅団は、要員は完全に組織されているものの、必要な武器や装備が供与されていない。この旅団の二個戦車連隊には一〇両ずつの戦車があり、自走砲大隊には一二門の自走砲が装備されている。この旅団の機械化連隊、砲兵大隊、オートバイ大隊には、兵器や物資が全く確保されていない。旅団は平壌に配備されている。近日中に、機械化旅団には武器や弾薬が支給されるだろう。

射撃師団内に設けられた自走砲大隊は、平壌の訓練所に集められており、装備の補給は行われたが、兵器は供給されていない。

高射砲連隊は、要員は完全に補充されていて、この五日間で資材の補給を受けるだろう。

編成を終えた陸軍砲兵連隊と沿岸警護の三個砲兵大隊は、装備に関する教育を受けているところで、兵器は供与されていない。この五日間で、大砲の五〇％と銃器類のすべてが供給されるだろう。

空軍は四八機の戦闘機と、一七機の訓練用戦闘機を有している。航空戦で必要な場合に、実際に飛べる一人前の飛行士は、合計一一名しか確保されていない。

北朝鮮の空軍は、敵に対して深刻な損害を与える準備がまったくできていない。これには二つの理由がある。

(1) 飛行士が十分に揃っていない。飛行訓練連隊がすでに八カ月にわたって八〇名を教育し、四月には一〇人を採用したにもかかわらず、である。十分に訓練された飛行士が不足し、訓練のレベルが低い原因は、UT-2型練習機が不足しているからである。関係機関に宛てた私のたび重なる要請にもかかわらず、朝鮮の航空部隊には、第九空軍によって準備される八機のヤク-18型練習機は引き渡されておらず、その引き渡しについての指示も来ていない。航空燃料の不足は飛行訓練の中断の原因となっている。こうした理由により、訓練飛行は二カ月以上も実施されていない。

(2) これまでに第九空軍によって送られた飛行機が老朽化したものであることが、朝鮮空軍の深刻な欠陥を浮上させている。朝鮮側がそれらを購入するのに、新型機を買うのと同金額を支払ったにもかかわらず、である。

訓練飛行隊の顧問をしているチュマク少佐の報告によれば、第九空軍から二一機のヤク-9型機を受け取っているが、寄せ集めの構造で、一九四四～四五年に製造されたものだ。これらの航空機のエンジンは一～二回修理に出されたことがある。予備部品は一五～二〇％、計器などの機具類は五〇％しか補給されていない。最も必要とされる予備部品がまったく不足している。現在、二一機のうち一〇機に異常がある。

この報告書によると、第九空軍から受け取った二四機のイリューシン10型機と九機のU-イリューシン10型機は、一九四五~四六年製造で、現在すべて稼働しており、予備部品の五〇%が確保されているということである。

戦闘機は、全体のうち現在六機に異常がある。

工場から受領された飛行機は良好な状態にあり、必要な予備部品、機具なども十分に補給されている。

伝えられた情報によれば、第九空軍が、現在、朝鮮に供与する飛行機の選定にあたっているが、第二四三号電報に従って、以前使われた飛行機が送られるだろう。考慮しなければならないのは、朝鮮側は、修理工場がないため、自らの手で飛行機の修理を行えないということである。

朝鮮と中国共産党の合意に従い、中国人民解放軍に加わって奉天と長春に配備されている二個朝鮮人師団の司令部と朝鮮政府の間に、連絡手段が確立された。

六月一日から平壌において、これら師団の指揮官、砲兵大隊長、連隊参謀長による研修会が開かれ、そこで八〇名が準備を整えている。また同じく、これら師団の下士官(砲兵、機関銃手)による研修会も開かれている。研修会は一カ月半から二カ月かかるであろう。

朝鮮における武器や弾薬の製造は、これまでのところ軌道に乗っていない。製造に必要な機械がすべて揃っていないために兵器工場は稼働しておらず、今ある機械も遅れて届いたものである。こうした兵器工場で働くはずのソ連の専門家も同じように到着が遅れていて、今でも全員揃っていない。現在、兵器工場は、八二ミリ迫撃砲用砲身を除いては完成品を製造することができない。八二ミリ迫撃砲用プレートの製造は、軌道に乗っていない。

結論と対策

（1）朝鮮人民軍四個部隊と二個警備旅団とは、現在、おおよそ防御戦に従事するうえでの基本的準備を完了している。

（2）これらの兵団の戦闘能力を高めるために、六月にソ連から到着した兵器によって補われるが、これらの兵器では不十分である。

（3）同じように、機械化旅団と航空部隊へ早急な兵器確保が必要であり、それは第二四三号電報に従ってソ連から送られることになるだろう。

（4）朝鮮の航空戦力のためには、不足する予備部品と訓練機を供与することが必要である。第九空軍が新しい飛行機を供給できない以上、製造工場から直接新しい飛行機を朝鮮空軍に供給する態勢を確立する必要がある。

（5）三八度線付近における南朝鮮軍の配置換えが確認された場合は、次のような対策が朝鮮人民軍司令部によって講じられるだろう。

平壌方面

（1）第一歩兵師団第二歩兵連隊は平壌から三八度線付近の南川店地区に配置換えされる。

（2）第一歩兵師団第一歩兵連隊射撃大隊は、サンペイ地区から海州地区に配置換えになる。

（3）第一歩兵師団機関銃大隊は金川地区に配置換えし、そこにおいて、国境警備隊第二梯団内で防衛に従事する。

（4）一個戦車大隊と一個自走砲大隊が平壌から配置換えされる……。平壌方面の防衛を強化するためには、一個歩兵連隊と第二歩兵師団の一個砲兵大隊が平壌へと配置換えになる。このような対策は、これらの部隊が朝鮮解放四周年記念パレードに参加するということを口実として移動させられる。記念日は、八月一五日に祝われる……。

これらの事前の対策によって、三八度線防衛をいっそう確実に保障することが可能となる。必要な場合には、残りの部隊・兵団もさらに重要な方面へ投入することも可能である。

奉天〔瀋陽〕と長春に駐留する朝鮮人師団は、軍事行動が開始された場合、朝鮮へ投入されることになろう。

（5）顧問が不足している部署へソ連人将校の派遣を急ぐよう要請する。[16]》

挑発はやめ、戦争を避けよ

一九四九年八月三日、スターリンはあらためてソ連大使に、次のような諜報機関からの情報を送った。

《南朝鮮政府内のきわめて影響力のある人物が、北朝鮮への侵攻を主張している。[17]》

潜在的な敵を挑発しないように、そして、軍事行動が始まった場合、ソ連が一線を画すために、モスクワは、自らの海軍基地と在北朝鮮空軍代表部を閉鎖することを決めた。クレムリンの文書の中でこの点に関してはこう述べられている。われわれの平和志向を宣伝し、敵を心理的に武装解除させ、南の侵攻に対して起こりうる戦争にわれわれが引きずり込まれないようにするために、われわれの軍事施設を撤去するのが政策的に正しいだろうと。[18]

ソ連大使シトゥイコフは七月一三日、南側の侵攻計画の証拠について、追加情報を提供した。

《シトゥイコフ→モスクワ》

《七月一二日、甕津方面（海州から四〇キロ西に位置する）にて、三名の南朝鮮軍兵士を捕虜にした（第一八連隊第二大隊所属）。

捕虜の証言によれば、彼らの大隊は甕津方面に六月に到着したとのことだ。

連隊は、南朝鮮での蜂起鎮圧に早い時期に加わったという。

捕虜が述べるには、彼らの部隊指揮官は、七月中に、何度となく協議を行い、南朝鮮軍は北側に先んじて、八月一五日（朝鮮解放記念日）までに北朝鮮占領を終わらせるように奇襲攻撃をかけることを決定したとのことだ。

捕虜はさらに、第一二連隊が国師山高地（海州から三〇キロ西に位置する）の占領のために配備されていると語った。

さらに第一八連隊は、開城地区にあるとみられる第一三連隊と共同作戦を行って、甕津地区から北側へ侵攻し、海州市を包囲しつつ、そこにある北朝鮮軍の主力を壊滅させ、一週間のうちに海州地方を占領することになっているようだ。

南朝鮮労働党を通じて得たスパイ情報によれば、李承晩は、秘密会議を開いた。そこで彼が表明したところによれば、北側からの平和的統一の呼びかけは最後通告以外の何物でもなく、北側は八月か九月に必ず南進を開始するということだ。李承晩は、南側は北側より先んじて、七月には進攻を開始するべきだと表明した。

スパイの情報によれば、現在、南朝鮮軍において部隊再編成が行われている。三八度線近隣地域から、民間人が避難している。

北朝鮮側では、第四一六号電報で述べられた対策の実施を完了した。三八度線地域に配備されている師団指揮官らおよび三八度線を防衛している警備旅団指揮官らに、部隊に戦闘準備を敷くよう指示が下された。

金日成は中国人民解放軍朝鮮人師団を朝鮮に配置換えするという決定を受け入れた。(19)……》

一〇月三〇日、スターリンは、北側の南側への挑発行為が活発になっていることを批判し、平壌駐在ソ連大使に非難を浴びせた。「中央」からの暗号電報には次のようにある。

《スターリン→シトゥイコフ》

《貴殿が、「中央」の許可なしに、北朝鮮政府に南側に対する活発な行動を勧めるようなことは禁止されていたはずである。さらに、必要な場合に、三八度線付近で計画されたすべての行動と発生した出来事に関して手回しよく報告を「中央」へ提出することが指示されているはずだ。

貴殿はこれらの指示を遂行していない。

貴殿は、第三警備旅団の大規模な攻撃準備について報告せず、こうした行動にわれわれの軍事顧問が参加することを実際に許した。

貴殿は、一〇月一四日に始まった戦闘についても同じように報告しなかった。その戦闘については、四日後に別の資料を通じてのみわれわれに明らかになった。この問題についての貴殿からの報告は一〇月二〇日になってから受け取ったのであり、それは国防省側から貴殿への特別な要求があったからだ。

貴殿の行動が間違っていること、および上級機関《インスタンツイヤ》〔スターリン直属の意思決定機関のこと〕の指令を遂行しなかったことに対して戒告し、貴殿に指令の厳密な執行を要求する。(20)》

ソ連大使シトゥイコフは公文書による返答のなかで、自分を正当化しようと試みた。

《シトゥイコフ→スターリン》

《……一〇月一一日、内務省顧問の陸軍大佐ボジャーギンとの会談で、彼が伝えたところでは、朴一禹《パクイルウ》内相の指示により、第三警備旅団長が、三八度線よりも北に位置する南朝鮮人によって占拠された二つの高地のうち一つを奪還する準備をしているということであった。私が同志ボジャーギンに尋ねたのは、これらの高地が実際三八度線よりも北側にあって、三八度線防衛にとって何らかの意味をもっているのかどうか、ということであった。陸軍大佐ボジャーギンが答えたところでは、これらの高地は三八度線よりも北側一・五キロに位置し、そのうち一つは、三八度線北部の広大な地域にそびえていて、この高地に駐留する南朝鮮人は、農作業をしている平和的な民間人を常習的に射撃しているとのことだ。私が陸軍大佐ボジャーギンに対して勧めたのは、この問題について検討し、スミルノフ将軍と相談して、その結果について伝えてほしいということであった。

一〇月一三日、ボジャーギン大佐が伝えたところによれば、彼はこの問題について分析し、スミルノフ将軍と会談した。この高地（銀波山）が三八度線よりも北側一・五キロの位置にあり、三八度線北方の広大な領域にそびえ、三八度線に沿って伸びる戦線に並行した唯一の道路を北朝鮮側に使わせないようにすることができることから、南側から奪い返すべきであるということになった。この際、ボジャーギンが表明したのは、もし北側が一〇月にこれを行わなければ、冬になると第三警備旅団がその右翼側面と連絡を保持することが難しくなるということである。

私は、この銀波山奪還作戦の妥当性についてボジャーギン陸軍大佐にあらためて尋ね、肯定的な回答を得たので、彼に対し、北朝鮮人が三八度線の侵犯を行わないように注意深く監督するよう警告した。これが真相である。

私は、北朝鮮政府に対し、南側に対して活発な行動をとるよういかなる進言もしたことはなかった。私の過失は以下に集約されよう。

第一に、この作戦に大きな意味を与えなかった。この作戦は特別限定的で一時的なもので、高地を取りもどすといっても、南朝鮮人によって占領されている三八度線北側の高地を取りもどすことであるので、この作戦が南側からの重大な反撃を呼ぶことはないと考えていた。

第二に、朝鮮側に対してこの作戦行動を自制することを進言するよう、陸軍大佐ボジャーギンに自分の方から促すべきであった。彼は、この時期、真剣にこの問題を研究しておらず、私の方はこの時期に貴下に報告し、必要な指示を得たのである。

第三に、私の過失は、銀波山高地の占拠に関わる三八度線地域の出来事について遅れて（一九四九年一〇月一八日に）報告したことである。しかしながら、私は、国防省からの問い合わせが来る前に電報を送った。[21]》

しかし、クレムリンは満足しなかった。ソ連大使への電報で、朝鮮半島においていかなる軍事計画もソ連指導部は一切有していないことを再度強調した。

《スターリン→シトゥイコフ》

《……貴殿によって提出された説明は、全く不十分なものである。貴殿の説明が証明しているのは、貴殿がモスクワから受け取った指令を遂行していないということである。貴殿は、三八度線の状況を複雑化させないための「中央」からの指示を、厳しく揺るぎなく実行する代わりに、この問題の審議に専念し、実際のところ指示を遂行しなかった。
貴殿に警告する。[22]》

南からの侵攻の兆候

一九五〇年一月六日、ソ連大使シトゥイコフは、南側からの侵攻の兆候について、新たな証拠を報告した。

《シトゥイコフ→モスクワ》
《受け取った情報によれば、一九五〇年一月、李承晩傀儡政権の国会は、南朝鮮における政治状況を議題として審議を行った。
……会議で特に強調されたのは、米国は、戦争遂行のためにも、戦争以外の方法による朝鮮半島統一のためにも、十分な援助を与えていないこと。これと関連して、自分で問題を解決し、「最終的で決定的な打撃」を加えることに力を集中させることが提案された。李承晩は、朝鮮を一撃で統一することを提案し、……その後、日本および米国とともに広範囲な反共産主義運動を繰り広げることを提案した。[23]》

のちのことだが、ソ連大使シトゥイコフは、一九五〇年九月二日に、李承晩政権の秘密文書のコピーを「中央」へ送った。そこから明らかなのは、ソウルにおいては、北側へ戦争を仕掛けようという機運が現実に起きていたということだった。

〈シトゥイコフ→モスクワ〉

〈……オリヴァー教授への李承晩からのメモを送付する。それは李承晩政権の秘密公文書資料から発見されたものである。

この文書は、李承晩一族の戦争計画を明らかにしている。

シトゥイコフより　一九五〇年九月二日

《一九四九年九月三〇日

ロバート・T・オリヴァー教授へ

李承晩大統領より

貴下からの手紙を受け取りました。感謝します。私はクロック氏をロビイストやそのたぐいの人物として分類する気はありません。……私はこの前の手紙で、Kに関して、ナショナル・プレスクラブにおいて、より詳しく明らかにするように貴殿に頼んだのです。

われわれは、実務面で評判がよくない人物を簡単に使うわけにはいきません。このことに関しては、十分に注意していただきたい。

われわれが行う仕事に関して、いくつかの批判もあります。しかし、私は彼らに対し、貴下はよくやっていると手紙を書いています。したがって、貴下を心配させることはないと思います。皆さんと友好的な関係を維持し、最良の方法で貴下の仕事を続けてほしい。

私は、貴下の仕事のことを考えれば考えるほど、貴下がここ南朝鮮において、いっそう役に立つであろうことを確信しています。私には重要な仕事を受け持つ人物が必要で、貴下が大学での任期を終えたらここへ来られることをお願いしようと真剣に考えています。このことについて誰にも言わないでほしいのです。頭にだけは入れておいてください。

貴下が自由になったらすぐにここへ来て、私の官房で仕事に着手してほしいと思います。貴下がここにいたなら、と思うことがしばしばあります……。

ここで、われわれの状況について貴下に手短に話したいと思います。

攻撃的方策をとり、北側にいるわれわれに忠誠心を持っている共産軍を併合し、その残りの部隊を一掃してしまうには、心理的には今が最も適当な時期であるということを私は固く信じています。われわれは金日成の軍隊を山岳地域に退却させ、糧食を断って彼らを餓死せしめ、そしてわれわれの防衛線は、豆満江と鴨緑江に沿って創設されるでしょう。

われわれの状況は百パーセント良くなるでしょう。

これら二つの河川の河口に二～三隻の高速艦艇、また、済州島を含む全海岸線を防衛する戦闘機があれば、河川と白頭山に沿った自然の防衛線は、ほぼ人を寄せ付けない難攻不落なものとなりうるでしょう。朝鮮人が二〇〇〇年間ずっとやってきたのは、巨大な侵入者である唐や隋、あるいはモンゴル、日本の侵略者から自らの民族を守ってきたということです。

わが民族を外国の侵略者から再び守る準備はできていると思います。

満州とシベリアにいるすべての中国・日本・朝鮮共産軍が、自ら考えうるすべてを行ったとしても、われわれは彼らからの攻撃を撃退できる状況にあると思います。

われわれは、外国がわれわれに対して行うことから完全に独立した行動をとりたいのです。

現在の状況においては、ソ連は侵攻を開始するほど愚かではないと思います。

われわれの国民はこれを期待しています。

北側にいるわれわれの国民が欲しているのは、彼らが行動を起こすのを今われわれが許すことです。しかし、われわれは彼らをなだめようとあらゆる手段を尽くしています。これが大変難しい問題なのです。

私が求めるのは、貴下が明確にこの状況を説明し、この手紙を張《チャン》大使と趙《チョ》大使に見せることです。貴下はワシントンとニューヨークでわれわれの二人の大使、およびその他の友人たちとともに、そして私たちはここソウルと東京で、一つの目的達成のために努力しましょう。国を解放し、自分の家に秩序を取り戻すことを彼らがわれわれに許すためにです。かつてチャーチルが使った古い言葉を引用しましょう。「われわれに道具を与えよ。そうすれば仕事はすべてなされよう」

われわれが行動を開始し、計画を遂行し、われわれに必要なすべての物質的支援が提供されることに、黙認ないし賛成するよう、米国政府関係者と世論を説得してください。われわれが待てば待つほど、これらを実行するのは難しくなります。

ソ連人は自ら始めた冷戦において勝利しています。彼らはまず、共産主義の扇動家に金銭・武器・プロパガンダ文献を与え、民衆の間で混乱を起こさせ、その後、彼らが組織するのは共産主義の同調者であり、共産主義者のテロリストや殺人を起こす略奪者集団であり、すべての人間社会を燃やし、地獄へと変えるのです。

……現在、アメリカ人が行っている冷戦と呼ばれるものの中で、もしわれわれが手をこまねいて何もせず、こうした輩の攻撃に応戦するだけでは、どんな神経の持ち主でも長くはもたないでしょう。もし朝鮮人が立ち上がって、共産主義者を一度に永遠に葬りたいならば、今が心理的に最も高まっている瞬間なのです。

もし、われわれがこれを行うことを許されれば、短期間で理性的にこの問題を解決する自信が私にはあります。

どうかこれらすべてを説得力のある方法で表明し、注意深く影響力ある有力者と接触して、彼らの支持を獲得してください。

もし、貴下がこれまで述べたことをトルーマン大統領に伝えられるならば、何らかの望ましい成果があると思います。(24)》

第2章　金日成、南「解放」の許可を手にする
スターリン、躊躇する

●要約

金日成は統一を念頭においた部分的南進に対してスターリンの承認を取りつけたがったが、スターリンもソ連大使館（平壌）なども当初は消極的であった。

●年譜（1949年8月〜50年1月）

49年8月8日　蔣介石—李承晩会談、反共共同声明（ソウル）
8月12日　金日成・朴憲永—シトゥイコフ会談（平壌、14日も）
8月14日　シトゥイコフ・ソ連大使が「休暇」帰国（〜10月4日）
8月29日　ソ連、原爆実験成功
10月1日　中華人民共和国（中国）が成立（毛沢東中央人民政府主席）
49年10月2日　ソ連、中国と国交樹立（中華民国と断交）
10月6日　北朝鮮、中国と国交樹立
10月7日　ドイツ民主共和国（東独）成立
12月7日　中華民国、台北に遷都
12月16日　毛沢東、訪ソ（〜50年2月17日）
50年1月5日　トルーマン米大統領、台湾不介入

を声明

50年1月6日　イギリス、中国承認

1月12日　アチソン米国務長官「韓国・台湾を除外した不後退防衛線」演説

1月14日　ヴェトナム民主共和国（北ヴェトナム）独立

1月17日　朴憲永主催の夕食会（金日成がシトゥイコフに対南攻撃許可を要請）

50年1月20日　中国人民解放軍の朝鮮人部隊一万四〇〇〇名を北朝鮮軍に編入

1月26日　米韓相互防衛協定

1月30日　ソ連、国連安保理事会をボイコット（以後、継続）

1月31日　中国、チベットを除く全中国本土解放を宣言

ソ連大使帰国前の談判

平壌もモスクワも、南側からの攻撃がありうると予期していた。このような状況下、金日成は自らの当初の見地を変化させ、攻撃的な戦略を採用することに傾いた。

一九四九年八月、シトゥイコフ大使が休暇のためにソ連へ戻る前日、北朝鮮指導部は、彼に働きかけることを決めた。八月一二日と一四日の二度にわたり、北朝鮮側はモスクワに対し、半島での軍事行動に「青信号」を出すよう説得を試みた。八月一二日、金日成と朴憲永とは、シトゥイコフ大使に次のように表明した。

《シトゥイコフ→モスクワ》

《……現在、明らかなのは、平和的な再統一に関して……ソウルは提案を拒否しているということである。したがって北側には、南側への進攻準備を開始する以外の選択はないのである。南進は、疑いもな

く、南側における李承晩体制に反対する大規模蜂起を喚起するだろう。もしわれわれが進攻を開始しなければ、朝鮮人民はこれを理解できない。われわれは朝鮮人民の信頼と支持を失うばかりか、祖国を統一する歴史的チャンスまで逃してしまう。いつも朝鮮人民の側に立ち、われわれを援助してくださる同志スターリンは、もちろんわれわれの気持ちを理解してくれると思う。(1)》

ソ連大使は北朝鮮側に次のように回答した。

《シトゥイコフ→モスクワ》

《同志スターリンは、一九四九年三月一一日のモスクワ会談で、自らの立場についてこう述べた。その要点は、北朝鮮軍は仮想敵に対して、明確に優勢な状況にはいたっていない、ということである。この他にも、ソ連と米国の間には、三八度線についての合意事項が存在している。攻撃が正当性を持ちうるとしたら、南側が最初に北側に対して攻撃した場合だけである。(2)》

金日成はこの論拠に異を唱えた。ソ連大使が伝えたところでは、三八度線は南側に米軍が駐留している間は何らかの意味を持っているという意見を金日成は述べた。だが、米軍の撤退に伴って、三八度線という障害物は事実上取り除かれる。この線は、ソ連軍と米軍とのそれぞれの統制、および部隊配置地域を規定している。だが、現在では、彼らは朝鮮において何も統制していない。ならば、なぜこの線が保存され考慮されなければならないのか。

北朝鮮側の指導者が強調するように、反攻についての問題もまた、新しい視点を必要としている。南側は北側への全面的侵攻を延期したかのように見える。その代わり、南側は、三八度線に沿って、第二次大戦直前の独仏国境に存在したフランスのマジノ線のような強力な防衛線を建設することを決定した。

その結果、同志スターリンが助言した通り、朝鮮人民軍が反攻する可能性は失われた。(3)

シトゥイコフ大使は、暗号電報で次のように続けている。

《シトゥイコフ→モスクワ》

《北朝鮮指導部が注目しているのは、国境に沿って頻発する衝突において、朝鮮人民軍は南朝鮮軍部隊に対して明らかな優位を示してきたということである。北朝鮮軍部隊は、敵の防衛隊形をすばやく通り抜ける能力があると北朝鮮指導部は確信している。

大使である私は再び、同志スターリンが一九四九年三月の金日成との会談で話した内容に照らして、対談者である金日成と朴憲永に返答した。結論として、私は、北側の計画の実現に疑念を述べた。私が指摘したのは、金日成と朴憲永によってなされた情勢の評価は、あまりに楽観的で理想主義的だということである。金日成はこのような反応を予期していなかった。彼はむっとしているように見えた。(4)

……》

金日成と朴憲永との一九四九年八月一四日の会談について報告しつつ、ソ連大使は次のように強調した。

《シトゥイコフ→モスクワ》

《金日成は南進問題を再び取り上げ、朝鮮問題の解決には他の方法はないと主張した。

私がわれわれの論拠を繰り返した後、金日成は、作戦には入念な準備が必要だということに同意した。何にもまして、朝鮮民主主義人民共和国は、ソ連製施設や武器の追加緊急供給を必要としている。金日成が述べるには、北朝鮮軍は、二一〜三会戦分の軍用弾薬を必要としている。

第二に、金日成は局地的作戦から南進を開始することを提案した。その作戦の目的は、南朝鮮領内にある甕津半島の占領である。もし、作戦が成功に終われば、朝鮮民主主義人民共和国の三八度線沿い陸境は、一二〇キロメートル短縮される。北朝鮮側にとって、今後の国境線警備は、より少ない兵力で十分になろう。甕津半島はそれ自体、進攻作戦の進展にとって、一定期間、作戦拠点となるであろう。どんな作戦行動が実行されるにしても、それはわれわれの有している可能性と全体的な情勢分析が入念に行われてからだと、私は繰り返し述べた。[5]》

八月二七日、シトゥイコフはスターリンに、南進に反対する意見書を提出した。文面には、論拠が列挙されていた。

《シトゥイコフ→モスクワ》

《(1) 現時点では、朝鮮半島には二つの国家が同時に存在していて、しかも、米国とその他の国々は南朝鮮を承認している。北側が軍事行動を起こした場合、米国は南側に対して武器や弾薬を供給するといった形をとるだけでなく、ソウルを援助するために日本軍部隊を派遣するといった介入をしてくるだろう。

(2) 南進は、敵意に満ちた反ソ的プロパガンダを拡大する口実として、合衆国によって利用されるだろう。

(3) 政治面からいえば、南進は、おそらく両朝鮮の多数の人々から支持されるだろうけれども、純粋に軍事的な意味では、朝鮮人民軍は南側の軍隊に対して、いまだ明白な優位に立っているわけではない。[6]

(4) 南朝鮮は、すでに十分に強力な軍隊と警察とを創設した。》

同時に、シトゥイコフは、南側は「軍事行動を長期化させる」のに十分な反撃用戦力を有しているだろうと但し書きをつけたうえで、戦略的に重要な地域である甕津半島を占領するという金日成の考えを支持した。(7)

ソ連臨時代理大使への圧力

この間、北朝鮮側からモスクワへの圧力は高まった。

九月三日、ソ連の臨時代理大使トゥンキンは、金日成の個人秘書である文日《ムンイル》を訪問した。トゥンキンは、行われた会談について次のように述べた。

《トゥンキン→モスクワ》

《金日成の依頼によって、文日が伝えたのは、南側が近く、三八度線よりも北側に広がる甕津半島の一部を占領する意図で、海州市のセメント工場を砲撃するという信頼できる情報を入手したということである。

これと関連して、文日が述べたところによれば、金日成は、甕津半島の占領および甕津半島から東側の南朝鮮領土を、およそ開城まで占領し、これによって防衛線を短縮することを計画している。

文日が述べたところによれば、国際的状況が容認する場合には、さらに南へ進攻したいと金日成が考えているということである。金日成は、南朝鮮を二週間、最長でも二カ月間で占領できる状況にあるという自信を持っている。

私は、これは非常に重大かつ深刻な問題であり、十分に注意深く考慮する必要があり、また急がず、前述の問題に対していかなる決定も今は行わないよう、私は金日成に勧めているということを伝えるよう（文日に）依頼した。

おそらく、金日成は、近日中に再びこの問題を取り上げてくるだろう。はっきりと確認されたところによれば、北朝鮮側は、甕津半島に駐在する部隊指揮官への命令を押収した。そこには、九月二日午前八時、海州にあるセメント工場を破壊すべく砲撃を開始するということが指揮官に命令されていた。命令から明らかなのは、南側は、この工場を軍用であるとみなしていることである。

命令の中で述べられていた期間は過ぎたものの、目下のところ砲撃はまだ行われていない。

北側は、工場が砲撃された場合に備えて、必要な手段を講じた。

南側が三八度線以北の甕津半島の一部の占領を企図していることについては、南側からの投降者の証言からのみ得られた情報である。

八月一五日以降、三八度線には深刻な事件は発生していない。小規模の撃ち合い、甕津半島の北朝鮮領内への砲撃、三八度線の越境事件があった。

南側は、急速に三八度線の防衛活動を強化している(8)。》

スターリンは、金日成のこの要求に注目し、朝鮮情勢に関して必要な情報を集めるよう、すかさず指示を出した。九月一一日、平壌のソ連大使に、次のような指示が届いた。

《スターリン→トゥンキン》

《……貴下は金日成とできるだけ早く会って、次に述べる追加質問への回答を明らかにするように努力しなければならない。

（1）人員・装備・戦闘能力など、南朝鮮軍をどう評価しているのか。

(2)南朝鮮におけるパルチザン活動の状態。また、どのような現実的支援をパルチザンから期待しているのか。
(3)北側が最初に攻撃を開始するという事実に対し、世論と人民はどのような態度をとるか。どのような現実的な支援が南側の人民から北側の軍隊に対して与えられる可能性があるか。
(4)南朝鮮に米軍は駐留しているのか。北側が進攻する場合、米国に対してどのような手段を講じられると金日成は考えているのか。
(5)北側は、自らに対してどのような評価を下しているのか、たとえば、軍隊の状態とその充足率、そして戦闘能力である。
(6)われわれの友人たちの提案がどれだけ現実的で適切であるのか、状況についての自らの評価を示すべし。
一九四九年八月一二日と九月三日の会談において、金日成によって提起された問題との関連で、はっきりさせる必要がある。(9)……》
トゥンキンは金日成および朴憲永と、より立ち入った会談を行い、すぐにその内容を「中央」に伝えた。
《トゥンキン→スターリン》
《九月一二・一三の両日、金日成および朴憲永との会談を行った。
貴下からの電報で述べられた問題の核心について、彼らの意見は以下のようなものである。
(1)南朝鮮軍について。陸軍は七個師団、首都警備隊、士官学校、士官養成所(全二三個連隊と二個独立大隊）から成り立っている。

陸軍と航空部隊の人員構成は、八万から八万五〇〇〇名規模。

武器（数）：小銃＝七万、自動小銃＝一八一八、軽機関銃＝三三三八、重機関銃＝七八〇、火炎放射器＝六三三、三七ミリ砲＝四七、一〇五ミリ砲＝九三、六〇ミリ迫撃砲＝三八、八〇ミリ迫撃砲＝四三三、装甲車＝三〇、軽戦車＝二〇（軽戦車の保有量に関しては確認が必要とされる）。

航空機（数）：L‐4型＝一〇、L‐5型＝九、偵察機＝一〇、攻撃機＝一〇、輸送機＝三、総機数＝四二。

これらの中で使用可能なのは、L‐4型一〇機と輸送機三機だけである。

注――これまでに引用されたデータは、次の場合を除き、基本的には朝鮮内務省に配属されているわれわれの顧問からもたらされたものである。南朝鮮軍におけるわれわれの協力者からの情報は次のようになっている。
(a) 大砲は、上記の他に、五七ミリ対戦車砲＝一一三、ロケット砲＝二六五三。
(b) 戦車の数についてのデータはないが、情報によれば、八月一五日のソウルにおけるパレードには六両が参加していた。
(c) 航空機は総数三六機である。
艦隊は四〇隻を有し、そのうち沿岸用艦船は、米国型一四隻、日本型一〇隻保有している。艦隊の構成員は六二〇〇名で、そのうちの五〇〇〇名は海兵隊員である（内務省にいるわれわれの顧問からのデータによれば、南朝鮮艦隊は五七隻から構成されている）。

陸、空、海軍の構成員は、八万五〇〇〇～九万名で、そのうち四七〇〇名が将校クラスである。

警察隊の数は約五万名を数える（われわれの顧問からのデータでは六万名）。

いわゆる「護国軍」（後備軍みたいなもの）の構成員は、四万から五万名を数える（どれくらいの人数が武装しているかは定かではない）。

構成員のうち、将校レベルの組織率は低い。軍隊における教育プログラムは、効率的に編成されていない。一般的に、金日成は、南朝鮮軍の戦闘能力を低いとみなしていて、それは、三八度線近辺で起こった小競り合いを通じて確信したということである。

北朝鮮は、南朝鮮軍の全部隊にスパイを配置しているが、こうしたスパイたちが、内戦になった場合に南側の軍隊を内部から崩壊させることができるかどうかを断言することは困難である。

（2）北朝鮮側データによれば、北は南朝鮮において、一五〇〇から二〇〇〇名近くのパルチザン部隊を持っている。最近、パルチザン活動は、いくらか強化されてきた。金日成は、パルチザン活動から多大な支援を期待することは禁物だと考えている。

朴憲永のような南側の人間は、別の意見に固執している。このような支援は、かなりのものになるだろうと考えている。いずれにしても北朝鮮側が望んでいるのは、敵の連絡補給線でのパルチザン活動によって自軍に援助が供与されることである。望ましいことは、パルチザンが南朝鮮の重要港湾を制圧するということだが、軍事行動が開始された場合でも、パルチザンが成功することはおそらくないだろう。あるいは、ことによったら、パルチザンは少し遅れてならそれをする能力があるかもしれないが。

（3）北側が内戦を開始するという事実を、世論と人民がどのように判断するかの問題に関して、金日成には動揺が見られた。九月一二日の会談で、彼がはっきりと表明したのは、もし北側が最初に軍事行動を開始した場合、それが人民の間で否定的な印象を生じさせ、政治的な観点からしても、不利になるということだった。これに関して、四九年の春に行われた毛沢東と朝鮮代表金一との会談においても、毛沢東は、北側がいま軍事行動を起こすべきではないと表明したということである。その理由は、第一に、政治的に有益ではなく、第二には、友人である中国は、自らの国内のことで忙しく、北朝鮮に対して真摯な支援を与えることができないから、というものであった。金日成の考えは、中国国内の重要な作戦が完了するまで待つということになった。

許哥而《ホガイ》（ソ連出身の朝鮮人で労働党中央委員会書記。通訳として二回目の会談に出席）の明らかな影響のもと、九月一三日の会談で、金日成が最初に表明したのは、人民は北側の軍事的示威行動を歓迎するであろうこと、そして、もし最初に軍事行動を行えば政治的にも敗北することはない、ということだった。会談の終盤になって、金日成が表明したのは、もし内戦が長引くようであれば、政治的に不利な状況におかれるだろうということだった。そのため金日成は、今日の情勢においては、早急な勝利を期待することはできないと言い、彼は内戦の開始ではなく、甕津半島とこの半島以東のおよそ開城までの南朝鮮領土の一部のみを占領することを提案した。

金日成らが考えているのは、内戦が勃発した場合には、南朝鮮人民は、北朝鮮軍に同情的に接し、彼らが南朝鮮に進駐する時には、支援を与えてくれるだろうということだった。軍事作戦が成功した場合、金日成らは南朝鮮において多数の武装蜂起が起こることを期待している。

（4）公式のデータによれば、南朝鮮には、五〇〇名のアメリカ人軍事顧問および教官が存在している。また、確認作業が必要だが、スパイの情報によれば、南朝鮮には九〇〇名のアメリカ人軍事顧問および教官が存在し、一五〇〇名のアメリカ人警備兵と将校がいるということである。

朝鮮で内戦が発生した場合、金日成と朴憲永の意見によれば、アメリカ人たちは、南側を支援するために日本人と中国人を派遣することができ、海上および空からの支援を自らの方法で行い、アメリカ人の軍事教官たちは、遠慮なく作戦行動の組織化に参画するだろう。

（5）北朝鮮軍の兵力は、（航空部隊と海岸警備隊を含めて）九万七五〇〇名である。

軍は戦車を六四両、装甲車を五九両、そして航空機を七五機保有している。

北側の警護隊の構成人員は二万三二〇〇名である。

金日成は、北側の軍隊は南側の軍隊に対して技術装備（戦車・大砲・航空機）、規律および兵士や将校の教育、そして士気、政治的態度において卓越していると考えている。

北側の軍隊にも、未完成な部分はある。航空戦力が数的に不十分で、航空兵は準備が貧弱である。軍事艦船も不十分であり、軍事作戦に必要な大口径砲および弾薬が不足している。

金日成の提案は次のようにまとめることができる。

まず最初に甕津半島に駐留する南朝鮮軍二個連隊に打撃を与え、半島を占領するとともに、ほぼ東に位置する開城までの領土を占領し、それからどうするかは状況を見て判断するということである。南朝鮮軍は、この攻撃を受けた後、おそらく戦意喪失の状況に置かれるだろう。この場合には、さらに南へと進軍する。もし、甕津半島における作戦の結果、南朝鮮軍が戦意を喪失しなければ、確保した境界を強化し、これにより、防衛線をおよそ三分の一縮小する。

甕津半島における作戦から先を急ぐ必要はない。ソ連からの追加武器供与が行われるまで待機する。その間は、残りの三八度線区域の防衛を強化する。

金日成は、甕津半島での作戦が内戦に転化する可能性があると認めたが、彼の意見によれば、南側は他の三八度線地域に進攻するほど大胆ではないので、おそらくこれは起こらないだろうということだっ

た。[10]》

電報の結語で、トゥンキンは、北朝鮮の指導者によって報告されたものとはかなり異なる個人的な情勢評価を述べている。

《金日成が描いた局地的作戦は、おそらくは、北側と南側の内戦といった結果をもたらすものになろう。北側でも南側でも、指導者層には、内戦を支持する者が少なくない。そのため、この局地的作戦を始めるにあたって、この作戦が、内戦の開始に発展するであろうということを説得する必要がある。今、北側にとって、自分から内戦を開始するのは適切だろうか。

われわれは、適切でないと思う。

北朝鮮軍には、南側に対して効果のある迅速な作戦を遂行するだけの十分な力が備わっていない。パルチザンや南朝鮮人民の側からの支援があることを考慮にいれても、迅速な作戦の成功を期待してはいけない。それに内戦の長期化は、北側にとって、軍事的にも政治的にも有益ではない。第一に、戦争の長期化は、アメリカ人が、李承晩に適切な支援を行う可能性を与えてしまう。中国で失敗した後では、アメリカ人は、おそらく中国でした以上に朝鮮問題に断固として介入してくるであろうし、李承晩を保護するために、すべての力を注ぐであろうことは十分に考えられる。さらに、内戦が長期化した場合、戦争の犠牲に伴う苦痛や難儀が人民の間に広まり、戦争を開始した側に対する否定的感情を呼び起こすことになろう。

この他にも、朝鮮における内戦の長期化は、反ソのアジテーションと、さらなる戦争ヒステリーの感情を煽るために、アメリカ人によって利用されるかもしれない。

そのため、北側が今、内戦を開始するのは適切ではない。昨今の国内および国際情勢のもとでは、南進の決定は、北側が早期に戦争を終結することが期待できる場合にのみ可能であるが、その前提となる条件が存在していない。

しかしたとえ、前述の局地的作戦が成功裏に終わり、内戦という結果をもたらさなかったとしても、北側は戦略的には勝利しながらも、政治的には多くの面で敗北することになるだろう。このような作戦は、北側が、兄弟を殺すような戦争を煽ろうとしているとする非難のために利用されるだろう。また、このような作戦は、南側の利益のために、米国および世界が朝鮮問題によりいっそう介入するために利用されるかもしれない。

以上のような状況下において、金日成が思いついた局地的作戦を行うことは適切ではないと思う。(11)》

以上取り上げた電報への追加という形で、平壌駐在ソ連大使〔シトゥイコフ〕はスターリン個人へ、南北両朝鮮の政治・経済状況について述べた分厚い文書を提出した。この文書では、とりわけ次のようなことに関して指摘がなされた。

シトゥイコフ大使がみた朝鮮情勢

《シトゥイコフ→スターリン》

《……南朝鮮における政治・経済状況

朝鮮が日本から解放されて以降、近年にいたるまで、南側における政治状況の特徴は、左右の諸政党、政治組織間で緊迫した政治闘争が続いていることである。朝鮮問題に関するモスクワ三国閣僚決定〔モスクワで行われた三国（英・米・ソ連、一九四五年一二月）外相会談での決定〕と関連して、これら二つの勢力間の闘争はとくに緊迫した性質を帯びるものとなった。

モスクワ決定に関連して、左翼と右翼の間の緊迫した政治闘争はかなりの程度のものとなり、朝鮮に関するモスクワ決定を反故にできる可能性を米国に与えるものとなった。

米国および南朝鮮の反動勢力は、朝鮮において反民主主義的政府の樹立に成功しないことを確信し、また、左翼陣営が人民の間で大きな影響力を発揮すると見て、全左翼政党・組織の前衛である労働党に対して活発な闘争を開始した。

一九四七年、米国側の指令により、南朝鮮の警察はすべての印刷所を破壊し、左派的な論調の新聞を閉鎖した。左翼的政党・組織を率いる指導的工作員を逮捕する命令が出された。左翼的政党・組織へのテロや追及の結果、彼らは地下活動化する必要に迫られた。

特に、南側における単独選挙の準備と、朝鮮への国連の委員会の到着と関連して、左翼に対する大規模なテロが一九四八年に繰り広げられた。多くの左翼活動家が逮捕された。その多くは裁判や審理も行われず、銃殺された。労働党の党員である農民には地主が土地を貸さず、労働者や勤労者は生産現場から解雇された。

南朝鮮における労働党のこうした状況の結果として、一九四八年終わりまでに九〇万人から二四万人に党員が減少した。一九四九年にはさらに党員が減少しており、その理由は労働党員に加えられている弾圧と政治面での不安定さによるものである。同じような状況はその他の左翼組織にも生じている。

しかしながら、警察や憲兵の助けを借りた権力側のテロや弾圧にもかかわらず、左翼組織はいくつか自らの施策を講ずることに成功している。

労働党やこれを支持する左翼組織は、都市や農村住民に対して働きかけを行っている。米国の朝鮮に対する政治姿勢と人民に対する李承晩政権の背信行為を人民の前に明らかにし、国連の朝鮮問題委員会の活動を暴露している。また、北朝鮮人民の利益にかなうように実行されている民主的政権の政策とその改革について人民が理解できるようにしている。

米国は自らの軍部隊を撤退させるにあたり、李承晩政権が左翼組織の鎮圧と、南朝鮮のパルチザン活動の一掃に対して必要な対策を講じるという条件下においてのみ、武器供与を行う用意があることを提示した。

政府によって次のような対策が講じられた。一九四九年三～四月に行われたパルチザン活動鎮圧においては、警察部隊が派遣されただけでなく、正規軍の精鋭部隊も投入された。済州島には、パルチザン活動鎮圧の指揮を行うために、国防部長官、内務部長官、国務総理、そしてついには軍部隊と警察の行動を査察するために李承晩までもがやって来た。

同島におけるパルチザン活動鎮圧作戦は、事実上、米軍の将校によって指揮された。

戦闘の結果として、両者とも大きな損失を被った。

南朝鮮政府の公式発表によれば、この蜂起の鎮圧時に、一万五〇〇〇名の蜂起者が殺された。われわれの協力者の情報によれば、三万名のパルチザンと平和的市民が殺された。

しかし、李承晩政権によるしかるべき措置にもかかわらず、この闘争は本土では成功をおさめなかった。彼らは済州島においては蜂起を鎮圧することに成功したが、本土においてパルチザン活動はよりいっそう激しくなった。われわれの協力者の情報によれば、現在、二〇〇〇名のパルチザンが活動している。パルチザンは一九四九年中に二〇〇〇以上の作戦を行った。パルチザンの活動地域では、住民が食料や衣服の支援を与え、パルチザンとの戦闘のために集結している軍部隊や警察隊の集結場所をパルチザンに通報してくれている。傀儡政権自身、パルチザン鎮圧作戦に際して軍と警察に損失があったことを認めている。

交戦経験の不足と武器弾薬の深刻な供給不足が、パルチザン活動をかなり困難なものとしている。労働党中央委員会は、これらの不足を埋め合わせる方策を取った。指揮官と軍事教練のための教官を用意し、日本と米国の武器弾薬を買いつける措置を取っている。パルチザン活動の指揮は、労働党中央委員会の工作員を通じて行われている。味方からの連絡によれば、パルチザン活動のいっそうの進展のための前提条件や状況は揃っており、彼らはこうした活動の拡大に対して必要な措置を講じている。

南朝鮮政府にとって政治的状況はきわめて緊迫している。彼らは左翼政党や政治組織、そしてパルチザンを攻撃しているものの、人民には支持されず、人民からの大きな不満を呼び起こしている。

李承晩は、これまでも、政権の取り巻きどころか、右翼陣営さえも結束させるのに成功していない。右翼陣営においては、党とその活動家の間で政権内での影響力や権力をめぐる闘争が続いている……。

……労働党とそれに同調する左翼組織は、アメリカ帝国主義の顔色をうかがう李承晩、その共謀者たちによって行われている反国民的政治、右翼陣営の内部対立を巧みに利用している。また、中道派や政府の政治運営に満足していない右翼政党や組織を引きつけている。左翼陣営は、中道派と右翼政党の目立った活動家の一部を、北側に引き込むことに成功した。労働党は、自らの側に、南朝鮮国会議員を引き込むという工作の組織化に首尾よく成功した。労働党からの指示により、国会議員は、国会において、南朝鮮政府と米国の朝鮮政策の権威を失墜させるようなさまざまな要求を提起している。

朝鮮からの米軍撤退要求、政府への不信任決議、全閣僚への辞任要求を表明する六二名の議員による請願書は、このような問題と関連している。この要求は、国会の多数派によって支持されている。法律の審議に際しては、彼らはこれら法律の反人民的性質を暴露し、その変更を達成するだろう。……国会と政府は、米国と政府にのみ有益な法律を施行するだろうと人民は考えている。人民からの税金徴収に関する法律や、不平等条約の承認などである。

南朝鮮における経済状況も同様に深刻

製造業関係の企業の大部分は、電力と原材料の不足のために稼働していない。朝鮮の資本家たちによって買われた企業の多くは閉鎖され、生産設備は売り払われた。常に失業者が増え続けている。農業生産も年々縮小している。多くの地主は土地改革を恐れ、農民に土地を売却する措置を取っている。農民たちは、資金の欠如のために土地の購入を拒否している。地主さえ、農民が土地を買うことを強制したがり、土地を貸すことは拒否している。こうして、大多数の土地は耕されずに荒れ地のままであり、農民たちといえば飢えに苦しんでいる。

米国側は、南朝鮮政府の権威失墜と不安定さが、広範囲の人民各層に広まっていることを察知していて、南朝鮮政府への支持が集まるような措置を講じている。

米国側は、自らの手先の支援を得て、国連総会の会議において、南朝鮮政府を合法政府とする承認をとりつけた。その後、公式に同政府を承認し、大使を交換した。米国の支援により、一八の国家が南朝鮮を承認した。この事実をめぐって、南朝鮮では大々的なプロパガンダが実行された。

南朝鮮軍の状態

南朝鮮軍は、七個歩兵師団、五個独立歩兵連隊、および大隊を、その組織に保有している。軍隊の総兵員数は八万五〇〇〇名である。護国軍は五個旅団五万名規模である（半軍事的な組織）。

一九四九年までの兵員補充は、志願制で行われた。しかし、軍隊の中核となったのは、地主、商人、およびその他の反動的性向分子の子息からなる反動的青年組織のメンバーたちである。将校クラスは通常、日本軍や中国国民党軍、さらには、米軍にいた経験のある朝鮮人から選出されている。火器や戦闘遂行力の点でこの軍は不十分である。三八度線地域における交戦経験から明らかになったことだが、戦術面で南朝鮮軍部隊は準備が不十分であり、そのため、進撃の際に大きな損失を被った。三八度線付近に配備されている部隊の士気および政治的側面は安定しており、軍事行動時には自発的に投降して捕虜になったのは少数であった。しかし、われわれの支持者を南朝鮮軍に送り込み、南朝鮮軍を崩壊させるというわれわれ関係者の工作の試みは、一定の成功をおさめうる可能性を示してはいる。

……米国側の指示により、南朝鮮当局は、一九四八年と四九年の二回、危険分子と政治不満分子を軍内部から一掃する大規模工作を行った。

軍隊は通常、一般の人々から隔絶され、兵隊も一般市民とはあまり交流しない。

兵士たちに課せられている政治的任務は、一つの方向性に集約されている。共産主義に対する闘争、北朝鮮軍の撃破、北側に存在する秩序の破壊である。

北朝鮮における政治・経済状況

北朝鮮における政治状況を特徴づけると、政治権力機構の権威が絶え間なく発展し、経済復興と国民文化の復興を目指す闘争で人民大衆の政治意識が高揚しつつあるといえる。

現存する政治的に民主的な党および社会組織は、これら党および組織の活動を調整し方向づける祖国統一民主主義戦線へと結集している。主要な政治勢力は労働党であり、九〇万人の党員を有している。日本の侵略者から国が解放された時から過去四年間に、大規模な民主的改革と改造が実行された。それは、土地改革の実行、旧日本統治時代の遺産の国有化、国民教育の改革の実行である。労働と男女平等に関する法律が公布され施行された。下位から上位にいたるまでのすべての政治権力の機関は、選挙された人民によって構成され、しかも権力機関にはすべての社会階層、すなわち、労働者、農民、知識人、商人、企業人などの代表がいる。

すでに実施されたすべての政治経済改革によって、一九四八年に最高人民会議で承認された憲法は定着している。

政治権力の機関と新しく設立された政府は、全人民的な支持を受け、愛されている。

政府によって実行されている政策は、政治的であれ、経済的であれ、うまくいっている。……経済状況は、年々改善されてきている。国民経済は、ここ三年間、計画通りに発展している。

一九四八年は、国民経済全部門の計画が達成された。一九四九年の計画はかなり張り切って作られたもので、たとえば、上半期の工業製品の増加は、四八年に比べて五〇％増を見込んで計画された。一九四九年上半期の計画は九〇・八％達成された。しかし、一九四八年上半期に比べて、四九年上半期の生産量の増加は、四三・六％だった。

農業部門でも、播種面積、収穫高、家畜の頭数が増加した。

一九四七年と四八年では、農業の現物税を、計画を超過した形で徴収することができた。農業部門における成功の結果、政府は国家的な備蓄をすることができた。

……民主主義人民政府の周囲に人民が団結し、その政府が実施する施策に対する人民からの支持があるにもかかわらず、現政治体制への敵対分子の抵抗が生じている。

現政治体制への不満分子の多くは、まずもって、土地や使用人を奪われた旧地主、日本に対して積極的に協力した者、日本で教育を受けた一部の専門家であり、大抵はブルジョアジー地主層の出身である。国家の南北への分断と、南朝鮮に反動的権力が存在していることが、北朝鮮における敵対分子の活動に刺激となっている……。

一九四九年の政治犯罪の増加は、一方では、朝鮮からソ連軍が撤退したことにより、反動分子がよりいっそう大胆に活動したためである。他方では、南朝鮮政府がスパイ要員と破壊分子の派遣を強化し、蜂起を組織する要員を送り込んでいるためである。

敵対分子の破壊活動の摘発に向けて、政治治安関係の国家機関の任務を改善しているのは注目すべきである。敵対分子の活動は、現体制にとって大きな危険とはなっていないが、しかし、朝鮮労働党指導部と政府は、あらゆる政治犯集団の活動と闘争に対して必要な措置を講じ、国家機関構成員や人民の政治的警戒心を高める措置をとっている。

北側が南進問題の提起を急ぐ理由

金日成および朴憲永が考えているのは、現況下では、平和的手段による国家統一問題の解決は不可能だということだ。米国と南朝鮮反動側は、平和的統一には向かわない。米ソ共同委員会や続く国連総会での朝鮮問題解決の試みは、うまくいかなかった。南朝鮮の左翼・中道派・一部の右翼政党の代表者を含んだ祖国統一民主主義戦線の創設は、平和的な国家統一を保証するものではない。平和的統一に関する祖国統一民主主義戦線のアピールは、南朝鮮反動勢力によって拒否された。その結果、金日成らの間にどのようにして国家を統一するかといった問題が持ち上がった。

人民の圧倒的多数は統一に賛成であり、三八度境界線の解体に賛成であると金日成らは考えている。米軍が南朝鮮に駐留していた時、人民に向け説明したのは、南朝鮮に駐留している米軍の存在が統一を妨げているということだった。だが現在では、南朝鮮に米軍はいない。つまり、この統一への障害は取り除かれたということだ。人民は、当然のことながら、いったい何が国の統一を妨げているのか、と聞く。南朝鮮においては、反動勢力が民主政府と共産主義者に反対するアジテーションを行い、民主政府と共産主義者こそが国家統一にとって妨げとなっていると宣伝している。

金日成と朴憲永は、状況を考慮しながら、明らかに国家統一が長引くことに責任を負いたくないと考えている。平和的手段による国家統一の可能性が見えないので、金と朴の考えは、南朝鮮政府に対する軍事行動によって統一を達成するという方向に変わった。彼らは、こうした措置に対して、北側同様、南側においても人民の支持を得ることができると考えている。軍事行動によって今日統一が行えない場合、明らかに統一問題は何年も長引くと彼らは考えている。南朝鮮反動勢力は、南側における民主運動を抑えることに成功し、左翼政治組織を破壊し、撲滅するだろう。それと同時に、南朝鮮反動勢力は、この時期を、より強力な軍隊の育成にあて、北側においてこの年月に築いてきたものすべてを一掃するために北に攻撃に出るだろうということだ。

金日成と朴憲永との会話からは、朝鮮が期限もはっきりしないまま分断された状況が続くという考えなど想定したくもないということがわかる。

私は、金日成が南進を希望しており、ソ連や中国共産党からの支援をあてにしているということがありうると考えている。朝鮮人は国民党軍との戦闘に参加していたので、したがって、中国人は朝鮮人を助けなければならないと、金日成が考えているのは明らかである。

私の結論と提案

以前同様、これまでのメモで示してきたように、私が考えているのは、南側でも北側でも、国内の政治状況は、われわれの友人たちにとって好都合であるということだ。国家の統一と独立のために戦う左派民主勢力の権威は人民の中で大きく、彼らによって行われる政策などの措置は、朝鮮人民の広い層からの支持を集めている。

しかし、人民軍による進攻の開始は、反動的な帝国主義国家によって、反ソ宣伝に利用されるかもしれないという国際情勢の複雑さを考慮する必要がある。私は、米国側がこの紛争に介入し、南側に活発な援助を与えることはありうるだろうと考えている。また同時に私は、今日においてわれわれの友人が有している人民軍の総員数とその物質的蓄積は、南側の軍隊を完全に破壊し、南朝鮮を占領するには十分ではないということも、計算に入れている。

可能性があり、なおかつ適切と私が考えるのは、われわれの友人が、南朝鮮におけるパルチザン活動にありとあらゆる支援と指導を与え発展させていくことである。

甕津半島と開城市地域を占領する局地的作戦は、好都合な状況下でのみ行うことが可能である。このためには、三八度線地域における南朝鮮軍による挑発行為を利用することができ、三八度線の侵犯への報復という意味で、甕津半島と開城市地域を占領し、それによって陸上の前線を縮小することができる。(12)》

九月二四日、全連邦共産党（ボ）〔一九五二年にソ連邦共産党と改称。以下ではソ連共産党と表記〕中央委員会政治局は、朝鮮問題に関して、北側に南側への軍事作戦を禁止する決議を採択した。ソ連大使シトゥイコフには、しかるべき指令が送られた。

《……同志シトゥイコフに、以下の文脈に厳格に沿いながら、金日成および朴憲永と会談することを委任する。

「今年八月一二日の私〔シトゥイコフ〕との会談で、貴下〔金日成〕によって提案された諸問題に関して、貴下が言及した問題についてモスクワの意見を伝えるよう私は指令を受けた。朝鮮人民軍が南進を開始するという貴下の提案については、軍事的および政治的観点からこの問題を正確に評価する必要性がある。

軍事的観点から、人民軍がこうした進攻作戦に対して準備ができているとは考えられない。しかるべき準備ができていない進攻は、軍事作戦を長期化させる可能性を持つ。それは敵を壊滅させることができないばかりか、もちろん仮定してはいけないのだが、北朝鮮に深刻な政治的経済的困難をもたらすことになるだろう。現時点で、北朝鮮は、南側と比較して、必要不可欠な軍事力の優位性を有していない。南側への軍事進攻には、現在、完全に準備不足であり、そのため、軍事的観点からしても南進は許容できない。

政治的観点からしても、南進は、同様に準備不足である。われわれはもちろん、貴下が言うように、人民は国家の統一を待ち望んでいるということに賛成であるし、この他にも、南側においては、人民が反動勢力による抑圧からの解放を待っているということもわかる。しかし、南朝鮮の多数の人民大衆を活発な闘争に立ち上がらせ、南朝鮮全土でパルチザン活動を展開し、南側に解放区を設け、全人民総決起のため勢力を組織するということが、これまで、ほとんどなされてこなかった。実際に人民の蜂起が開始展開され、反動体制の主要部分が破壊された状況下においてのみ、南進は、南朝鮮反動勢力を転覆させるうえで決定的な役割を演じることができる。その時にのみ、朝鮮全土を一つの民主的国家として統一する課題を実現する保証が与えられるのである。だが今日まで、パルチザン活動の展開と南朝鮮における全人民的蜂起への努力はあまりにもなされてこなかった。政治的観点からしても、貴下によって提案された南進は、同様に準備不足だと認めなければならない。

甕津半島と開城地区を占領するための局地的作戦というものは、結果的に、北朝鮮国境を、まさにソウルそのものに接近させるのと同じであり、この作戦を、南北朝鮮間の戦争開始とみなすに違いない。しかも、これまで述べてきたように、北朝鮮は軍事的にも政治的にも戦闘準備ができていないのである。

この他にも、もし、北側のイニシアチブによって軍事進攻が開始され、それが長期化する様相を呈した場合、それは米国が、朝鮮問題へのあらゆる種類の介入を行う原因になるということを銘記せねばならない。

これまでに述べたことのすべてを考慮して、認めなければならないのは以下のとおりである。現時点で、朝鮮統一に向けた闘争の課題は、第一に、パルチザン活動の展開、解放区の設置、反動体制の転覆、および全朝鮮の統一という課題を成功裏に解決させるという目的を持って、南朝鮮において全人民的規模の武装蜂起を準備することに最大限の力を集中することである。第二には、朝鮮人民軍のよりいっそうの全面的強化に集中することである。(13)」》

注目しなければならないのは、外務省および国防省において準備されたソ連共産党中央委員会政治局のこうした決定に関する別の草案に、南進に反対する追加論拠が含まれていたことである。つまり、平壌駐在ソ連大使への指令最終案の一つ前の案では、九月二三日の日付が入れられており、別の論拠が語られている。

《……人民軍による南側への総攻撃の開始は、現在の状況においては適切ではなく、次の理由により時宜を得たものではない。

第一に、このような朝鮮民主主義人民共和国のイニシアチブによる進攻は、反動によって政府への非難材料として利用されるかもしれない。世論の目には攻撃的な意思があると映り、国家を内戦へと引きずり込むと思われてしまう。

第二に、国家統一への闘争を、軍事的手段によって開始することが必要であると決定する前に、さまざまに対立するすべての事情を慎重に考慮しなければならない。このような真剣な方策を開始するためには、完全に成功が確信される必要がある。それが満たされない現在の状況では、成功を期待することは不可能だろう。

まず、南側において、こうした進攻に対する人民のお膳立ての準備が不足しているし、どのようにして人民軍への幅広い支持を南朝鮮人民から獲得できるか不明である。また考慮しなければならないのは、パルチザン活動の進展が不十分なことであり、その結果として、南朝鮮に現存するパルチザンからの支援を期待することは難しい。

その他にも説得しなければならないのは、南朝鮮側が人民軍を上回る規模の陸軍を保有しているということである。彼らはまた、海軍も保有している。南朝鮮軍は、軍事面では貧弱な準備しかしていないにもかかわらず、南朝鮮軍の現在の社会的構成を考慮すると、人民軍に対して強力な抵抗が可能だと考えられる。

他方、人民軍は軍事面で周到に準備しており、戦車や航空機を装備し、政治的にも士気の高い兵隊を有しているとはいえ、これまでのところ人員数において南朝鮮軍に比べて少なく、海軍も有していない。そうしたことから、このような大きな課題を実行する状況にない。また考慮しなければならないのは、人民軍は、いまだ実施中の組織施策が完了したわけではないことだ。つまり、旅団は完全には機械化されておらず、航空師団の再編成は完了しておらず、飛行士は完全に不足している。

第三に、人民軍による南進は、米国にこの問題を国連総会に提議する理由を与えることになり、朝鮮民主主義人民共和国は攻撃したことで非難され、南朝鮮への米軍進駐に対する同意が国連総会で達成されるかもしれない。米軍の南朝鮮領土への進駐こそは、米軍による国の南半分の長期占拠をもたらしかねず、その結果、統一が長引くことになる。

二番目の問題について。甕津半島への局地的作戦を行うことについて。

これについてわれわれが考えているのは、現在の情勢下においてこのような作戦を実行するのは、同じく理にそぐわないということだ。甕津半島への人民軍の進攻は、必然的に南側からの対抗措置を呼び起こし、この作戦が、より大規模な軍事作戦を呼び起こすだろう。

三番目の問題について。パルチザン活動について。

貴下が述べたこの問題の内容について、われわれは肯定的である。そして、貴下はこのパルチザン活動に対して援助を与え、これを発展させなければならない。このような活動は、南朝鮮に存在している体制を揺るがし、南朝鮮政府をして国家の平和的統一を審議する方向へと向かわしめるかもしれないし、あるいは、こうした政府を転覆させうる全体的な状況を作れるかもしれない。

平和的国家統一への闘争においてあらゆる可能性を生かしきれていないことに、金日成と朴憲永の注意を向けるように仕向けなければならない。国家の平和的統一を呼びかける祖国統一民主主義戦線のアピールのような、きわめて重要で政治的にも有益である文書を、彼らは、統一の実現に向けた国民運動の高揚のために活用しなかった。国連での来るべき朝鮮問題の審議と関連して、北側と南側とでこうした運動を組織することが今は必要である。(14)》

平壌駐在ソ連大使へのさらに前の指令草案には、A・グロムイコ（外務省）とN・ブルガーニン（国防省）が九月二一日に署名しており、政治局決定には含まれなかったいくつかの興味深いアイデアが含まれている。

《……朝鮮民主主義人民共和国は、軍事面ではいかなる優位性も有していない。さらに、南朝鮮軍の兵員数は人民軍のそれに勝っている。一方、戦争、特に進攻作戦は経験上、攻撃側は、進攻の第一段階で少なくとも、兵力においても兵器においても、二倍あるいは三倍の優位を誇示していなければならないことだ。この場合においてのみ、進攻の成功と、戦争における迅速なる勝利を期待できる。こうした状況下においてのみ、貴下〔金日成〕は南朝鮮軍に対して迅速に打撃を与え、軍事的な手段によって国を統一することができるのである。

政治的側面

人民は国が統一されるのを期待しており、さらに、南側においては、他に人民は反動体制による抑圧からの解放を期待しているということについて、貴下に同意する。しかし、朝鮮民主主義人民共和国の利益にとって政治的に好都合な状況が南側に存在するにもかかわらず、それでもやはり、南側における政治状況は、まだ進攻作戦を開始する状況でないことを考慮しなければならない。人民は、既存の体制に対して闘争を起こさず、パルチザン活動といえば、その存在はあったものの、広い意味での人民的運動にはなっていなかった。こうした中で、きわめて重要なこの問題に、貴下の側からあまり注意が向けられなかったこと、こうした方向において貴下はわずかしか努力していない。

また注意する必要があるのは、もし北側のイニシアチブによって軍事進攻が開始された場合、南朝鮮政府支援という名目で、米軍が朝鮮領土へ進駐する口実を米国に与えることになる。朝鮮民主主義人民共和国は、これに関して米軍の進駐を阻止する準備ができていないばかりか、南朝鮮軍を殲滅する準備もできていない。

甕津半島占領を目的にした局地的作戦に関していえば、この作戦は侵略的な性格を帯びていて、この作戦が全体的な軍事作戦の開始につながるかもしれない。それは貴下が準備していない大規模な事件をもたらす。

この他にも、考慮する必要があるのは、朝鮮民主主義人民共和国のイニシアチブによる人民軍の南進開始は、攻撃的な意図を持ち国を内戦へと引きずり込む意思があると、反動勢力によって政府非難のための材料に使われ、世論に対して好ましくない影響を与えることである。

以上のことから、貴下は軍事行動を開始すべきでないとわれわれは考える。

われわれの意見では、貴下にとって現時点で重要な課題は、人民軍のいっそうの強化である。すなわち、兵員を増やすこと、軍事技術を装着すること、そして軍事教練の質的向上をはかることである。

パルチザン活動と解放区の設置について

この措置に対しては、われわれは肯定的であるし、貴下はパルチザン活動に対して特別な注意を払わなければならないと考えている。この活動は、何としても発展させ、大規模な人民的運動としての地位を与えなければならず、南朝鮮政府と既存の体制を転覆させることができるようなものにしなければならない。

当然考えられるのは、もしも南朝鮮軍が北側に対して軍事行動を起こした場合に備えて、貴下は常に、敵軍を撃破し敗北させ民主主義人民政府の指導のもとでの国家統一を確保する準備をしなければならない。[15]》

この草案がスターリンに渡った時、スターリンは、自らの手で最後のパラグラフを書き直した。《もしも南朝鮮側が軍事行動を開始した場合に備えて、貴下は常に状況次第でさらなる行動ができるように準備しなければならない。[16]》

この訂正が意味していることは、スターリンは、何があっても、南側を撃破できるのだというような幻想を平壌に抱いてほしくなかったということだ。また、ソ連の指導者が望んでいなかったことは、金日成に反撃を口実に戦争を開始する理由を与えることだった。

一〇月四日、シトゥイコフ大使は「中央」の要請を実行に移し、南側の「解放」に関してソ連の立場を金日成と朴憲永に説明した。これと同じ日に、北朝鮮側の反応をモスクワへ伝えた。

《シトゥイコフ→モスクワ》

《……金日成と朴憲永は、そっけなくわれわれの話を受け入れた。私の話を聴くと、金日成は「よろしい」と言った。朴憲永はさらにはっきりと、それは正しく、南朝鮮においてパルチザン活動の大規模な展開が必要であると表明した。

さらに、金日成と朴憲永は、南朝鮮におけるパルチザン活動の再編成について私に知らせた。彼らが伝えるところによれば、パルチザン活動は活発化しているということだ。パルチザン活動を指揮するために、彼らは南側に八〇〇名近い人員を送り込んだという。[17]》

「スターリンに南進を直訴したい」――夕食会で

それでも、北朝鮮指導部は、南朝鮮に対する自らの企てを放棄しなかった。一九五〇年一月一七日、南進に関する問題が、朴憲永が主催したソ連・中国代表者との夕食会の席上、金日成とその同志たちによって、再び提案された。

ソ連大使は、その時に交わされた会話の模様を、外交文書において次のように描写した。

《シトゥイコフ→モスクワ》

《……夕食会の時、金日成とその隣に座っていた中国通商代表部のヴィンは、何度も熱狂的に中国語で話し合っていた。いくつかの言葉からわかったのは、彼らは中国での勝利と、朝鮮情勢について話していたということだ。夕食会の後、客間において、金日成は中国駐在大使の李周淵《イジュヨン》に、中国での彼の仕事についての指示を与え、そのうえ、朝鮮語で話しながら、ときおりロシア語で話した。李周淵が中国でしっかりと行動するように、そうすれば彼の友人である毛沢東は常に朝鮮を支援してくれるという発言だった。

そのため、李周淵がその場を離れると、金日成は興奮した状態のまま、参事官である同志イグナチェフとペリシェンコに対し、中国が自らの解放を完了したので、今度は南の朝鮮人民を解放する番であると話しはじめた。これに関して金日成が話したことは以下のとおりである。

「南側の朝鮮人民は、私を信頼し、われわれの軍事的支援を希望している。パルチザンは問題を解決しえない。南側の人民は、われわれが立派な軍隊を保有していることを知っている。私が近頃、たいへん気をもみ眠らずに考えているのは、全国土の統一をどのように解決するかということである。もし、南側の人民の解放と国家統一が長引く場合、私は朝鮮人民からの信頼を失いかねない」

続けて、金日成は次のように述べた。金日成がモスクワにいた時、同志スターリンは南進をやめるように言い、李承晩の軍隊が北側へ侵攻を開始した場合にのみ南朝鮮側に対して反撃してもよいと、金日成に告げたということであった。しかしながら、李承晩の軍隊はこれまでに侵攻を開始していない。つまり、南側の人民の解放と国家統一は長引くことを意味する。金日成が考えているのは、再び同志スターリンに会って、南朝鮮人民の解放のため人民軍を南進させる指示と許可を得たいということである。

さらに金日成は、自ら南進を開始しないのは、自分は共産主義者であり、同志スターリンに忠実な規律正しい人間であるからであり、自分にとってスターリンは法律であるからだと語った。それに続いて、もし今、同志スターリンに会うことが不可能ならば、毛沢東がモスクワから帰り次第、毛と会うように努力すると金日成は語った。金日成が強調するのは、毛沢東が、中国での戦争が終了したら、朝鮮へ支援すると約束したということだ（明らかに、金日成は、自分の代理である金一《キムイル》と毛沢東の一九四九年六月の会談について言っている。これについては、私は暗号電報ですでに報告した〔第4章参照〕）。金日成は、毛沢東には他にも質問があると言い、それは特に、コミンフォルムの東方ビューローの創設問題であると語った。

金日成は、さらに次のように述べた。これらすべての問題に関して、同志シトゥイコフと会談するよう努力し、さらにシトゥイコフを通じて同志スターリンとの会談の機会を得るだろうということだった。大使館参事官であるイグナチェフとペリシェンコは、この問題に触れることから距離を置き、一般的なテーマに話題を切り換えようとした。すると金日成は私〔シトゥイコフ〕の方へ歩み出て、脇へ呼び寄せて、次のような話を始めた。それは、スターリンと会って、南側の情勢と李承晩の軍隊に対する攻勢的行動、および人民軍が李承晩の軍隊よりも明確に優勢であることを議論することが可能かどうかということだった。ここで金日成が言明したのは、もし同志スターリンと会談することができないならば、金日成は、毛沢東と会見を希望する。なぜならモスクワから帰った毛沢東は、すべての問題への指示を持っているだろうからだ、ということだった。

この後、金日成は、人民軍は三日間で甕津半島の占領が可能であり、さらに、人民軍の全面的進攻になった場合には数日でソウルへ到達できるというのに、なぜ私が甕津半島攻撃を許可しないのかと尋ねた。

私は金日成に、同志スターリンとの会談をあなたが提起しなかったからで、もしこの問題を提起するなら、スターリンに接見できるだろうと答えた。

甕津半島へ進攻する問題について、私は金日成に、それを行ってはならないと答えた。そして、私はこの問題についての会話を何とか終わらせることができた。そして、時間が遅いからと言って、辞去した。

金日成は夕食会の後、しばらく酩酊状態のままだった。これらすべての発言は、彼が興奮している時に出てきたものだった。

明らかなのは、金日成はこの会話を決して偶然始めたというわけではなく、自らの気分を表現してこの問題に対するわれわれの態度に探りを入れる目的で、前もって十分に考え抜かれたものだったということだ。

会話を通じて金日成が何度も強調したことは、進攻についての考えを常に胸にしまっているので、同志スターリンから南朝鮮情勢問題への助言を得たいという希望があるということであった。[18]》

第3章　南進が祝福を得る

●要約

一九四九年一〇月の中国革命の成功が、スターリンと金日成の態度を積極的なものに変え、五〇年四月のモスクワ会談で南への攻撃に同意が得られた。

●年譜（1950年2月～5月）

50年2月9日　マッカーシー米上院議員「赤狩り」演説（マッカーシー旋風始まる）
2月10日　GHQ（連合国軍総司令部）、沖縄に恒久的な基地建設を開始
2月14日　中ソ友好同盟相互援助条約、長春鉄道・旅順口および大連に関する協定、中国への借款供与協定に調印（モスクワ）
50年2月17日　毛沢東、ソ連から帰国
3月30日　金日成、訪ソ（～4月25日）
4月1日　インド、中国と国交樹立
4月19日　中ソ貿易協定に調印
5月13日　金日成と朴憲永、訪中（～16日）
5月30日　韓国第二回総選挙、李承晩派が大敗

人民中国成立のインパクト

スターリンの制止にもかかわらず、金日成が南朝鮮人民の「解放」と国家統一を主張していたことを、読者は前章ですでに知ったことと思う。一九四九年末までに北朝鮮指導者は、自らの主張を支えるもう一つの非常に重みのある論拠を手に入れた。すなわち、中国での共産主義者の完全な勝利である。中国の同志たちが(台湾を除いて)国家を統一した以上、なぜ平壌に同様のことをする権利がないであろうか。毛沢東が再三約束していたように、今では北京が朝鮮の同志たちを支援できるという状況を考慮すれば、なおさらであった。

自らの南朝鮮進攻計画に「青信号」を得ようと、一九五〇年一月には金日成はクレムリンへの圧力を強めていた。一月三〇日、ようやくスターリンは金日成に次のように伝える旨、ソ連大使に待望の指示を送った。

《スターリン→シトゥイコフ》

《……同志金日成の不満はわかるが、彼が実行を望んでいるような、南朝鮮に対するこのような大事業には、大がかりな準備が必要だということを理解しなければならない。リスクが大きすぎることのないよう、事を行わなければならない。もしも金日成がこの件に関して私との会談を望んでいるならば、私は金日成を迎え入れ、会談の準備を整える。以上すべてを金日成に報告し、私がこの件について金日成を支援する用意はできていると伝えてほしい。(1)》

同じ一月三〇日、シトゥイコフ大使は金日成首相と面会した。この会談についてはスターリンへの報告の中で次のように述べられている。

《シトゥイコフ→スターリン》

《……貴下の指示に従い、同志金日成と会談を行った。一月一七日の朴憲永主催夕食会で行われた会話を挙げて、私は貴下からの指示があった第一番目の内容を正確に伝えた。

金日成は大変満足して私の報告を受け入れた。金日成と会い、この件で援助を供与するということに対する貴下の同意は、金日成に特別強い感銘を与えた。金日成は確認のため、この問題に関して同志スターリンに会えるということを意味しているのかと再度、私に尋ねた。

この連絡から（判断すれば）、同志スターリンはあなたを迎え入れる準備ができているということになる、と私は伝えた。これを受けて、金日成は会見の準備をしよう、と述べた[2]。》

一九五〇年二月二日、スターリンはソ連大使に追加の指示を送り、以下のことを強調した。

《スターリン→シトゥイコフ》

《……金日成が私と検討したいと願っている問題は、現時点では極秘にしておかねばならない、と同志金日成に説明されたい。しばらくは他の北朝鮮指導部メンバーにも、中国の同志たちにも知らせてはならない。敵を無知なままにしておくことが絶対に必要なのだ。モスクワに滞在を続けている毛沢東との会談で、われわれは朝鮮民主主義人民共和国への支援供与の必要性と可能性、および朝鮮民主主義人民共和国の軍事的潜在力を向上させ防衛を強化する点について意見を交わした[3]。》

二月四日、金日成はソ連大使を訪問し、朝鮮民主主義人民共和国の師団数を一〇個師団まで拡大するため、三個歩兵師団を追加編成することに関して助言を求めた。

ソ連大使は、これは重要かつ真剣な問題であるとし、北側に必要な物資があるかどうか計算すべきであると回答した。シトゥイコフは、助言する前に金日成の方で熟慮する時間を持ってほしいと述べた。また、以前一九五一年に実施されると決定されていたソ連からの信用供与について、一九五〇年での前倒し実施をスターリンに依頼するということに金日成は関心を持っていた。北朝鮮の指導者は、新たな三個師団の装備用として、この信用供与によってソ連製武器を買いつけることを考えていた。(4)

二月九日、スターリンは平壌の依頼に対し自分の態度を表明した。スターリンは大使にこう指示を出した。

《スターリン→シトゥイコフ》

《金日成を訪問し、以下のことを正確に彼に伝えること。……追加の三個師団の編成に着手することができる。

一九五一年に実行される信用供与を一九五〇年に前倒しして利用したいという彼の要請はかなえられよう……。》(5)

翌日、シトゥイコフは「中央」に報告した。

《シトゥイコフ→スターリン》

《本日二月一〇日、貴下の指示に従い、金日成を訪問し、本年二月四日の質問に対する回答を彼に正確に伝えた。金日成は私の報告を非常に喜んで受け入れ、また支援について同志スターリンに感謝の意を伝えてくれるよう何度も頼んだ。貴下の電報の中で言及されたすべての問題に関して、ソ連政府宛てに書簡を三日以内に送付すると約束した。[6]》

一九五〇年三月二一日、シトゥイコフはモスクワにこう伝えた。

《シトゥイコフ→モスクワ》

《貴下の指示に従い、三月二〇日、朴憲永同席のもと金日成との会談を行った。私は席上、同志スターリンの電報を金日成に渡した。この会談で、金日成は四月初旬に朴憲永と共に同志スターリンと会談したいとの意向を、私が同志スターリンに伝えるよう依頼してきた。

彼らは一九四六年の時と同じようなやり方で、つまり非公式にモスクワを訪問し、同志スターリンと会談することを望んでいた。

さらに金日成は、訪問に関するすべての資料の準備は整っており、同志スターリンとの会談に際し、以下の問題を提起したいと述べた。

(1) 南北統一の道程と方法について
(2) 国家の経済発展の見通しについて
(3) 可能であれば、若干の党内問題[7]》

三月二三日、ソ連大使は金日成がスターリンに提起したいとしていた質問リストを詳細に検討した。

《シトゥイコフ→スターリン》

《……（1）国家（北および南）統一の道程と方法。軍事的手段によって統一を実現する目論見。

（2）経済問題

(a) 朝鮮人民経済発展の展望。どのような方法で、どれほどの期間で完成させるのか。二年、三年、それとも五年か

(b) 鉄道の電化

(c) ソ連からの工業設備と自動車の追加輸入

（3）中国・朝鮮関係

(a) 毛沢東との会談について

(b) 中国との条約について

(c) 在中国朝鮮人および在朝鮮中国人

（4）アジアにおける共産党・労働党のコミンフォルムについて（8）》

三月二四日、シトゥイコフ大使は以下の内容の至急電を「中央」に送った。

《シトゥイコフ→モスクワ》

《……金日成を訪問し、同志スターリンが金日成と朴憲永を迎えることに同意している旨、伝達した。金日成は、朝鮮からモスクワへの出発を本年三月三〇日に予定している。金日成と朴憲永のモスクワ行きには、特別機を準備するのが適当かと思われる。この目的のため、飛行機の選択に関して、しかるべき手配をお願いしたい。特別機は本年三月二九日に平壌に到着する必要がある。飛行機での渡航が不可能な場合は、清津からウラジオストックまで海軍の輸送船での渡航を準備してもかまわない。ウラジ

オストックからモスクワまでは列車によるが特別車両を使用する。

金日成はモスクワでの会談で通訳を務めていた文日を通訳として、また一九四九年にやはり彼とともにモスクワに滞在したソ・チェンジュ〔蘇《ソ》陳錞《チンスン》か――訳者〕を副官として、同行させる意向である。(9)

……》

スターリン・金日成会談――モスクワ、50年4月

金日成とその随行者は一九五〇年のほぼ四月いっぱい（三月三〇日から四月二五日まで）モスクワに滞在した。金日成は訪問中三回スターリンと会った。著者〔トルクノフ〕は、二人の指導者の対談記録を持っていない。ソ連の公文書館で見つけることができなかったのである。それと同時に、著者は著名な歴史家である故ヴォルコゴーノフ将軍の個人コレクションにあったこれらの資料の写しを読んだ。スターリンと金日成の会談記録、クレムリンでの会談に参加していた人々へのインタビューを根拠として、以下のような構図を描くことができよう。

スターリンは、国際情勢は変化しており、朝鮮統一のためによりいっそうの積極的行動を取ることが可能となった、と来訪者に語った。国際関係の側面では、中国共産党は国民党と戦う必要性から解放され、今は朝鮮問題により注意を向けることができるようになった。緊急事態が起こった場合、中華人民共和国は軍隊によって支援する。心理的にも中国の共産主義者の勝利は重要である。中国はアジアの革命家たちの力を誇示し、アジアの反動主義者たちと西欧や米国のパトロンとのつながりが、弱まっていることを露呈させた。米国側は中国から撤退し、あえて中国共産党と戦いもしなかった。

中国はソ連と同盟条約を締結した現在、米国側はアジアの共産主義者を刺激する気分にはあまりならないだろう。実際、その通りである。米国では、ソ連が核保有国になったという事実から朝鮮問題に介入すべきではないという機運が優勢である。しかし、一方でスターリンは、ワシントンが戦いに介入することはないと絶対的に確信できなくてはいけない、と指摘した。さらに重要な条件は、朝鮮における解放闘争への北京の支持である。

金日成は、米国はソ連と中国が同盟する姿を前にして、あえて大戦争に介入する危険は冒さないだろうという意見を述べた。中国に関してだが、金日成の言葉によると、毛沢東は中国革命達成後の、軍隊を含めた朝鮮支援を幾度となく約束した。それでも、朝鮮は国家統一において自らの兵力に依拠する方を選択し、成功を信じているとのことである。

さらにスターリンは、朝鮮民主主義人民共和国の軍事力を、量的にも質的にも大幅に増強する問題を持ち出した。攻撃の詳細な計画もまた不可欠である。三段階にわたって作戦を分けるのが適当である。はじめに三八度線付近に部隊を結集する。その後、朝鮮民主主義人民共和国が平和統一の新たな発議を行う。ソウルはそれを拒否し、そして攻撃を仕掛けるであろう。甕津半島に沿って攻撃を加えるという発想はよい。これは最初に誰が軍事行動を始めたかという事実を隠蔽するのに役立つからだ。南からの反撃の後、前線を広げるチャンスが訪れる。戦争は電撃戦でなければならず、敵に北側へ入る機会を与えてはならない。

スターリンは、金日成に、ソ連の直接参加をあてにすべきでないと警告した。アジア情勢によく通じている毛沢東を頼るべきだ、と。

金日成は、攻撃はパルチザンを助け、パルチザン活動がより激しくなれば、南朝鮮当局に対する蜂起では二〇万名もの党員が参加する、とソ連の指導者に保証した。

北朝鮮軍は一九五〇年夏までに総動員されることを両者は取り決めた。その時、北朝鮮軍総参謀部は、ソ連の顧問の助力により攻撃の詳細な計画を作り上げる。

第4章　南朝鮮「解放」計画に関する中国の立場

●要約

中国共産党は革命を成功させたが、台湾解放が依然残っており、実のところ、金日成の朝鮮武力統一には慎重であった。しかし一九五〇年四月のスターリン・金会談後頃からこの中国側の姿勢も変化していく。

中国軍朝鮮人部隊を金日成に送る

中国は一九四〇年代末、共産主義陣営の朝鮮戦略を構築する過程で活発に行動した。毛沢東は、金日成による南の「解放」という意図を事実上支持したし、必要な場合には、兵力をも提供することを約束していた。それとともに毛沢東が主張したのは、中国側が自らの革命戦争を完了することを、金日成がまず最初に容認することであった。

毛沢東は、朝鮮問題について頻繁にスターリンと意見交換しており、南進についての決定が、北京に事前の相談なしで、スターリンと金日成によって採択されたと知った時、いくぶん腹をたてた。それでも、毛沢東は、寛容さを見せて北朝鮮側への支援準備態勢を整えることを請け合った。

一九四九年五月一四日、金日成はソ連大使シトゥイコフに対し、中央委員会委員で朝鮮人民軍政治総局長の金一が、中国で行った会談の模様を話した。

《シトゥイコフ→モスクワ》

《……金一は、中国共産党との相互理解と中国人民解放軍の一部である朝鮮人師団（満州在住朝鮮人で編成した師団）に関して意見交換するという任務を帯びて中国へ派遣された。

金一は、朝鮮駐在中国通商代表を伴って、四月二八日に平壌を出発し、三〇日には奉天において、高崗と会談した。高崗は、金一を中国共産党中央委員会に取り次いだ。

北京で、金一は朱徳や周恩来と四回の会見を行い、毛沢東とも一度の会談を行った。金一は、毛沢東に、必要がある場合に、人民解放軍朝鮮人師団を朝鮮へ提供してくれるよう要請する朝鮮労働党からの書簡を手渡した。

毛沢東の回答は、人民解放軍が有する三個朝鮮人師団のうち、二個師団が奉天と長春に配置されており、一個師団は攻撃作戦に参加中であるというものだった。

毛沢東が表明したのは、満州に配置されている二個朝鮮人師団を完全武装の状態で朝鮮政府のためにいつでも派遣する準備はできており、三番目の師団は、戦闘終了後に南方から帰還できるが、そのためには早くとも一カ月はかかりそうだということだった。それとともに毛沢東が金一に警告したのは、前述の師団はその他のすべての軍隊と同じように、常備軍ではなく、軍事面で貧弱な準備しかできていないということだった。毛沢東は、朝鮮側に、これら師団の将校に軍事訓練を行うことを勧めた。

話題に上った朝鮮人師団は日本製武器で武装しているので、金一は毛沢東に、必要な場合、中国はこの師団に弾薬を供給できるかどうかを尋ねた。毛沢東の答えは、弾薬は製造されているので、朝鮮側が必要な分だけ供給できるというものだった。

毛沢東と朱徳は朝鮮情勢について何度も詳しく尋ねた。朝鮮ではいつでも軍事的事件が始まる可能性があり、このことを考慮し金日成は周到に準備する必要があると毛沢東は述べた。

朝鮮における戦争は、電撃戦にも長期戦にもなりうる。毛沢東はこう述べた。あなた方にとって、戦争の長期化は不利であり、この場合、日本を巻き込むことになり、日本が南朝鮮「政府」へ支援を与えることにつながる。もっとも貴下は心配することはない。隣にはソ連、満州にはわれわれがいると。そして、必要な場合には、われわれは中国兵を投入できる。みんな髪が黒いので見分けがつかないと毛沢東は付け加えた。

毛沢東は、朝鮮政府代表団のモスクワ訪問について、詳細に尋ねてきた。

毛沢東が金一に伝えたのは、中国共産党中央委員会は、ビルマ、マラヤ、インドシナを含む四つの共産党から、東洋諸国の共産党情報局を創設しようという提案が書かれた書簡を受け取ったということである。毛沢東が興味を持っていたのは、朝鮮政府代表団がモスクワへ行った時の会談で、この話題が出たかということであった。毛沢東が尋ねたのは、こうした問題について、朝鮮労働党中央委員会はどんな意見を持っているか、ということだった。金一は、自分はこうした問題はまったく知らないとしたが、この会談内容について金日成に伝えると答えた。

毛沢東は、現時点での情報局創設は、中国およびインドシナで戦争が続き朝鮮情勢が緊迫している以上時期尚早であるとし、情報局の創設は軍事同盟の創設としてみなされるかもしれないと、自らの意見を述べた。

しかし、毛沢東はこの問題はよく検討しなければならないとも述べた。

毛沢東は、中国共産党中央委員会と朝鮮労働党中央委員会とのよりいっそう緊密な関係を樹立したいと述べ、この問題に関しては、中国共産党東北局書記で、中国共産党中央委員会の代理人でもある高崗に朝鮮側は相談してもよいと言った。

終わりに、金一が毛沢東に伝えたのは、朝鮮労働党中央委員会が、解放された中国で政府成立後、その政府を即座に承認し、金日成を長とする朝鮮政府代表団を中国へ派遣する予定である、という内容であった。

毛沢東は、中国側は政府の樹立を急いでおらず、広東を奪い、秩序をつくり、その後に政府を樹立するつもりであると答えた。

金一と朱徳、周恩来との最後の会談の際、朱徳は金一に、ソ連の同志たちはこの師団派遣に関する朝鮮側の要請を知っているかどうか尋ねた。またソ連の同志たちの意見はどうなのか尋ねた。そして、金一は、朝鮮労働党中央委員会からの依頼は存在し、労働党中央委員会はおそらくこれについて話し合いを行ったと答えた。

朱徳は、朝鮮の経済状況に興味を持った。朱徳は、中国側は朝鮮側に対して穀物援助を行うことができるとし、反対に、朝鮮側に対して中国への肥料の援助を要請した。

帰国の途中、金一は、高崗に会った。高崗はすでに毛沢東から二個朝鮮人師団に関する指示を得ていると伝えた。高崗は、金日成と連絡をとりたいという希望を表明した。金一は、高崗に、朝鮮に来ることができるかと尋ねた。高崗は、いつでも行く準備ができていると答えた。

金一は、五月末に平壌において高崗と個人的に会う予定である。

金日成は、毛沢東・朱徳側およびその他の中国共産党の指導者たちが、朝鮮の代表の訪問に満足して

おり、代表を温かく、友好的にもてなしてくれたと述べた[1]。》

一九四九年五月一七日、毛沢東は、すでに中国駐在ソ連代表部に対し、金一の訪問について伝えていた。その中で、毛沢東はこう指摘している。

《コワリョフ（中国共産党中央委員会でのソ連共産党代表）→スターリン》

《……もし、北朝鮮に士官や武器を含めた支援が必要になった場合、このような支援が与えられるだろう。

満州には、五〇万の朝鮮人がおり、その中から二個朝鮮人師団（各師団の兵員数は一万名）が編成されている。このうち一個師団には、実戦経験もある。この師団は、満州において国民党軍との戦闘で勇敢に戦った。われわれのこれら部隊は、要求がある場合にはいつでも、北朝鮮に派遣することができるだろう。今のところ、朝鮮の同志たちにとって必要性はないだろうが、われわれはこれらの部隊全員に補給と教育を行うだろう。その他にも、われわれは二〇〇名の将校を準備しており、彼らは現在、追加の教育を受けていて、一カ月後には朝鮮へ派遣することができる。もし、南北朝鮮間に戦争が勃発した場合は、われわれの力のすべてを与える準備ができていて、特に前述の部隊には食料および兵器の援助を行う。

朝鮮の同志たちは、おそらく近いうちに米軍が南朝鮮から撤退すると考えている。しかし、朝鮮の同志たちが恐れているのは、米軍部隊と入れ替わりに日本軍がやって来て、南側が北朝鮮に侵攻するのではないかということだ。

われわれは、これらの部隊に反撃するように助言を与えた。しかし、その場合には、南朝鮮軍の中に、日本軍がいるかいないかを必ず考慮しなければならない、とした。もし、日本人が加わっているならば、慎重さを見せること。そして、敵戦力が優勢な場合には、自らの部隊を保護するという観点から、侵入した敵部隊をよりよい状況を作って包囲し撃破するため、領土の一部を犠牲にした方がよい、と述べた。われわれが朝鮮側に助言を与えたことは、これは決して民主朝鮮の敗北を意味しておらず、戦略的な駆け引きにしかすぎないと、イデオロギー的に党・軍隊・人民を教育することだ。

もし、アメリカ人が撤退し、日本人が来ない場合、このような状況下でも、（すぐに）南進を実行せず、より適切な状況を待つよう注意を促した。なぜなら、この南進の過程で、マッカーサーがすばやく日本の部隊と武器を朝鮮に移動させる可能性があるからである。われわれの主力軍すべてを揚子江〔長江〕の向こう〔南〕に出したため、迅速かつ根本的支援を供与できる状況にはない。

われわれが考えているのは、次のような事態の展開である。それは、一九五〇年初めの国際情勢が幸運に恵まれたなら、このような一歩、すなわち南進を行うことができるというものである。そして、日本軍部隊が朝鮮に進駐する場合には、われわれは精鋭部隊を迅速に移動させ、日本軍部隊を粉砕できる。もちろん、同志毛沢東が付け加えたのは、この進攻に中国が参加する場合とは、モスクワの同意を取りつけてからに限る、ということだった[2]》

金日成の訪ソと訪中

一九五〇年一月、毛沢東が金日成へ、満州に居住する朝鮮人によって構成された部隊を金日成に送るという見通しに、スターリンは興味を持ちはじめた[3]。

ソ連大使シトゥイコフは、次のように「中央」へ伝えている。

《シトゥイコフ→モスクワ》

《一九五〇年一月九日、金日成からの要請で、私は彼と会談した。金日成は私に、中国通商代表部を通じて、中国政府から手紙を受け取ったと伝えた。その手紙の中に書かれていたのは、中国人民解放軍には朝鮮人によって構成された部隊があり、中国国内の解放作戦が終了してからは、朝鮮政府の希望さえあれば、その部隊を派遣できるというものだった。さらに、金日成は、士官と兵員の人員数を挙げ、中国側への返答について助言を求めた。貴下の指示に従って、私は、この問題に関して彼（金日成）と意見交換を行うとするモスクワからの指示があると金日成に伝えた。金日成は、この部隊を朝鮮に派遣してもらう希望を持っていると述べた。朝鮮側は、この問題について中国政府と話し合うために、三人の代表を中国に派遣する。

金日成の意向

（1）中国人民軍に所属する前述の朝鮮人部隊から、朝鮮軍師団の定員に従って、中国において一個歩兵師団と二個歩兵連隊を組織し、残りの将校と兵士はオートバイ連隊と機械化師団への補充にあてる。

（2）金日成は、中国政府に対し、朝鮮国内での配置が困難であるため、一個（歩兵）師団と二個歩兵連隊を一九五〇年四月まで中国国内にとどめておくように要請するつもりである。[4]》

金日成は、秘密使節団を伴って、一九五〇年四月モスクワにおもむいた。この時、朝鮮民主主義人民共和国駐在ソ連参事官で公使のイグナチェフは、次のような外交電報をクレムリンへ送った。

《イグナチェフ→ヴィシンスキー（外相）》

《……朝鮮民主主義人民共和国副首相〔朴憲永〕が、私に次のように伝えてきた。

（1）中国駐在の朝鮮民主主義人民共和国大使である李周淵から、金日成宛てに送った報告を受け取った。そこには、一九五〇年三月に北京で行われた毛沢東と李周淵との会談について伝える報告があった。毛沢東と李周淵との会談では、李周淵の発議で、金日成が毛沢東と会談する問題について審議された。毛沢東は、金日成との会談に関する問題に肯定的に対応し、今年四月下旬か五月上旬頃にこの会談の時期を計画した。

毛沢東は、予定されている会談を朝鮮統一問題と関連させ、もし朝鮮統一の具体的計画があるならば会談は秘密裏に設定される必要があり、もしそうでないならば金日成との会見は公式に行われるべきだと指示した。

李周淵は、会談の時期や形式についての具体的な回答はせず、金日成は現在のところ、療養中であるということを述べた。さらに、毛沢東は李周淵との会談で、もし第三次世界大戦が勃発したら、朝鮮がそれに参戦することは避けられず、それゆえに朝鮮民主主義人民共和国は、自軍を整える必要があると語った。

李周淵との会談で、毛沢東は、中華人民共和国と朝鮮民主主義人民共和国間のより広範な貿易拡大の希望を表明した。(5)……》

一九五〇年五月三日、スターリンは、ソ連大使〔ローシチン〕に、毛沢東に次のように伝言するように依頼した。

《……朝鮮の同志たちがわが国を訪問した。彼らとの会談の詳細な結果は、追って貴下に連絡する。(6)》

五月一四日、スターリンは先の約束を守って毛沢東にしかるべき電報を送った。

《スターリン→毛沢東》

《同志毛沢東

朝鮮の同志らとの会談の中で、同志フィリポフ(7)とその側近らは、国際情勢の力関係が変化した結果、朝鮮側が統一へ着手するという提案に同意した。これに関して付加されたのは、問題は最終的には中国と朝鮮との同志たちによって共同で決定されなければならない。中国の同志が問題の決定に同意しない場合は、新たな審議があるまで、決定は延期されなければならない。会談の詳細については朝鮮の同志らが貴下に語ることができる(8)。》

五月一二日、ソ連大使シトゥイコフは、平壌からモスクワへ連絡した。

《シトゥイコフ→モスクワ》

《金日成の要請によって、五月一二日に金日成および朴憲永と会談した。

会談の場で金日成が私にこう伝えた。金日成がモスクワ訪問から帰還するに際して、李周淵（中国駐在大使）から手紙を受け取った。その中には、毛沢東、周恩来と李周淵が行った会談について伝えられていたそうである。この会談においては、毛沢東と金日成会談の必要性に関して検討された。周恩来は、その会談が公式なものとして行われるべきだと提案した。毛沢東は、李周淵に対して、国家統一をいつ始めると考えているかと質問を投げかけたが、毛沢東は答えを待たずに、近いうちに南側に対する軍事作戦を開始するつもりならば、公式会談は必要なく、このような場合には、訪問は非公式でなければならないと述べたそうである。さらに毛沢東は、平和的手段による朝鮮統一は不可能であり、朝鮮統一は軍事的手段によって行わざるをえないと付け加えた。米国に関してだが、アメリカ人を恐れる必要はなく、このようなちっぽけな領土のために米国は第三次世界大戦に踏み込むことはしないと毛沢東は述べたそうである。

続けて、金日成はこう述べた。金日成と毛沢東の会談問題について、毛沢東と会って検討するよう李周淵は中央委員会から委託されていなかったので、金日成らは李周淵を呼び、しかるべき意見を伝え指示を与えるという決定を下したということである。

李周淵は平壌入りし、五月一〇日にしかるべき任務を帯びて北京に戻った。

本日、五月一二日、李周淵が伝えたところによると、李周淵は毛沢東と会い、毛沢東は指定された日程で金日成が訪問することに同意したということだった。金日成は、五月一三日朝に北京に飛ぶつもりであると述べ、私にこの時間に飛行機を準備できるかと尋ねた。私は飛行機は準備してあると答えた。

さらに金日成は、中国へは朴憲永を伴って行くが、この毛沢東との会見については中央委員会では審議せず、政治委員会委員の金策《キムチェク》と話しただけだと述べた。

金日成は、おおよそ次のような問題を毛沢東と話し合うと述べた……。

(1) 朝鮮を武力によって統一するという意図を伝え、この問題に関するモスクワでの話し合いの結果を伝える。

(2) 朝鮮と中国間の貿易協定締結問題に関しての意見交換。金日成は、近いうちに貿易協定を調印することを提案するつもりであり、友好条約に関しては、朝鮮統一後の調印を考えている。

(3) 毛沢東に、モスクワで同志スターリンとの間で審議されたいくつかの問題、また、朝鮮労働党中央委員会と中国共産党とのより緊密な関係の樹立について報告する。

（4）水豊の発電所や中国在住朝鮮人問題など、中国・朝鮮両国にとって関心のあるいくつかの問題について意見交換する。

さらに金日成が私に助言を求めてきたのは、計画している作戦に支援をもらうという観点から、毛沢東に対しどのような問題を提起すればよいかということだった。私が回答を避けつつ表明したのは、自分たちに何が不足していて、中国からどんな援助が必要かを明らかにするということだった。すると金日成は、中国から到着した師団の日本製および米国製兵器用弾薬といくらかの軍用馬の補給を要求するつもりだったが、軍参謀長と会談して、三弾薬基数以上の弾薬があるとのことだったので、この問題は提起しないことを決めたということだ。さらに金日成はこう表明した。毛沢東に対するこれ以上の支援要請はない。それは、金日成のすべての要求はモスクワで満たされており、モスクワにおいて必要かつ十分な支援が与えられたからであるとのことだ。

金日成は私にこう伝えた。作戦の準備に関しては、すべての必要な指示を総参謀長に対して与えており、六月に作戦を開始するという金日成の希望に沿って入念な準備に取りかかっているが、この期間内に準備を終えることができるかどうか、確固たる自信はまだないということだった。

金日成と朴憲永とは、五月一三日、現地時間五時二〇分、北京に向けて飛び立つ。(9)》

毛沢東・金日成会談——50年5月、北京

駐中国ソ連大使のN・ローシチンは、五月一三日、スターリンに新しい情報を伝えた。

《ローシチン→スターリン》

《……本日五月一三日二三時三〇分、周恩来が、同志毛沢東から次のことを伝えるよう任務を帯び、私のところを訪れた……。

（1）金日成と朝鮮民主主義人民共和国外相の朴憲永は本年五月一三日に北京に到着した。

（2）夕方、同志毛沢東は彼らと会談した。同志毛沢東との会談で、朝鮮の同志らは、同志フィリポフの指示を伝えた。この指示内容とは、現況は過去の状況とは違っており、北朝鮮は作戦に着手することができるものの、この問題については中国と、特に同志毛沢東と個人的に検討する必要がある、というものである。

（3）朝鮮の同志たちは、北京に二日間滞在するだろう。

上述の内容と関連して、同志毛沢東は、この問題について、同志フィリポフの個人的な説明が行われることを望んだ。説明というのは、ローシチン大使から渡された同志フィリポフの前の電報に従って、近日中に送られる予定になっているものであった。

中国の同志は早急な返答を要請している[10]。》

五月一四日、ローシチンは、最近のスターリンと金日成との間での会談に関するモスクワからの親書を毛沢東に渡した。同日、ソ連大使が「中央」に伝えたところによると、毛沢東は、北朝鮮指導部の北南朝鮮情勢の評価、および平壌とソウルの力の相関関係について同意した。毛沢東は、軍事的手段による早急な朝鮮問題の解決を支持し、それが成功するということを確信していた。毛沢東はまた、ソ中条約にならって統一後に朝鮮と友好同盟相互援助条約に調印するという提案も伝えた。しかし、毛沢東はこうも述べた。《この問題の最終決定は同志スターリンが自分の意見を表明してから採択されよう[11]。》

五月一五日、毛沢東は、南進に関して、金日成および朴憲永と詳細な意見交換を行った。この意見交換の結果は、周恩来と朴憲永の双方から、別個にソ連大使に伝えられている。解釈は双方で少しずつ異なっていた。双方はローシチン大使に以下のように知らせた。

周恩来によると、毛沢東との会談で金日成は、モスクワで以前合意された三段階の攻勢計画について述べた。毛沢東は、その計画をすべて承認した。

その後、毛沢東は、一連の忠告を与えた。北朝鮮人民軍は十分準備しなければならない。迅速に行動し、大都市は包囲して、その占領にあまり多くの時間を割かず、敵の力を破砕することに意を注がなければならないとした。

毛沢東は、金日成に、日本軍がこの紛争に介入するかどうかについて関心を示した。

金日成は、その可能性は少ないとしたものの、それでもやはり、米国側が二万〜三万名の日本兵を送ることはありうると述べた。このような事態の進展はまずないだろうが、この場合、戦争の結末に深刻な影響を与える。なぜなら朝鮮人は日本人とは激しく戦うからである、と金日成は述べたという[12]。

さらに、周恩来の説明によれば、《毛沢東は日本軍の存在が紛争を長期化させるのではないかと警告したようだ。毛はまた、日本軍だけでなく、米軍自身が作戦に介入してくるのではないかという危惧をも表明した[13]》。周恩来によれば、金日成はそのような予測をはねつけ、米国は極東で戦いをする何らかの準備をしてはいないことを強調した。米国は、戦わずして中国から引き揚げ、朝鮮においても慎重になっているとした[14]。

一九五〇年七月二日、周恩来は、毛沢東・金日成会談に関する説明を、ソ連大使との別の会談でも繰り返していた[15]。

朴憲永は、一九五〇年五月一五日の毛沢東と金日成の会談のこの部分について、やや違ったふうに述べた。
《毛沢東は、現在、日本が紛争に介入してくることはおそらくないだろうと言った。もし、米国が戦闘行動に加わろうとするならば、中国は北朝鮮に軍隊による援助を供与する。ソ連が参戦することは適当ではない。なぜなら、ソ連は米国と三八度線における合意に関わっているからである。中国はこのような約束には縛られておらず、北側に支援を与えるのは簡単である。(16)》
五月一五日、毛沢東は、金日成のために、夕食会を開いた。夕食前、金日成はソ連大使の情報に従って、毛沢東のいる前で、次のように言った。
《同志毛沢東とわれわれとの会談は非常に順調だった。同志毛沢東は、モスクワで同志スターリンと〔われわれと〕の間で合意した解放計画を全面的に承認した。(17)》
五月一六日、スターリンは、中国と北朝鮮との間で友好同盟相互援助条約を締結するとの考えに支持を表明した。スターリンはこう述べた。
《スターリン→ローシチン》
《朝鮮解放といった大事業が成就すればすぐ、条約が調印される必要がある。それは朝鮮の同志たちの成功を強固にし、朝鮮問題に他国が介入することを未然に防ぐ。(18)》

第5章　戦争準備

●要約

スターリンが金日成の進攻計画を支持した一九五〇年四月の会談以後、北朝鮮が南に進攻する準備が急速に整えられていった。

ソ連は金日成の軍事支援要請を九割のむ

一九五〇年一月にスターリンから南進を支持するというシグナルを受け取るまでは、金日成は朝鮮民主主義人民共和国の軍事的潜在能力を強化することに専念していた。クレムリンはこの努力を好意的に理解し、一九五〇年四月のスターリン・金日成のモスクワ会談後、両者は戦争へ向けた準備に全力で取りかかった。

すでに一九四九年五月一日、金日成は軍事物資の供給拡大をスターリンに依頼していた。

《金日成→スターリン》

《……尊敬する同志スターリン！

朝鮮情勢の変化に伴い、朝鮮人民軍の強化と技術的装備が必要不可欠である。

組織化計画と関連するわれわれの追加依頼に応えてくれるよう同志スターリンに求める。なお、航空隊を除く機械化部隊とその他の部隊は一九四九年五月に、航空隊は九月に追加編成を完了させる予定である。(1)》

ソ連大使が伝えたところでは、金日成は以下のように軍部隊を編成するよう決定した。

《シトゥイコフ→スターリン》

《……(1)機械化旅団の構成は以下、各三三両の戦車を保有する二個戦車連隊、一六両のSU-76型を配備した自走砲大隊、砲兵大隊、駆逐対戦車大隊、自走砲連隊、オートバイ大隊、および付属支援部隊。旅団の編成は四九年五月に完了させる。

(2)戦車三三両を有する独立戦車連隊を元山に配備する。

(3)戦車搭乗員訓練用に、独立部隊として戦車訓練連隊を確保する。

(4)各砲兵師団内にはSU-76型自走砲大隊を編成する。

(5)ZIS-3型火砲二四門を保有する砲兵連隊を編成する。

(6)軍工兵大隊を編成する。

(7)攻撃機および戦闘機を各四三機ずつ保有する二個連隊で構成される混成航空師団を編成する。幹部の訓練基地となりうる独立飛行訓練連隊を確保する。航空師団の編成は九月に実施する予定である。(2)》

朝鮮側は、将校・パイロット・戦車搭乗員養成の努力を強化することを望んでいる、と大使は強調した。これらすべての計画を実行するために、平壌は、自らの要請に応じてソ連が武器・弾薬を十分に供給してくれることを必要としていた。(3)

要請は多岐にわたるものであったが、スターリンによって九割方は承認された。一九四九年六月、ソ連が北朝鮮にさまざまな種類の武器、弾薬、および軍事技術装備を譲渡することを取り決めたしかるべき議定書に両国は署名した。(4)

北朝鮮は軍備調達に対して、米、その他の食糧、金属の対ソ輸出で支払うことに同意した。(5)

一九四九年末、金日成はまず追加の武器として、貴金属・非鉄金属と引き換えに一一二万丁の小銃を正式に要請した。要請は次のようなところに落ち着いた。《一九五〇年に新しい部隊を編成すること、つまり一個オートバイ連隊、歩兵旅団の歩兵師団への格上げ、既存の部隊の戦闘能力強化、二隻の艦艇で編成される艦隊の強化が必要である》(6)。

一九五〇年三月一四日、軍備購入のためソ連の信用供与を一九五一年から一九五〇年に前倒しして利用することを金日成は依頼した。北朝鮮政府は覚書でソ連政府に対してこう強調した。

《……一九五一年の信用供与の一部七〇七〇万ルーブリを前倒しで一九五〇年に朝鮮へ提供することにソ連政府が同意したことを受け、朝鮮民主主義人民共和国政府は朝鮮人民軍のために武器・弾薬・軍事技術の資産を、添付文書に記載した数量分を購入しようと考えている。

朝鮮民主主義人民共和国政府は、ソ連政府が誕生間もないわが国の窮状をよく理解し、可及的すみやかに全特別物資の発送を完了させることを望むものである。(7)》

添付文書には、海軍、空軍、歩兵、戦車部隊などに関連する数百の陣地が含まれていた。(8)

南進準備の最終局面

一九五〇年四月三日、南朝鮮でのパルチザン活動指導者金達三《キムダルサム》が平壌に到着したとソ連大使館はモスクワに伝えた。大使館も知っていたように、南側の新聞・ラジオは金達三が政府軍との銃撃戦により死亡したと再三発表していた。実際には金達三は南側におけるパルチザン活動の計画立案のため、北朝鮮を訪問していたのであった(9)。

一九五〇年五月一二日、金日成はソ連大使にこう伝えた。金日成は《南進準備を開始するよう、すでに総参謀長に要請した。計画は作成中である。南進は六月が最適だが、この時期までに準備が完了するとは断言できない(10)。》

五月二七日、シトゥイコフはスターリンに報告した。

《シトゥイコフ→スターリン》

《金日成は私に進攻準備の経過を報告した。以前同意された武器および装備は現時点までにおおよそ到着したとのことである。金日成は追加編成された師団を視察し、六月末までには軍事行動の準備が整うとの結論に達した。

金日成の指示に従って、朝鮮人民軍総参謀部は、ワシリエフ将軍が参加して全般的な作戦計画を作成した。金日成は計画文書を承認した。

軍事力の組織化問題は六月一日までに解決されなければならない。六月には朝鮮人民軍は総動員されるだろう。

金日成は六月末に進攻を開始することを望んでいる。進攻を先延ばしにするのは好ましくない。なぜなら、第一に戦争の準備が敵に感知される恐れがある。第二に七月には雨期が始まるからである。金日成は六月八～一〇日に集結地域へ部隊の移動を開始することを提案している。[11]》

その日、シトゥイコフはソ連の将軍ワシリエフおよびポストニコフと会談し、彼らの考えを「中央」に送った。将軍らは金日成には賛同せず、七月に作戦を延期することを望んだ。七月になってのみ必要物資がすべて配備され、常備兵の補充も終了するだろうからだ。とはいえ、気象条件のため打開策はなかった。雨期の進攻は非常にリスクが大きいと思われた。したがって将軍らは金日成が提案した進攻計画をしぶしぶ受理した。[12]

一九五〇年六月一一日、南側は北側の平和的統一に関するいつもの呼びかけを拒否し、これが作戦準備の最終局面へと移る口実となった。

一九五〇年六月一五日、進攻への綿密な計画は整った。ソ連大使のモスクワへの報告によると、ソ連大使はおおよそ次のように見込んでいた。

《シトゥイコフ→モスクワ》

《……六月二五日早朝に進攻を開始する。はじめに朝鮮人民軍の兵団と部隊が甕津半島を攻撃し、その後南朝鮮西側沿岸を進み、総攻撃を加える。さらにソウルが占領され、漢江が支配下におかれる。同時に東部地域では北朝鮮軍が春川市、江陵市を解放する。結果として敵の主要部隊はソウル地区で包囲され壊滅されることであろう。作戦の最終段階では、南朝鮮のその他の地区は敵側残存部隊の壊滅と都市・港湾の奪取により解放される。[13]》

戦闘準備を完了させながらも、北側はプロパガンダ活動によってこれを隠蔽しつづけた。六月一六日、朝鮮民主主義人民共和国最高人民会議は平和的統一に関する相も変わらぬ提案を南朝鮮国会に送付した。モスクワはこの戦術を承認していた。(14)

このときソ連大使は朝鮮への上陸用艦艇供与の申請を「中央」へ送った。大使は至急電でこう述べた。

《シトゥイコフ→スターリン》

《南朝鮮の東西沿岸部で敵を完全に包囲するためには上陸用艦艇が必要である。朝鮮人民軍は適当な上陸用輸送手段を持っていない。さらに北朝鮮には高い技能を持つ人員がおらず、そのため上陸用艦艇を操縦するためにわれわれの水兵を使うことが望ましいと思われる。(15)》

一九五〇年六月二一日、シトゥイコフは金日成からの公式書簡をクレムリンに伝えた。

《シトゥイコフ→スターリン》

《無線傍受および諜報情報によれば、南側は来るべき朝鮮人民軍による進攻に関して詳細な情報を握っている、と金日成は私に伝えた。その結果、南側は軍隊の戦闘能力強化のため対策を講じている。防衛線が強化され、甕津方面には追加部隊が集結している。このため金日成は当初の計画を変更し、全境界線に沿って今すぐ攻撃すると申し出た。(16)》

この要請に対するスターリンの回答を公文書館で発見することはできなかった。しかし、モスクワからのしかるべき同意を受理したことは明白である。北側の進攻は新たな計画に従って、六月二五日に開始されたからである。

第6章　戦争の初期段階

●要約

一九五〇年六月二五日未明、朝鮮戦争は勃発した。国連安保理は、北側を侵略者と認める。米国政府は二七日韓国援助を決定、トルーマン大統領は米軍出撃を命令した。二八日には北側によりソウルは陥落する。七月八日、マッカーサーが国連軍最高司令官に任命され、九月一五日に国連軍は仁川（済物浦）に上陸、下旬には、ソウルを奪還した。さらに一〇月三日、韓国軍は三八度線を突破、こうして北朝鮮人民軍は大幅な後退を余儀なくされた。

●年譜（1950年6月〜9月）

50年6月25日　朝鮮戦争勃発。北朝鮮軍、三八度線突破。韓国軍・米軍顧問敗走。ソ連欠席の国連安全保障理事会、米提出の北朝鮮非難決議案採択

6月26日　GHQ、日本共産党機関紙「アカハタ」の発行停止を命令

50年6月27日　トルーマン米大統領、海・空軍の韓国出撃、第七艦隊の台湾海峡派遣を命令（地上軍は30日）

6月28日　北朝鮮軍、ソウル占領、さらに南進。トルーマン、韓国援助を命令

7月1日　米地上軍先遣隊、釜山到着

50年7月7日　ソ連欠席の国連安保理、国連軍の韓国派遣決議
7月8日　GHQ、警察予備隊創設を指令
7月26日　一六カ国参加の国連軍編成完了（マッカーサー最高司令官）
7月28日　GHQ、レッドパージ開始
50年7月31日　マッカーサー・蔣介石会談、台湾防衛の声明（8月1日）
8月20日　北朝鮮軍、釜山橋頭堡を除く韓国の九〇％以上を支配下に
9月15日　国連軍、仁川上陸。北朝鮮軍退却
9月28日　国連軍、ソウル奪回

色あせる開戦直後の勝利

戦争の第一段階では、スターリンが自らすべてを指揮していた。彼はいつ「解放」を開始するかを決定し、朝鮮側のおのおのの行動に逐一指示を出しながら、いかにして戦うかを朝鮮人に示していた。にもかかわらず、戦争の性格が変化していくやいなや、スターリン、そして金日成の気分は瞬く間に悪化していった。

一九五〇年七月一日、スターリンは平壌のソ連大使に暗号文で尋ねた。

《スターリン→シトゥイコフ》

《……（1）貴下は朝鮮の司令部がどのような計画を持っているか何一つ報告していない。司令部は前進を考えているのか。それとも前進の一時中止を決定したのか。進攻は何があろうとも継続せねばならず、南朝鮮の解放が早まれば早まるほど〔米国による〕干渉の機会が減じるとわれわれは考えている。（2）さらに、北朝鮮地域への米空軍の攻撃に対して北朝鮮指導部がどのように対応したのかを報告す

ること。彼らは不安を抱かなかったか、あるいはしっかりと持ちこたえているのか。

朝鮮政府は空爆や武力介入に対して公然と抗議の意思を表明することを考えてはいないのか。われわれの考えでは、そうすべきだったのだが。

（3）朝鮮側の弾薬、その他の軍需物資の供給に関する要請に対し、われわれは七月一〇日までに完全に実施することを決定した。この決定を金日成に報告すること。[1]》

回答は翌日届いた。

《シトゥイコフ→スターリン》

《米国の介入に関連して、朝鮮の政治的雰囲気について報告する。

人民軍の軍事行動の好調な滑り出しにともない、特にソウル市の解放後、住民感情に大規模かつ全面的な政治的高揚が見られた。解放地区の住民の多くは、人民軍を温かく迎え、軍の行動にありとあらゆる協力がなされた。いたるところに権力機関、すなわち、人民委員会・社会政治組織が作られており、生産と商業は軌道に乗っている。このときは、反動分子でさえ、朝鮮民主主義人民共和国政府や人民軍に敵対する行動を起こさなかった。

人民軍の快進撃がパルチザン活動を活発化させ、現在南朝鮮軍の後方でその活動が広範に展開されている。

しかし、米国によって広く行われたラジオでの反北朝鮮プロパガンダと、米空軍による南北朝鮮の住民地域および産業・軍事施設へのたび重なる空爆により、政治的雰囲気はいくぶん悪化した。

最終的勝利への懸念に対する不安が一部見られ、解放地区では様子を見守ろうという立場をとる者も、若干だが少数存在している。

朝鮮民主主義人民共和国と人民軍指導部（金日成、朴憲永、朴一禹、金策、崔庸健《チェヨンゴン》、姜健《カンゴン》）は朝鮮で形成された軍事政治情勢を正確に評価し、完全勝利を信じている。また朝鮮南部へのいっそう広範な進攻に向け、全力を尽くしている。

金日成と朴憲永は、米国の朝鮮民主主義人民共和国に対する軍事介入によって引き起こされた朝鮮の苦難を理解しており、これと関連し戦争遂行のため人的・物的資源を安定化させるよう必要な手段を取っている。

金日成は歩兵部隊・戦車部隊・海軍部隊と艦隊の追加編成に関して、私の意見を求めてきた。彼らは朝鮮民主主義人民共和国での全般的な徴兵制導入を計画している。

しかし、金科奉、洪命熹《ホンミョンヒ》を含む一部の指導者は、朝鮮の戦力で対米戦争を敢行することは困難であることを述べ、また彼らは慎重なやり方でこの件についてのソ連の立場を金日成から聞き出そうと試みた（金科奉、洪命熹と金日成との会談でのこの話については、金日成の秘書が私に伝えてきたものである）。

朝鮮民主主義人民共和国政府に加わった右派と中道派は、政府の全行動を支持しているが、しかし、南朝鮮で自分の党を動員する気配をまだ見せていない。

武器・弾薬に関する要請をソ連政府は受け入れた、と私は金日成に伝えた。

朝鮮人民軍内の全体的雰囲気は良好なままであり、人民軍の積極的進攻を継続できる状況にある。[2]》

一九五〇年七月三日、ソ連大使は金日成、朴憲永と面会した。会談の結果に関して、ソ連大使は「中央」にこう伝達した。

《シトゥイコフ→スターリン》

《……会談の冒頭、金日成は前線の状況を報告した。金日成の意見によれば、中部方面で部隊は非常に緩慢な活動しか行っていないという。民族保衛相がいるにもかかわらず、部隊は渡河していない。金日成は民族保衛相の活動に不満を述べた。

さらに前線と解放地区における状況の深刻さと、米軍による部隊後方への空挺部隊による降下、もしくは北朝鮮港湾への上陸の危険性を指摘しながら、金日成は軍備の緊急供給に関する要請を貴下に伝えてほしいと、私に語った。その要請とは以下のようなものである。つまり、小銃五万丁、PSHI型自動小銃五〇〇〇丁、PPO型自動小銃五〇〇〇丁、軽機関銃一五〇〇丁、重機関銃八五〇丁、八二ミリ迫撃砲二〇〇門、一二〇ミリ迫撃砲七八門、ZIS-3型七六ミリ砲八〇門、一二二ミリ曲射砲二四門、三七ミリ高射砲六〇門、高射機関銃一二〇丁、輸送用トラック五五台を迅速に供給することに関するものである。

これらの物資すべては二個師団、一二個海兵大隊の編成と警備旅団の組織化に必要である。

咸興地区、清津地区にある鉄道駅への米空軍の圧力も考えて、これらの物資は満州を経由し、安東、新義州、平壌へと迅速な方法で送るよう、金日成は要請してきた。

金日成はまた、予備連隊と二個戦車旅団の補充に着手したことを述べ、またそれらへの武器と戦車を要求した。

さらに金日成は会談で、この困難な状況下で、いかにしてよりよい部隊指揮を行うか助言を求めてきた。

人民軍と米軍の戦闘を考慮して、金日成は軍指導部の強化が必要だと考えている。さらに金日成が助言を求めてきたのは、どのようにすれば部隊をよりよく指揮できるか、また総参謀部と部隊を直接的に接近させるためには、指揮はどのような組織機構を選択すればよいか、助言を求めてきた。

ワシリエフ将軍と相談し、われわれは以下の機構を提案した。

(1) 軍事会議を長とする二個の軍団を創設する。軍事会議は、司令官、軍事会議委員、参謀長で構成される。各軍団は四～六個兵団(師団)を管轄下に置く。

(2) 前線司令官、参謀長、前線軍事会議委員を長とする前線局を創設する。前線局は総参謀部の代理となる。

(3) 民族保衛省は縮小した形態で存続とする。活動中の部隊の全必要物資(食糧、液体燃料、輸送手段、弾薬)、さらに予備兵員の準備と新編成、共和国北部の反上陸防衛組織を民族保衛省に委ねる。

(4) 軍総司令官に金日成を任命する。われわれの提案に彼は同意済みである。前線での軍事活動のために再編を円滑に行うこと。

さらに金日成は司令官要員をいかに配置すべきか、われわれの意見を求めてきた。

われわれの側からは部隊の司令官を以下のように提案した。

左翼軍団――(民族保衛省)砲兵隊担当次官の武亭《ムジョン》、右翼軍団――副総参謀長(現在、捜査グループを指揮)の金雄《キムウン》、前線司令官――内閣副首相兼産業相の金策(彼には軍事問題の見識がある。彼はパルチザンの一員であったうえハバロフスクの中国旅団に従軍していた。非常に意志が強く、思慮深く、また度胸もある)。

前線参謀長に現総参謀長の姜健を任命すること。

民族保衛相〔崔庸健〕はそのまま任務にとどまり、対上陸防衛の編成と組織化を行い、軍に全必要物資を供給する。

彼らはこの対策を七月四日ないし五日に軍事委員会を通して実行することを望んでいる。この複雑な状況下では、この対策が積極的な結果を与えると私は考える。

前線司令部は近日中にソウルへ移動する。

以下に関する許可を求む。

（1）各軍団にソ連人将校二名ずつを顧問（軍団司令官顧問および砲兵隊司令官顧問）として置くこと。

（2）軍事顧問団長の同志ワシリエフが将校団を率いて、前線司令部とともにソウルへ向かい、かつ前線司令部に常駐できるようにすること。

以上言及した問題について、至急、許可を求める。[3]》

七月六日、スターリンはシトゥイコフ大使に伝えた。

《スターリン→シトゥイコフ》

《……（3）武器、戦車、その他の軍事物資を二個師団、二個戦車旅団、一二個大隊に完全に供給する。しかし最も重要なのはこのようなことではなく、現存する師団の補充とその人員を約一万二〇〇〇名にまで増強することであると考えている。師団に所属する部隊編成機関が必要である。この機関は補充の受け入れ、査閲と教育を実施して、師団補充にあてる役割を持つ。これが最も重要である。[4]》

七月八日、進攻作戦の実行が難しくなりつつあるのを感じて、金日成はスターリンに緊急電を送った。

《金日成→スターリン》

《……朝鮮人民をアメリカ帝国主義から解放するのを援助するという貴下の意思を信頼しているが、私は朝鮮軍前線司令部と二個の軍団司令部において、二五〜三五名のソ連軍事顧問を活用する旨の許可を要請せざるをえない。なぜならば、わが民族の軍幹部は現代的な部隊の統率術をまだ十分に備えていないからである。(5)》

七月一三日、朝鮮問題の平和的解決のために、ロンドンは朝鮮民主主義人民共和国が自国の軍を三八度線まで後退させるよう提案した、とスターリンは金日成に報告した。

《スターリン→金日成》

《……われわれは、このようなイギリス側の提案を容認できるものではない、と考える。朝鮮問題は外国の武力介入後ではあまりにも複雑になっている。このような複雑な問題はソ連、中国、および朝鮮民主主義人民共和国の意見を聴くため、朝鮮代表が出席する国連安全保障理事会のみが解決しうる。われわれはこのように回答する意向である。(6)》

前線の状況は膠着したままであった。北朝鮮指導部は不安を募らせていた。スターリンは盟友たちを落ち着かせようとした。一九五〇年八月二八日、ソ連の指導者は平壌駐在ソ連大使に指示した。

《スターリン→シトゥイコフ》

《……金日成に以下のように報告すること。もし彼が書面形式を要求した場合には文書で渡すこと。ただし、私の署名は入れないこと。

（1）ソ連共産党中央委員会は、輝かしい成功をおさめている金日成率いる朝鮮人民の偉大なる解放闘争に対し、同志金日成とその友人たちに称賛の辞を述べる。ソ連共産党中央委員会は、まもなく干渉軍が朝鮮から屈辱的な撤退を行うだろうと確信している。
（2）同志金日成は干渉軍との戦いで連続的な勝利をおさめていないこと、前線の停滞あるいは部分的な失敗によって成功が時に途切れることに狼狽すべきではない。このような戦争では完全勝利はおさめえないものである。内戦時、ロシアでは完全なる勝利をおさめえなかった。対独戦ではなおさらのことであった。朝鮮人民の最大の勝利は、朝鮮がいまや世界で最もよく知られた国家となり、帝国主義的抑圧からのアジア解放闘争の旗印となったことである。全被抑圧人民の軍隊は朝鮮人民軍のもとで米国その他の帝国主義者たちへ決定打を与える方法を学ぶであろう。
さらに今、同志金日成は、朝鮮は決して孤立してはおらず、現に援助し、また、援助するであろう盟友たちがいることを忘れてはならない。一九一九年、イギリス、フランス、米国の干渉が行われた当時のロシアの状況は、現在、朝鮮の同志たちが陥っているものより数倍の困難をともなっていた。
（3）空軍を分散させずに前線に集中すべきことを金日成に伝えること。前線のいかなる場所でも、敵部隊への攻撃機隊による決定的な攻撃をきっかけとしてのみ、各人民軍の進攻が開始されるべきこと、また戦闘機部隊は敵空軍の打撃から人民軍部隊を可能な限り防衛することも不可欠である。もし必要であれば、われわれは朝鮮空軍のために攻撃機搭乗員と戦闘機搭乗員を投入できよう（7）》

金日成は、スターリンの親書にきわめて感動させられた。ソ連大使シトゥイコフは、これについてモスクワへ伝えた。

《シトゥイコフ→スターリン》

《……五〇年八月二九日付の貴下の指示に従って、金日成を訪れ、電報の内容を伝えた。金日成は私の説明に聴きいり、その内容を書き留めることを求めたため、私は彼に口述して書き取らせた。

金日成は、貴下の手紙をきわめてよく理解し、大変いい手紙ですと強調しながら、何度も感謝の言葉を述べた。

この後、金日成は朴憲永を呼んで、貴下の電報を読むことに対して私の同意を求めた。朴憲永と意見を交換した後、金日成は、中央委員会政治委員会の委員に正式に通告するべきかどうか私の意見を尋ねた。この時金日成は、この手紙は非常に重要であり、政治委員会のメンバーの一部に良くない雰囲気があるので、その内容を伝える必要があると強調した。委員らにとって、この手紙の内容を知るということは有益だろう。

私は、そうすることが必要だと金日成が考えるなら知らせればよい、と応じた。

金日成は、明日、政治委員会を招集し、この手紙の内容を読み上げる、と答えた。(8)》

次の日、金日成は労働党中央委員会政治委員会を催し、スターリンへの公式回答文を採択した。

《金日成→スターリン》

《親愛なる同志スターリン

われわれは貴下の配慮に深く感動している。

われわれの親愛なる教師である貴下の温かい配慮と助言に対して、感謝の意を表す。朝鮮人民の闘争の決定的時期にあたって、われわれは、貴下から多大なる精神的な支援を得た。朝鮮を再び隷属化させようとしている干渉者、米国に対する戦いで、最終的勝利をおさめるために、われわれは進攻する決意に満ちている。

独立と自由への高邁な戦いにおいて、われわれはいつも貴下の父親のような心遣いと支援を実感している。

貴下の長寿と、健康を願う。

敬具

金日成

（朝鮮労働党中央委員会政治委員会の依頼によって、平壌、五〇年八月三一日）(9)》

ソ連空軍部隊を派遣へ

しかし、朝鮮の全般的情勢は、平壌にとっていっそう困難なものになった。金日成や朝鮮民主主義人民共和国駐在ソ連代表側からの戦々恐々とした訴えによって、スターリンは北側にソ連空軍部隊を配置することに同意した。しかるべき指示が軍に下された。一九五〇年九月二一日、ワシレフスキー元帥はクレムリンに報告した。

《ワシレフスキー→スターリン》

《平壌防衛のために、ヤク-9型機によって構成された戦闘機連隊を派遣する問題について報告する。

（1）連隊の派遣を加速化するため、最も目的にかなうと考えられるのは、沿海地方ヴォロシーロフ地区に配置されている第一四七師団第八四戦闘機連隊の金属製ヤク-9型四〇機を活用することである。連隊は、夏の間に中国領土の延吉—安東のルートを通り平壌に送られる。連隊の飛行は二昼夜を要する。連隊の飛行を組織するにあたっては、安東—平壌区域での空中戦が不可避であることを考慮する必要がある。
（２）われわれは、慎重を期し、同志シトゥイコフ宛てに以下のような緊急の照会を行った。
——最近になって特に激しくなった敵航空機の攻撃と関連して、飛行機の着陸に平壌地区飛行場が有用かどうかについて。

——これら飛行場に航空整備員や燃料、弾薬が保有されているかどうかについて。
（３）朝鮮側に航空整備員がいない場合、平壌への連隊派遣前に、鉄道によって安東経由で、この連隊から二二三名の航空技術大隊を飛行場関連機器類とともに派遣する必要がある。この大隊の配備には、安東地区の鴨緑江経由での積み替えを考慮に入れると、五から六昼夜が必要である。
もし朝鮮側に供与されていないならば、大隊と同時に、平壌に弾薬と燃料が送られるだろう。

この場合、平壌地区の連隊が完全に準備を整えるには、人員の派遣を考慮すると、八から一〇昼夜が必要になる。
（４）朝鮮側に、平壌地区の対空監視通報任務に従事している者がいないことを考慮すると、われわれの連隊の戦闘任務における正常な環境を作り出すために、少なくともレーダーで敵飛行機を発見する数カ所の監視哨と、その監視哨と飛行場との間で命令を伝える通信班を連隊とともに派遣する必要があると考えられる。飛行場にあるわれわれの飛行機が敵機による奇襲攻撃にさらされる場合に備えてである。
（５）われわれが朝鮮での連隊の移動に伴う問題に関して明らかにした後、連隊の平壌への移動計画の最終報告を遅滞なく行うことに関して許可を願う。その時点で、連隊が任務にあたる飛行場の高射砲防空システムに関するわれわれの考えも、貴下に報告できるだろう。(10)》

一九五〇年九月二三日、ワシレフスキー元帥は、スターリンに、朝鮮戦争において空の戦いにソ連が参加するという最終計画書を提出した。その文書は、北朝鮮側には技術スタッフがおらず、空爆から平壌を効果的に防衛するのに必要な対空兵器や弾薬が不足していると締めくくられている。足りないものは、すべてソ連から送り届けられねばならない。ワシレフスキーはスターリンに、次の事実に対して特別な注意を払うよう要請した。

《ワシレフスキー→スターリン》

《……同時に次の点について報告が必要だと考える。それは、平壌でわれわれの飛行士たちが任務についていることが、最初の空中戦の後に、米軍に発見されるのはやむをえないということである。なぜなら、空中戦でのすべての指揮は飛行士によって無線でロシア語を用いて行われるからである。(11)》

依然としてモスクワは、同盟国を空から援護することを準備していたが、情勢はさらに劇的な展開を始めた。マトヴェーエフ将軍は、事態の推移を評価するために前線に送られ、九月二六日、スターリンに報告した。

《マトヴェーエフ→スターリン》

《……朝鮮人民軍の活動を視察したので報告する。

西(ソウル)および南東(釜山)方面の情勢は、人民軍部隊にとって厳しくなった。

人民軍主力を包囲し撃滅するために、済物浦〔仁川〕地域に上陸した米軍上陸部隊主力、さらには、大邱より北および西地域から攻勢に転じた部隊が、あらゆる方向から忠州方面に集結した。

前線でも人民軍後方でも空軍への恐怖症を呼び起こすほど、圧倒的制空権をもった空軍の援護のもと、米軍は水原から東方および東南へ二五~三〇キロ移動することに成功、また、大邱より北および北西地域では、尚州および安東を占領することに成功した。

未確認情報によれば、ソウルに集結した敵の戦車部隊は忠州で成果を上げ、このため第一軍団は包囲される危険性がある。

人民軍部隊は、主に敵の航空戦力によって大きな損失を被り、ほぼすべての戦車と多数の火砲を失い、厳しい持久戦を強いられている。部隊には弾薬と燃料が不足していて、それらの補給もまったく足りない。武器や弾薬の保有量の算出は満足にできていない。上から下まで部隊の管理は悪い。有線通信は、敵の航空機による攻撃で寸断され、無線通信は熟練した無線技師と無線局の不備から、時たま機能するだけである。人を介しての通信連絡方法はほとんど取られていない。

朝鮮人民軍の状況は、特に南東方面においては、不明のままである。

五〇年九月二六日夜に、われわれの提案によって、前線司令部とソウルの部隊とに、軍の状況についての情報収集を促すため、連絡将校が送られた。

五〇年九月二五日、現地時間一九時〇〇分、敵を阻止して、防御戦に移行するよう、ソウルの部隊、および南東方面北区域で活動する第二軍団に、金日成からの命令が伝えられた。

第二軍団は、南東方面中央および南区域で活動しているが、ソウル、驪州、忠州、及城、蔚珍を結ぶ直線上を今後の前線とするべく、天安、大田、報恩地区に出るため北西方面に全面後退を開始している。

五〇年九月二六日、われわれ一団は、金日成と会った。

会合には、朴憲永外相と同志シトゥイコフも出席した。

会談の結果、金日成は、最高司令官と民族保衛相を兼務するという決定がなされた。最高司令官の下で軍部隊の指揮を（直接）行うように司令部を創設する。朝鮮北部にある六個歩兵師団の活動にのみ厳重な注意を払う。南朝鮮人からなる第九師団の編成は、現況下では中止される。

金日成は、南朝鮮から人的余力を引き揚げるという方策を早急に行うよう命令を下した。これは、北朝鮮で再編成を行うためであり、南側にこれら人員が利用されないようにするためである。

中国の鉄道が朝鮮行きの輸送で飽和状態であることに鑑み、まず最初に、六個再編成師団に供給予定の武器を送り、その後、弾薬を供給することが望ましい。

金日成との会談後、金日成とともに、われわれは以下の支援のための準備に入った。

――部隊を最善のかたちで運用すること

――軍の物資、技術供与、輸送、道路班問題の調整

――防衛線の準備

人民軍は運転手を必要としている。送られてきた三四〇〇台の車両の運転手がまったく揃っていない。一五〇〇名以上の運転手の派遣を中国の友人たちに要請するよう金日成に提案することは不適切だろうか。[12]》

敗走の過誤をなじるスターリン

九月二七日、朝鮮からの悪いニュースに反応して、ソ連共産党中央委員会政治局は、シトゥイコフ大使とマトヴェーエフ軍事顧問団長に指令を送った。指令は、スターリン自身によって書かれ、署名されていた。その指令はソ連軍と北朝鮮側への容赦ない批判を含んでいた。

《スターリン→シトゥイコフ、マトヴェーエフ》

《……朝鮮人民軍の前線、特にソウル地区や南東部で、この数日間に形成された深刻な状況は、部隊運

用問題で、そして特に部隊の戦術的使用法において、前線司令部、軍団および部隊（師団）司令部が、重大な過誤を犯して失敗した結果である。

こうした失敗の中でも、またさらに罪が重いのは、われわれの軍事顧問である。われわれの軍事顧問は、主要前線からソウル地区へ四個師団撤退という総司令官からの命令に、正確かつ迅速には対応せず、この時適切に決断できたにもかかわらず、七日間を浪費した。これは、ソウル近郊にいた米軍に戦術的な利益をもたらした。これら師団を適切な時機に撤退させていれば、ソウル近郊の状況を根底から変えることができただろう。

ソウル地区の戦闘に投入された大隊や独立連隊は、戦闘に対して中途半端で準備が整った状態にはなく、部隊が不完全で司令部と連絡ができなかったことにより、効果的攻勢をかけることができなかった。南東方面から戻ってきた師団は、準備が整わないまま、すぐに戦闘に投入された。このことは、敵がわれわれの師団に損害を与えるのを容易にした。もっと早い段階でこれらの師団をソウルより北東と東の防衛線での戦闘のために再編成を行うという指示がわれわれによって出されていれば、その師団にたとえ一昼夜であれ休息を与え、戦闘に備えさせた後、組織的に戦闘に投入することができた。

戦闘での戦車使用についても、その間違った、かつ、まったく許しがたい戦術がとられたことを真剣に見直さなければならない。昨今あなた方は、戦場を一掃する事前砲撃を行わないで戦車を使用している。事前砲撃をしていれば、戦車は比較的簡単に敵を燃やし尽くせたのだ。われわれの軍事顧問の中には、大祖国戦争に参戦した経験を持つ者もいるはずだが、こうした間違いだらけの戦車の使用は、損失をこうむるだけであることを肝に銘じなければならない。

われわれの軍事顧問の戦略的ないいかげんさや、諜報活動への無知には注意を向けること。顧問らは、敵の済物浦上陸に関してその戦略的意味を理解しておらず、この重大な意味を否定し、一方で、シトゥイコフは、米軍部隊の上陸について『プラウダ』に小さな記事を書いただけの記者を裁判にかけようとした。この判断力のなさと戦略的経験の欠如とが、南からのソウル地区への部隊の転進の必要性に疑念を生じさせ、部隊の転進そのものを長引かせ、遅らせ、これによって七日間を浪費し、結果として敵を喜ばせることになった。

われわれの軍事顧問による朝鮮側司令部への支援は、通信に関する問題、部隊の運用方法、諜報活動、戦闘の実施のような最重要な問題に対して、極度に貧弱だった。この結果、朝鮮軍は、ほとんど制御不能になっていて、手探り状態で戦争をし、戦闘において各部隊間の相互の連携を組織化できなくなっている。成功しつつある進攻局面においてはこれは許せるとしても、前線における戦闘が紛糾した状態ではこれは許せることではない。

あなた方に必要なのは、これらすべてを、ワシリエフをはじめ、軍事顧問たちに説明することだ。

現下の状況においては、朝鮮側司令部に支援を与えるため、特に朝鮮人民軍部隊の南東方面からの組織的撤退問題と、ソウルの東、南および北側に新たな防衛線を迅速に構築する問題で、われわれの軍事顧問は以下の方策を取る必要がある。

(1) 主力部隊の撤退は、敵に頑強に抵抗できる能力を持つ師団から選抜された強力な後衛部隊の援護のもとで行い、そのため、後衛部隊長には、戦闘経験の豊かな司令官をあてる。また後衛部隊は、まず対戦車砲および工兵部隊によって強化する。可能ならば戦車も配備する。

(2) 後衛部隊には、防御線から防御線へと戦闘を展開し、広い範囲に障害物を設ける。そのためには地雷を利用するなど、手元にある全手段を講じなければならない。

後衛部隊の活動は、主力部隊の撤退に必要な時間を稼ぐために、毅然として積極的でなくてはならない。
（3）師団の主力は、可能ならば分散せずまとまった形で、自分の進路を切り開くこと。主力部隊からは、大砲を装備し、可能ならば戦車をも配備した強力な前衛部隊を選抜すること。
（4）戦車は、大砲による先制攻撃を行った後にのみ、歩兵部隊との組み合わせで使用すること。
（5）峡谷、橋、渡河点、頂上に通じる峠、主力部隊が通過する主要道路の合流点を占拠し、先に分遣隊を派遣して主力部隊が通過するまでこれらを押さえる必要がある。
（6）部隊の撤退に際しては、偵察隊の編成、側面の防衛、そして縦隊間の通信維持に、特に注意が向けられなければならない。
（7）防御線における防衛態勢を組織するにあたっては、全勢力を前線に引き延ばして配置するのを避ける必要があり、主要方面をしっかりと援護し、活発な活動のために強力な蓄えを準備すべきだ。
（8）朝鮮側司令部の助けを借りて部隊との通信を組織する際は、暗号を用いた無線を使用すること。軍事顧問の仕事を今後組織する際には、これらの指令に従うこと。以前の指示で指摘したように、一人の軍事顧問といえども敵の捕虜として捕らえられないように、あらゆるしかるべき手段を講じること。講じた方策を報告すること。[13]》

だがモスクワからの助言、批判、そして威嚇も、事態を何ら改善しなかった。北朝鮮軍は、壊滅状態にさらされ続けた。破局は現実となった。九月二九日、金日成と朴憲永は、シトゥイコフに、前線での絶望的な状況を描いてみせた。ソ連大使は「中央」に報告した。

《シトゥイコフ→スターリン》

《……九月二九日、金日成の要請により、彼との会談の機会を持った。

その会談の場には、朴憲永も出席した。会談の冒頭、金日成は私に、前線での情勢を知っているかどうか尋ねた。

私は、最新の情勢については知らないと答えた。

すると金日成は、前線司令部からの報告をもとに部隊の状態を簡潔に述べ、前線の状況を好転させるために何ができるか尋ねた。金日成自身の考えでは、特に、敵軍による車嶺山脈占領と、第二軍団の後方撤退にともなって、前線は深刻な状況になっているということだった。以前、彼らは、組織的に軍を後方へ下げることに成功することを当てにしていた。にもかかわらず、規律の乱れと命令の不履行ゆえに、敵軍は第一軍団を分断し、聞慶と堤川を突破することで第二軍団を分断しつつある。

ソウルの情勢も同じように不明瞭である。

ソウルとの無線通信は確保されているのに、崔庸健からの要求にもかかわらず、何も報告がない。

私は、この問題に関して何らかの助言を与えるのは、朝鮮人民軍部隊の構成と、それらが展開している位置を知らないうちは無理だと答えた。しかし、私が考えたのは、金日成が、三八度線防衛を組織するために、早急に必要な措置を講じればよいということだ。そこへ早急に部隊を配置し、境界線を占拠するための準備をするべきだ。

金日成は、敵軍が三八度線を越えて北に侵入するかどうか、それに対して私がどのように考えているか尋ねた。

私は、まだはっきりしないと答えた。だが三八度線防衛のために早急な措置を講じる必要があると述べた。

金日成は、一五個師団を編成して戦いを続け、自らの軍事力によって国を統一したいという、以前と同じ考えを述べたが、しかし、敵が三八度線を越えるかどうかについては明らかではないとした。もし敵軍が三八度線を越えたならば、金日成らには、それに対応して新しい部隊を組織する能力はなく、敵に対して本格的な反撃は何も与えることができないということだった。

これに関連して、金日成は同志スターリンに手紙で助言を求めることを要請した。金日成らはこの問題を検討したうえ、手紙を出したがっている。

私は、この問題には何も助言を与えられないと答えた。するとこの会話に朴憲永が加わり、このような手紙はすでに準備され、政治委員会においても検討されており、その内容を私に知らせたいと述べた。

金日成が手紙の中に何を書くかは政治委員会の問題であるとして、私は内容を知ることを拒否した。

五〇年九月二八日、マトヴェーエフのグループに属するシャブシンが、マトヴェーエフと私にこう伝えた。朴憲永と偶然に会った際、朴憲永は、朝鮮への航空戦力支援を要請する同志スターリンへの書簡文案が政治委員会において審議され採択されたと、シャブシンに語ったということだ。

朴がシャブシンに伝えたところでは、毛沢東に支援をそれとなく求める内容の手紙を返答として送ったということだ。明らかだったのは、彼らは、こうした一連の私の回答に満足しておらず、どのようにしてスターリンに手紙を送ったらよいか、どうしていいかわからないというふうだったことだ。

金日成と朴憲永は神経質になっている。

困難な状況に直面して、いくぶん絶望的で、どうしてよいかわからない気分が感じられる。

昨今の情勢は、ひどく紛糾してきた。敵は、六個師団と二個旅団からなる第一軍団を完全に孤立させることに成功し、また原州地区への出撃によって、七個師団からなる第二軍団を孤立させることに成功した。

ソウルは陥落した。三八度線へと前進する敵に深刻な反撃を与えるだけの部隊は、準備されていない。北には、前線に向けて再編成されている部隊は存在するが、たいへんゆっくりとしか動いていない。なぜなら、鉄道駅や橋が破壊されたせいで、鉄道は、事実上何も機能しておらず、自動車輸送も滞っている。

編成された部隊には兵器も不足している。鎮南浦、海州、元山、そして清津の防衛用として予定されていた再編成された部隊と兵団は、訓練用武器しか保有していない。

政治状況も同じように複雑化している。

敵は、ソ連からどのような供与が行われ、いかなる破壊活動を組織しているかを偵察するパラシュート部隊を、北朝鮮領土内に送るのを強化した。北朝鮮内においても反動が頭をもたげ始めている。(14)》

同じ日、シトゥイコフは、モスクワへ、米軍の空爆が効果を上げていることについて訴えた。そして北朝鮮から大使館参事官や職員の大多数を転任させるように要請した。ソ連外務省はこれを提案したが〔スターリンに〕拒絶された。平壌のパニックの火に油を注ぐことを危惧したからだ。この問題に関して、文書館の中では次のような資料が見つかっている。

《グロムイコ（第一外務次官）→スターリン》

《同志スターリンへ

朝鮮民主主義人民共和国駐在ソ連大使シトゥイコフは、米軍による空爆により、北朝鮮の企業の多くが破壊されほとんど機能していないと報告した。そして、朝鮮側は現在のところ、こうした企業を復興させる見込みはないとした。

現在の情勢に関連して、同志シトゥイコフは、ソ連人専門家の一部をソ連に帰還させるのが適当だと考えている。そして、北朝鮮滞在期間に関係なく、ソ連人専門家の帰還時期について、北朝鮮政府と合意する権利を自分に委ねてほしい、とシトゥイコフは要請している。

同志シトゥイコフは、同様に、朝鮮民主主義人民共和国に駐在しているソ連関係機関の指導者と協議したうえ、朝鮮民主主義人民共和国駐在ソ連関係機関がたとえその人物がいなくても機能し続けられるような人員については帰国できるよう許可を要請している。

ソ連外務省はこう考えている。朝鮮民主主義人民共和国からソ連人専門家を引き揚げることができるのは、そうした動きが朝鮮民主主義人民共和国政府の主導によって出てきた場合だけだ、ということである。

同志シトゥイコフが提案しているのは、ソ連関係機関専門家の北朝鮮からの引き揚げについてだが、ソ連外務省としては、以前と変わらぬ秩序を維持することが適当であり、専門家の引き揚げは、ソ連のその他のしかるべき省庁や機関の同意を得て行われるのが適当であると考える。

決議案を添付。検討を願う。

平壌　ソ連大使へ

朝鮮からのソ連人専門家の引き揚げについては、現在の情勢下では、朝鮮民主主義人民共和国政府自身から、何らかの専門家の引き揚げ要請が出てきてからにおいてのみ、可能である。ソ連人専門家の引き揚げについて、貴下から朝鮮人の前に持ち出してはならない。

朝鮮のソ連関係機関に従事する専門家のソ連への引き揚げは、以前示した方法によってのみ行われる。つまり、ソ連外務省を通じて、関連した各省庁および機関との合意が得られた場合のみである。

すでに予定されている朝鮮からのソ連人専門家の引き揚げに関しては、貴下は、いずれの場合にも、前もってソ連外務省に明らかにしなければならない。

グロムイコ(15)》

ソ連ないし中国の軍事介入を要請

同じく九月三〇日、前日に金日成と朴憲永がソ連大使に語っていた、スターリン宛ての北朝鮮指導部からの手紙がモスクワに到着した。その主な内容は、直接的なソ連の軍事介入か、あるいはソ連の同盟国、とりわけ中国の朝鮮戦争への軍事介入を求めるものだった。手紙の文面は次のようになっている。

《金日成、朴憲永→スターリン》

《モスクワ　クレムリン

敬愛するヨシフ・ヴィッサリオノヴィチ・スターリンへ

朝鮮労働党を代表して、朝鮮人民の解放と全世界の労働者への領導を願うとともに、自らの祖国の独立と自由のために闘っているわが国の人民に、貴下が常に与えてくれる同情と支援に深い感謝を表明する。

われわれは、この手紙で、貴下に、米国の侵略に対するわが人民の解放戦争における最新の前線の状況を、簡潔に伝えたい。

仁川（済物浦）地区への上陸作戦が行われるまでは、われわれにとって前線の状況は否定的なものではなかった。

敵は戦いに敗れつつ、南朝鮮の最南端の狭い領域へと追い込まれた。われわれには最終決戦において勝利する大きなチャンスがあった。

このような情勢は、米国の軍事的権威を激しく揺るがせた。

そのため、現状では、米国は、自らの権威を回復し、朝鮮を自らの軍事戦略上の前進基地にする目的をもって、いかなることがあろうと以前からの朝鮮征服の計画を実現しようとしている。太平洋に展開しているほとんどすべての陸・海・空軍力を動員し、一九五〇年九月一六日、上陸作戦を遂行、仁川地区に多くの部隊と装備を上陸させた。敵は、仁川を支配下に置き、ソウル市では至近距離で市街戦を展開している。状況は険悪である。

われわれの人民軍部隊は、侵攻してくる敵上陸部隊に対して勇敢に戦っている。しかしながら、われわれにとって非常に不利な状況にあることを貴下に報告する必要がある。

敵航空戦力は、さまざまな機種約一〇〇〇機近くを保有しており、われわれの側からの反撃を何ら受けることなく、完全に制空権を維持し、前線と後方に毎日昼夜を問わず攻撃を行っている。

前線においては、敵の機械化部隊が何百機もの飛行機によって援護されながら、自由に動き、人的面でも装備面でも多大な損害をわれわれに与えている。敵の航空戦力はまた、自由に鉄道および幹線道路、そして電信電話回線、輸送機関、その他の目標を破壊し、活動中のわが部隊への補給を困難にさせ、適時な部隊移動を不可能にさせ、その動きを封じている。こうした困難な状況は、前線のすべてにおいて感じられるものだ。

わが軍の部隊間の全交通路を断ち、われわれの南側の正面を突破した部隊と、仁川地区に上陸した上陸部隊を合流させた敵軍は、ソウルを完全に占領する現実的可能性がある。

この結果、朝鮮南部に展開している人民軍部隊は、敵によって朝鮮半島北部地域と引き離されると同時に、南朝鮮に展開している部隊は地域ごとに孤立させられ、現在、武器弾薬および食糧の供給を受けることが困難になっている。さらに、いくつかの部隊は、お互いに連絡が断たれ、敵によって包囲されているものもある。

敵軍はソウルを完全に占領し、おそらく、北朝鮮へのさらなる侵攻に着手するだろう。そのため、もし将来、状況がわれわれにとってさらに悪くなるならば、結局のところ、米国の侵攻は成功に終わるだろうと、われわれは見ている。

部隊に必要なものをすべて保証し、前線に対して補給を継続するために、何よりも必要とされるのは、しかるべき空軍力である。しかしながら、そのために必要な兵員の準備がわれわれにはできていない。

親愛なる同志スターリン！　われわれは、朝鮮が米帝国主義の植民地や軍事拠点とならないよう、行く手を阻むすべての困難を完全に乗り越える決意である。独立、民主主義、人民の幸福のために、われわれは命をかけて最後の血の一滴まで戦う。そのため、われわれは総力を結集し、新しい大規模師団の編成と教育とに力を入れる。南朝鮮で動員された一〇万名規模以上の軍を作戦的に最も効果的な地区へ進攻させる。また、すべての人民を戦争の長期化に備えて武装させる。

それにもかかわらず、われわれが予定している方策の実現のための時間を敵が与えず、われわれの非常に厳しい状況を利用して北朝鮮への侵攻作戦を進めるならば、そうした敵の行動を一時的にでも食い止められるほどの十分な戦力をわれわれは保持していない。

したがって、親愛なるヨシフ・ヴィッサリオノヴィチ、われわれは貴下からの特別な支援を仰がずにはいられない。別の言葉でいえば、敵軍が三八度線を越えた時には、われわれは、ソ連側からの直接的軍事的援助を大いに必要としている。

仮に何らかの理由でそれが不可能な場合には、中国およびその他の人民民主主義国による国際的義勇軍を創設して、われわれの戦いに軍事的な支援を行うよう尽力していただきたい。

われわれは、上述の提案に関しての貴下からの指示を要請する。

敬具

朝鮮労働党中央委員会

金日成、朴憲永

一九五〇年九月二九日(16)》

朝鮮におけるあらゆる危機的状況を踏まえて、モスクワは次に列挙するような方針で思い切った措置を講じることにした。まず第一に、北朝鮮側に軍事行動遂行のための戦術的な助言を常に行うこと。第二に、朝鮮からソ連代表らの避難を開始すること。第三に、軍部隊を含め、北朝鮮指導体制の半島からの脱出計画作成に着手すること。第四に、将来行われるであろう会戦に備えて軍事力を整備すること。第五に、中国側への圧力を強化し、彼らの戦争への介入を要求すること。

(上記のうち) 最初の四つの方針にもとづくソ連の行動を、以下の文書によって具体的に示す (中国側への圧力に関しては、第7章において述べられる)。

第一、戦術的な助言

一九五〇年九月三〇日、ソ連共産党中央委員会政治局は、一九五〇年九月二六日付のマトヴェーエフ将軍の電報（先に引用された）に回答した。内容は以下のとおり。

《貴下との会談で金日成が受け入れた決定は、すなわち、金日成に総司令官と民族保衛相の職務を統合するということ、および六個師団を編成すること、南朝鮮から戦闘要員を撤退させること、これらの内容は正しいとわれわれは考えている。

六個師団の編成は急ぐ必要がある。武器弾薬およびその他の装備に関しては、一〇月五〜二〇日の間に供給されるだろう。

金日成が、中国の友人へ、軍用車両運転手を朝鮮に派遣してくれるよう要請する問題の妥当性だが、貴下はこのような助言を与えることが可能だが、モスクワはこう言ったと引用してはいけない。[17]》

一〇月二日、マトヴェーエフのもとにもう一通の電報が届いた。

《ブルガーニン→マトヴェーエフ》

《われわれは、いつも貴下に対し、包囲網から部隊が脱出する重要性について格別の指示を与えてきた。この北側への撤退に関しては、特に将校などの重要な人物から先に撤退しなければならない。

複雑な状況下においては、南側に残留している兵隊たち、そして何より将校たちに、任意の手段、集団、もしくは単独で北に脱出するよう早急に指示しなければならない。途切れのない前線は存在しない。彼らは自分の領土内にいるのである。住民は同情し、助けてくれるだろう。重い武器を捨てさせ、敵の警備の手薄な地区を通り、夜間を利用して北側へ撤退させるようにする。貴下はこのような方法によって、包囲されている状況から兵士らを抜け出させる可能性を有しているのである。

これらを遂行するためにあらゆる手段を尽くすべきである。
どのように実行されたか電報で連絡せよ。[18]》

第二、ソ連人代表らの避難

一〇月、クレムリンの置かれた状況は、九月と比べると劇的に変化した。一〇月五日、ソ連共産党中央委員会政治局は、朝鮮民主主義人民共和国から、ソ連人専門家および関係機関に従事する人員の転任決定を採択した。

《(168) ――同志シトゥイコフの問題。
朝鮮民主主義人民共和国駐在ソ連大使シトゥイコフへの電報の中で、ソ連人専門家およびソ連関連機関要員の朝鮮からソ連への転任に関する電報添付案を承認する。

中央委員会書記

平壌・ソ連大使宛て
一三〇四/sh　朝鮮政府の同意のもと、何人かのソ連人専門家を一時的に転任させるという貴下の提案とともに、朝鮮におけるソ連関係機関に従事している人員の転任も承認された。

グロムイコ[19]》

しかしながら翌日、かなり劇的な新たな決定がクレムリンにおいて採択された。ソ連大使の危機感に満ち溢れた電報への回答の中で、政治局は彼への指示を与えた。

《モスクワ→シトゥイコフ》

《第一に、ソ連人専門家、およびその家族、そして、同じくソ連関係機関に従事する人員とその家族の転任については、貴下に第一八九〇九号電報にて指示が与えられる。

第二に、ソ連国籍を持つ朝鮮系ソ連国民の家族の朝鮮領からの避難問題に関しては、貴下が現地の状況を考慮して解決しなければならない。

第三に、航空司令部の全ソ連人職員およびソ連人軍事顧問の家族は、朝鮮の領土から脱出しなければならない。

第四に、必要な場合、朝鮮系人を含む全ソ連国民を、ソ連および中国領土に脱出させるという貴下の提案に同意する。(20)》

第三、北朝鮮指導部の脱出

一九五〇年一〇月一三日、スターリンは金日成に電報を打った。
《スターリン→金日成》
《抵抗の継続は展望がないとわれわれは考えている。中国の同志は、軍事介入を拒否している。こうした状況においては、貴下は、中国あるいはソ連への全面的脱出の準備をしなければならない。部隊および兵器機材類を完全に退避させる必要がある。これに関連する対策のための詳しい計画を作成し、厳しく実施すべきである。将来において敵と戦う潜在力は保全しなければならない。(21)》
大使は、モスクワ宛てに、以下のような文書を電報で送った。
《シトゥイコフ→モスクワ》
《五〇年一〇月一三日の貴下からの指示に従って、金日成との会談をもった。

会見時には朴憲永も同席し、私は貴下からの電報の文面を読み上げた。金日成と朴憲永にとって、電報の内容は思いがけないものだった。

金日成は、これは彼らにとって非常に困難であるが、こうした助言がある限り、それを遂行するだろうと表明した。

金日成は、助言を読み上げるように願い、朴憲永にそれを書き留めるよう指示した。(22)

この問題についての方策案を作成するにあたり、われわれへの支援をお願いしたい。》

一一月二日、金日成はスターリンに報告した。

《**金日成→スターリン**》

《中国の同志との同意にもとづいて、将来の戦闘に備え、満州領へ朝鮮人民軍部隊の兵員を脱出させる。その内訳は、九個歩兵師団・将校養成学校・戦車教導連隊・航空教導連隊を含む航空師団であり、六個戦闘師団は、朝鮮領土内において欠員が補充され準備を整えるであろう。

親愛なる同志フィン・シ（スターリンの暗号名）、短期間で上記の兵団と士官学校を中国領土と朝鮮に準備するため、軍事アカデミーにいる者を除いて、現在の軍事顧問全員が残ることを貴下にお願いする。

金日成(23)》

第四、将来の会戦に向けての軍事力の整備

一九五〇年一〇月九日、金日成はスターリンに、以下のようなことを願いでた。

《**金日成→スターリン**》

《同志ヨシフ・ヴィッサリオノヴィチ・スターリンへ

親愛なるヨシフ・ヴィッサリオノヴィチ、貴下に支援と助言をお願いすることをお許しいただきたい。今となって明らかなのは、敵である米国は、昨今の軍事作戦において大成功をおさめているという事実であり、朝鮮全土を完全に占領し、極東においてさらなる侵略を行うために朝鮮を自己の軍事戦略拠点に変えるにあたって、彼らの目前に横たわる障害はない。

独立、自由、そして国家主権回復へのわが人民の戦いは、私の考えでは、長期化し、大変な困難を伴うだろう。

軍事科学技術の最新の成果を取り入れた装備を持つ強力な敵との戦いで、成功をおさめるために、われわれには飛行士・戦車要員・通信員・工兵将校の早急なる育成が必要である。

国内においてそれらを準備するのは非常に難しい。そのため、われわれは、同志であるスターリン、貴下に、次のことをお願いしたい。

ソ連に留学で派遣されている学生たちの中から、二〇〇～三〇〇名を飛行士として訓練することに許可をもらいたい。

ソ連在住朝鮮人から一〇〇〇名の戦車要員、二〇〇〇名の飛行士、五〇〇名の通信員、そして同じく五〇〇名の工兵将校を準備することを許可願いたい。

同志スターリン、この問題に関してわれわれに支援を与えてくれるようお願いする。

敬具
金日成》(24)

翌日、北朝鮮大使はソ連外務省のA・グロムイコを訪問し、ソ連で教育を受けている朝鮮民主主義人民共和国からの全学生を軍事専攻に移す問題を提案した。グロムイコの会談メモがこれを示している。

《グロムイコの日誌より

朝鮮民主主義人民共和国大使、朱寧河《チャニョンハ》との面会（一九五〇年一〇月一〇日）

本日、一二時三〇分、朝鮮民主主義人民共和国大使朱寧河と、彼の申し出により会談した。大使は、自国の委任を受けて、ソ連政府に対し、ソ連で教育を受けている全朝鮮人学生および大学院生、また、ソ連企業で製造技術実習を行っている朝鮮人専門家を、ソ連の軍事航空学校へ送ることを依頼してきた。さらに、通信大学で教育を受けている学生、および全朝鮮人学生を、軍事通信特別専門学校へ送るように北朝鮮政府は要請している。朱寧河は、学生・大学院生・専門家について、健康で、航空および通信学校で学習するのに十分である者という条件を明らかにした。

現在、ソ連に滞在している朝鮮からの学生数についての質問に対して、朱寧河が答えたところによれば、彼の知っている情報では、モスクワに向かっている一七名を含めると、全朝鮮人学生、大学院生、専門家は七五八名にのぼり、その中の六六九名が男性で、六九名が女性である〔一七名を除いた内訳。残る三名は不明〕。

朱寧河が強調したところによれば、北朝鮮政府は、この問題を即刻ソ連外務省に提案するよう彼に委任したそうだ。そして、ソ連外務省に対して、朝鮮人学生・大学院生・専門家が、少しでも早く新しい専門分野を学ぶことに取り組めるよう、尽力してくれるよう要請したとのことだ。

私は、この朝鮮民主主義人民共和国政府の要求を検討し、結果については大使に伝えると答えた。(25)

……》

一一月〔一〇月か――訳者〕二〇日、グロムイコはスターリンに報告した。

《グロムイコ→スターリン》

《貴下宛ての、今年一〇月一三日付覚書において私はこのように伝えた。朝鮮民主主義人民共和国大使朱寧河が、自国政府からの要請によって、ソ連外務省に対し、現在、ソ連に滞在する全朝鮮人学生・大学院生・専門家らを飛行士および通信士養成学校へ移すことを願いでた。

金日成による貴下宛ての同じような要求を、同志シトゥイコフも伝えたが、その要求のなかで言及されていたのは飛行士の養成についてのみであった。金日成と朱寧河大使のそれぞれの要求内容が食い違っていることについて、今年一〇月一二日、ソ連外務省は朱寧河に、この問題について明確にし、どちらの要求に応じる必要があるかを伝えるよう要請した。

今年一〇月二〇日、朱寧河大使は、自らの照会に対する北朝鮮政府からの回答が得られていないが、通信士養成の問題を保留にして、金日成の要請に従って、飛行士養成問題の解決を要請するとした。

同志ワシレフスキーは、同志シトゥイコフを通じて渡された金日成の要請に従って、ソ連陸軍省は閣僚会議へ自らの提案をすでに提出したと述べた(26)》

さらに、飛行士養成について(27)、平壌からいくつかの照会が続き、結局、スターリンは承諾した。

《スターリン→シトゥイコフ→金日成》

《同志シトゥイコフへ

同志金日成宛て

ソ連側機関のせいで遅れたが、飛行士養成についての貴殿の電報を受領した。

われわれの考えでは、この問題は以下のような形で解決するのが適当だと思われる。

（1）朝鮮人学生の中から二〇〇～三〇〇名規模の飛行士を養成することに関しては、すでに稼働している満州地区延吉にある航空訓練学校で行われる。この学生定員が追加されたことに応じて、ソ連人指導員が配置されるだろう。

（2）二個ジェット戦闘機連隊のための飛行士の訓練は、われわれの満州駐留ミグ-15ジェット戦闘機師団の一つで行うことができる。飛行士の訓練後には、彼らにこれらミグ-15戦闘機が与えられるだろう。

一個爆撃機連隊の準備に関してだが、沿海地方にある朝鮮人学校で行う方がわれわれには便利である。爆撃機連隊には、装備およびツポレフ-2型機が同様に供与される。

（3）われわれは、追加として、沿海地方にある朝鮮人の航空学校に、航空技術者および爆撃手養成のため、一二〇名を受け入れることに同意する。

（4）朝鮮人飛行士の飛行訓練は、彼らが教育を受ける場所としては、満州か沿海地方がよいだろう。

この提案に、貴下の承諾が得られるならば、われわれの軍司令部に適切な指示が与えられるだろう。

フィン・シ(28)》

第7章　戦争初期段階における中国の役割

●要約

中国指導部は、北朝鮮指導部に対して不安を持ったが、結局、人民志願軍が一〇月二五日、鴨緑江を渡り参戦する。それまでの中国は、介入すべきか否かで内部が割れていた。

台湾問題・国連代表権問題との関連

すでに述べたように、中国は朝鮮での北による進攻を支持してきた。しかし程なくして中国指導部は北朝鮮が相談もなく、また忠告まで無視したことに憤りを感じるようになった。モスクワは中国の盟友たちの不満を解消しようと努めた。

一九五〇年七月一日、中国駐在大使ローシチンは周恩来の話をモスクワに伝えた。

朝鮮での軍事行動が開始された後、台湾海峡に米国艦隊を展開するというトルーマン大統領の決定は、民族ブルジョアジーと「民主諸党派の代表」たちの一部の中に、相反する反応を引き起こしていると中国指導部は指摘した。一方で、中国沿岸部への国民党空軍の空襲がおさまったこと、および商業や船舶航行にとってより都合のよい状況が生まれたことから、米国側の反応は好意的なもののように中国側には見えた。しかしもう一方で、米国の行動が第三次世界大戦を引き起こすのではないかという強い懸念も、中国側には生じていた。

周恩来は、トルーマンによるこの指示は、米国の対中政策が攻撃的なものであるということの証左であり、最終的には中国内のすべての「親米分子」にワシントンの路線について勝手な幻想をまき散らしている、と強調した。台湾の国民党だけでなく米軍に対しても壊滅的な打撃を与えるために、今、自らの航空機と艦隊を精力的に増強する必要があると述べた。

会談を終えるに際し周恩来は、米国側からの支援があろうとも「南朝鮮の操り人形」は完敗するだろうと指摘した。北朝鮮の国力は米国の予想を上回るものである。朝鮮への武力干渉に関するトルーマンの指令は、国家の賢明さからくる行為ではなく、絶望の表れであるにすぎない。極東で失敗を喫したことによって、米国は中近東およびヨーロッパにおける自らの地位に不安を感じるようになった。これらすべては、米国はソ連の率いる「平和と民主主義の陣営」との本格的武力衝突に向けた準備を整えていないことを示しているのだ[1]。

一九五〇年七月二日、中国駐在ソ連大使ローシチンは招待を受けて周恩来を訪問した。周恩来はこう語った。中国駐在インド大使パニッカルは沙河夫外務次官〔外交部副部長〕を訪れ、朝鮮の事件を憂慮しているインド政府は、平和的手段によって紛争を局地化し、その紛争を調停する行動をとると伝えた。インド政府は真っ先に国連でこの問題を審議することが必要だと考えている。そのためには国連での中華人民共和国の復活と、ソ連邦の安全保障理事会への復帰とが不可欠である。インドのほか、イギリスとエジプト政府もまたこの立場に立っている。中華人民共和国が賛成するなら、インド政府はこの問題を国連での審議にかける用意があるとした。

インド側の提案は周恩来と毛沢東によって検討され、次のように意見がまとめられた。
(1) 国民党政府を国連から脱退させ、中華人民共和国が加盟する必要がある。
(2) インド、その他どんな国家も中国の国連加盟に協力することに対して中華人民共和国政府は同意する。
(3) 中国の国連加盟問題と朝鮮で起こっていることを混同してはならない。これらは別個に審議されねばならない。
(4) 国連に加盟した後は、中華人民共和国政府は、国連で議題に上るどんな問題も審議する用意がある。

周恩来はさらに、朝鮮問題に関する国連安全保障理事会の決定は、ソ連・中国が不在の間に決定されたものである以上、決定の効力はない、という声明を発表する準備を行っている、と報告した。周恩来は、毛沢東やその他の中華人民共和国の指導者による朝鮮での軍事政治情勢についての分析評価をソ連政府に伝えるように依頼した。

中国側の分析によると、米国は在日米軍兵士一二万名のうち六万名を朝鮮に派遣する可能性があり、これらの部隊は釜山、馬山、あるいは木浦の港へ上陸したのち、鉄道の幹線に沿って北上するかもしれない。これを受けて朝鮮人民軍は以上の港を支配下におくため南下を早めなければならないだろう、このような分析であった。

毛沢東は同時に、米軍部隊が上陸する可能性がある以上、ソウル防衛のために済物浦(仁川)地区に堅固な防壁を作ることが必要だと考えた。

ローシチンの質問に答えるなかで周恩来は、中国側は日本の朝鮮派遣部隊の創設に関する情報を得ていないと指摘した。同時に彼は、万が一米軍が三八度線を越えた場合、中国軍は朝鮮人に変装して米国に対して義勇兵的行動を起こすと語った。このために中国指導部はすでに奉天地区へ一二万名からなる三個軍を集結させた。周恩来はこれらの軍を守るためにソ連空軍が協力してくれるか否かを知りたい、と要請してきた。

米国による朝鮮への軍事介入の可能性を朝鮮民主主義人民共和国指導部が過小評価していることを、中国指導部は懸念した。一九四九年五月と一九五〇年五月の二度、毛沢東はこのことを警告していた(2)。

七月五日、スターリンは以下のとおり周恩来に伝え回答を求めた。

《スターリン→周恩来》

《……敵が三八度線を越えた場合、中国が義勇兵的行動のため九個師団を中朝国境に結集させることは妥当だとわれわれは考えている。われわれは航空隊によるこれら部隊への援護を行うよう努める(3)。》

七月八日、スターリンは中国駐在ソ連大使への指示を出したが、これは中国人に苛立ちを感じさせるものだった。

《スターリン→ローシチン》

《朝鮮には中国の代表者がいないと朝鮮人が不満を述べている、と毛沢東に伝えること。もし毛が朝鮮を必要と認めているのならば、問題の早期解決のためにも早晩、代表者を派遣しなければならない(4)。》

七月一三日、スターリンは北京へ次のような電報を送った。

《……（2）あなた方が中国軍九個師団を朝鮮国境に配備するのを決定したのかどうか、われわれには定かではない。もしこのような決定を下したのであればわれわれはこれらの部隊を支援するため、一二四機のジェット戦闘機師団を派遣する準備を整える。

われわれの飛行士の協力のもと、二〜三カ月間中国人飛行士を訓練し、その後すべての装備をあなた方の飛行士に供与しようと考えている。同様にわれわれは上海駐屯の航空師団とともに行動しようと考えている。

貴下の見解を報告されたし。

フィリポフ》[5]

一九五〇年七月一三日、ローシチンは北京に滞在する数カ国の外国外交団代表らによる朝鮮戦争に関する発言について、中国側スパイによる情報をモスクワに報告した。

《ローシチン→モスクワ》

《フランス領事ジヴォンガルディはレセプションの席で、米国の軍事介入は、北朝鮮軍を停止させ撃退するだろう、と確信を持って述べた。イギリスのブリアン領事は、朝鮮戦争は、中国の台湾奪取を阻止し、中華人民共和国を強化させないために、モスクワによって意図的に始められたと結論づけた。イギリス外交官の意見では、最近米ソは協調して動いており、中国に内戦を終了させない方向で行動し、仕向けているような印象を受けているとのことだ。[6]》

八月六日、モスクワは北京駐在大使に、中国当局に以下のことを伝達するよう委任した。

《タス通信ワシントン特派員とＡＦＰ〔フランス通信〕特派員との間で話し合いが持たれた。フランスのジャーナリストは、米国政府は「国民党の武装集団」を派遣することによって中国領土への軍事行動拡大の機会を狙っている、と語った。ＡＦＰによれば、米国大統領特別補佐官ハリマンは、来るべき日本訪問時にはこの問題に関してマッカーサーと審議するとのことである。(7)》

八月一九日、毛沢東は、中国の指導者の理論的著作〔毛沢東選集〕を編集するために訪中したソ連科学アカデミー会員Ｐ・ユージン（後の駐中国ソ連大使）との長い会談を行った。大使館は会談に関する情報をモスクワに送った。

《ローシチン→スターリン》

《……朝鮮における事件については、事態の進展に二つの可能性があると毛沢東は指摘した。

（１）もし米国側が、今までと同規模の兵力で戦闘を行うのであれば、近いうちに半島から追い出され、もう干渉をすることもなくなるだろう。これは戦況の進展において最良の場合である。

（２）もし米国側が朝鮮での勝利に本気になれば、三〇〜四〇個師団が必要となる。こうなると朝鮮だけでは勝利できず、中国の直接的支援が必要となろう。もしこれらの供与がなされれば米国の三〇〜四〇個師団を粉砕できよう。もしこの案が実施されれば、これは第三次世界大戦の勃発を遅らせることになろうし、ソ連・中華人民共和国側にとっても有利である。さらに毛沢東は、朝鮮戦争への米国の介入に対する国際的プロパガンダを、世界のあらゆる人民の間で進めることがきわめて重要だと述べた。(8)》

一九五〇年八月二八日、ソ連科学アカデミー会員ユージンは毛沢東との夕食会に出席した。ソ連大使館は朝鮮に関する毛のコメントをクレムリンに伝えた。

《ローシチン→スターリン》

《……最新情報によると米国側は朝鮮での自軍戦力を大幅に増強すると決定した、と毛沢東は語った。これと関連して、事態が進展する可能性を想定した案（八月一九日に毛沢東がユージンに語ったもの）のうち第二番目を除外することはできなくなった。つまり戦争が長期化し、かつ米国が朝鮮にさらにいっそう多くの部隊を送り込むという場合のことである。(9)》

北京への情報伝達の悪さは「尋常ではない」

九月一八日、ローシチンは次のように報告した。

《ローシチン→スターリン》

《本日、私は軍事顧問であるコトフおよびコンノフとともに周恩来のもとへ招かれた。一九五〇年九月一五日の済物浦（仁川）への米国海兵隊の上陸について何か情報を持っているか、と周恩来は尋ねてきた。中国指導部は、新聞発表と平壌のラジオ放送以外には何も情報を摑んでいなかった。

周恩来は、軍事問題に関して北朝鮮指導部との連携は非常に悪い、と述べた。中国は北朝鮮側が幹部要員を求めていることは知っているが、朝鮮人民軍の作戦計画については完全には把握していない。戦況を観察するために多数の中国人軍事要員を国境地帯に派遣しようと試みたものの、今に至るまで平壌からは何の音沙汰もない。

さらに中国首相は、以前毛沢東が与えた忠告や予測を朝鮮民主主義人民共和国が無視している、と不満を述べた。

周恩来は、平壌駐在中国大使が戦況と連関した作戦の情報を得ていないために、適時、北京に情報を提供できていない、とも語った。

この結果、ものごとの実際の状況も、済物浦（仁川）に米軍が本当に上陸したのかどうかもわからぬまま、中国政府は公式資料にもとづいて一般的な助言しかできないでいる。
（1）もし一〇万人の北朝鮮予備軍がソウルおよび平壌にいるのであれば、上陸を果たした敵方を全滅させうるし、また全滅させねばならない。もしもこれほどの予備軍がないのであれば、前線防御のために一部の部隊を残して主要部隊を前線から北へと移動させねばならない。米軍を防衛区域から追い払い、前線に沿って敵を分散させ、また機動戦で部隊ごとに撃退しなければならない。
（2）主力となる突撃部隊を編成し、決定的攻撃までは秘密裏に温存しなければならない。
毛沢東の代理として周恩来は、もしもより正確な情報をソ連政府が握っているのであれば、それらを中華人民共和国指導部に提供するよう要請した。

さらに周恩来は、朝鮮での最近の出来事は政治的に非常に重要であると指摘した。ソ連と中国とが朝鮮問題の平和的解決への支持を表明し、そのためにも中国の国連加盟を要求していることは周知のことである。中国指導部は、新たに形成された世界情勢に照らして、現在どのように行動すればよいか相談したいと考えている。

北京では、米国側は大統領選挙が終了するまでは中国の国連加盟に反対する姿勢を取りつづけると考えていた。だが万が一この路線が変更されたとなれば、中国代表団は総会出席に向けた準備に取りかかるだろう。

また周恩来はこう述べた。現在、米国、イギリス、フランスは、朝鮮での軍事行動にソ連と中国が参加する可能性を非常に危惧しており、長期間にわたる大戦争を戦うだけの準備はできていないと語った。

このような恐怖感を利用し、われわれの意図を裏書きするような行動を起こす時期が到来した。この文脈からすれば、中国軍を南から満州へと移動することは英米両政府に大きな不安を抱かせることだろう。また周恩来は自分の話を即刻ソ連政府に伝え、ソ連側に対して提起した問題に対する回答を受け取りたいと要請した。

私はそのとおり行うと保証し、理解不足を解消するために適切な人物を状況解明のために朝鮮へ派遣するよう助言した。(10)》

一九五〇年九月二〇日、周恩来が九月一八日に出したメッセージへの返答がモスクワから届いた。何よりもまず、半島での戦争の経過に関する朝鮮民主主義人民共和国側から北京への情報伝達の悪さは「尋常ではない」と強調されていた。金日成が情報を提供しなかったのは前線との通信が困難であったせいであって、情報提供を望まなかったためではない、とクレムリンは見解を示した。モスクワも平壌のソ連大使から、前線での戦況に関する断片的かつ遅れた情報しか得ていない、としていた。朝鮮人民軍が未熟で経験が浅く、司令部と部隊との関係が脆弱で、前線の戦況分析も出来が悪く、かつ大変遅いことからこれらすべては説明がつくとした。

朝鮮人民軍は共産党と同じく非常に若く、またわずか三カ月間しか実戦経験がないが、模範的な装備を有する外国の軍隊との戦闘において朝鮮人民軍がかちえた成功はまさに驚くべきものであると、モスクワは注意を喚起した。

済物浦（仁川）近郊での敗北は、単に人民軍が李承晩の軍隊だけではなく、英米軍も相手にせざるをえなかったことによると説明される。もしも李承晩の部隊のみと戦っていれば済物浦を失うこともなく、

「朝鮮はとうの昔に反動分子から解放されていたであろう」とした。
　モスクワ側からは次のような判断が示された。

《スターリン→ローシチン》

《(1)　済物浦〔仁川〕地区およびソウル地区で形成された困難な状況のもとでは、朝鮮人民軍が取っている戦術、すなわち独立大隊および連隊の無謀な投入とその活動開始は、間違いである。問題全体を解決しなければ、これはただ単に送り出された部隊を全滅に導くだけである。
(2)　問題が解決されるのはおそらく、主要な前線から主力部隊が撤退し、ソウルの東と北に強固な防衛ラインを作り上げる場合のみである。
(3)　済物浦地区で部隊上陸によって引き起こされた軍事状況の錯綜化によって、朝鮮問題の平和的解決はよりいっそう困難になった。国連総会でソ連代表団は平和的解決のためのソ連と中国の提案を擁護するであろう。
(4)　中国と同じくソ連も、米国は中華人民共和国の国連加盟に反対する姿勢を継続すると考えている。ソ連代表団は国民党の国連脱退を主張し続ける。[11]》

　一九五〇年九月二一日、ローシチンは周恩来を訪れ、前日に受け取ったモスクワからの指示を周恩来に口頭で伝えた。ローシチンはモスクワへこう報告した。

《ローシチン→スターリン》

《周恩来は情報提供に感謝し、朝鮮情勢の判断に相違がないことに満足していた。彼は九月一九日平壌へ勧告をともなった電報を送ったと述べた。これは、実際、九月一八日にソ連代表団に伝えられたものと同一のものである。同じ日、平壌駐在中国大使は「朝鮮人民は長期戦への準備ができている」との金日成の言葉を打電した。朝鮮民主主義人民共和国から北京へは、他の情報は入ってこなかった。

そして周恩来は、米国が多数決で中国代表団の国連総会参加提案を否決したと述べた。米国が国民党のスパイを送ろうと積極的に活動しているため、中華人民共和国政府は南側国境を強化する対策システムを作成している。

朝鮮での出来事について中国の世論はどう思っているのか、という質問に対して、周恩来は「おおむね好意的」と回答した。民主諸党派の指導者は、米国とイギリスは第三次世界大戦開始に向けては準備していないとみなしているが、しかし一部の「民主的人士」は、済物浦への上陸によって戦争が長引き、中国にある種の犠牲を求めるものだとみなしている。[12]》

米軍の戦闘能力は日本軍以下

一九五〇年九月二一日、ローシチン大使は、劉少奇〔中ソ友好協会会長〕が主宰してソ連科学アカデミー会員ユージンのために中ソ友好協会が催した夕食会に出席した。夕食会が始まるまでに劉少奇は大使に、中国各界の朝鮮戦争に関する見解について詳細に語った。九月二二日、ローシチンは劉少奇の話の要点をモスクワに伝えた。

《ローシチン→モスクワ》

《……劉少奇によると、現在、かつての国民党員たちは朝鮮戦争が不可避的に第三次世界大戦へと発展し、そこで米国が勝利して蔣介石が中国へ帰還することに希望を抱いているという。この「最も反動的な」人々は、劉少奇の言葉でいえば、「明白な少数派」を形成している。中国人民政治協商会議後には、大ブルジョアジーたちが次第に政治活動へ参加するようになり、香港から中国へと資金を移動させた。朝鮮戦争の長期化という最近の出来事は、この移動の一定規模の縮小を招いている、ということであった。今この計画に大ブルジョアジーたちはためらいを感じている。すなわち、一方では第三次世界大戦を懸念して、資本家たちは中華人民共和国に資金を移動することを警戒している。その一方で、もしもこのような戦争が本当に起これば香港は最初の攻撃目標の一つとなるであろうと理解している。それゆえに全資金を移動することに賛成はしているのである。資金を他の外国に移そうと考えている者もいるが、それは少数である。

労働者・農民・革命的知識人ら主だった民衆は、北朝鮮の人々が長い間中国革命を支援してきたのであるから、今度は必要なら中国が北朝鮮を支援すべきだと考えている。これらの人々の多くは「アメリカ帝国主義に嫌悪感を抱いている」。

「民主諸党派」の指導者たちは静観する構えをとっている。

彼らは中国政府の決定に賛成し、決定の説明には手助けしてくれる。しかし、内々では第三次世界大戦の懸念を語り、中国はさらに多くの試練を体験することになるだろうと述べている。

起こっている事態を解明する活動を行ってからは、中国人民解放軍兵士・将校の多くは士気も高く、米帝国主義に対する攻撃の必要が生じれば、その準備もある。米軍部隊の戦闘能力はさして高くはなく、どう見ても日本軍以下であり、米国側が撃退されることはまず間違いないと人民解放軍は基本的に考えている。

しかし、このように考えている者もいる。中国は朝鮮問題に介入すべきではなく、長年戦ってきたのだから、家族の元へ戻りたいと夢見ている者もおり、一部の若者には自分の人生は自分で決定するという風潮が生じている。同様の感情は「明白な少数派」の兵士・将校にもある。

中国共産党指導部のメンバーは、中国革命はいまだ完成してはおらず、このプロセスの完結のためにはあと数年かかると見込んでいる。アメリカ帝国主義との戦いは最終的勝利を加速する可能性を持つ。なぜならば、帝国主義側は疑いもなく決定的な敗北を喫するからである。中国共産党の指導者層は、もしも米国が北朝鮮を壊滅させると威嚇してくるならば、中国は「北の同志たち」を支援する義務を負うと考えている。劉少奇は、最後に、中国社会はアメリカ帝国主義に対して敵意を持ち、また憎んでいる。必要とあらば米国との戦いをうまくやり遂げるという。これに反対するであろう敵どもは間違いなく鎮圧されるであろう。(13)》

一九五〇年九月二二日、ソ連科学アカデミー会員ユージンは毛沢東宅で催された夕食会についてスターリンにこう報告した。

《ユージン→スターリン》

《……毛沢東はこう強調した。六月末、トルーマンは朝鮮と台湾への米軍部隊の進攻に関する公式声明を出すという重大な過ちを犯した。こうしてトルーマンは米国の侵略範囲を拡大したのだ、とした。このような動きはイギリスを不愉快な状況に陥れた。それは、一方で、米国の朝鮮に関する路線を支持しなければならず、もう一方で、人民中国を承認したので、米国の中国への侵略を支持することはできないからである。

どう見てもイギリスはアジアで形成された状況からの打開策を探し出すよう、米国に対して働きかけている。朝鮮での軍事行動の経過は次のことを示している。すなわち、米国は朝鮮での大規模かつ長期の戦いの準備がいまだ整っていないということである。目の前で起こっていることは、力のテストであり、またソ連と中国がどう出るか、世界の世論がどう形成されていくかの探索である。

これと関連して、毛沢東の意見は次のとおりである。アメリカ帝国主義者たちが「特別なスキャンダル」なくして、妥協によって朝鮮戦争を処理するために現状からの何らかの突破口を見いだす可能性を排除してはならない。これとの関連で、米国とイギリスが国連総会で中国の国連加盟のため何かしらの可能性を探ることもあろう。これはただの推測にすぎないが、中国の国連加盟に対する拒否と台湾への米国の侵略によって、インドやフィリピンのようなアジア諸国が、アメリカ帝国主義に反対するということが、この推測の論拠である。

毛沢東はまたこのように述べた。米国はこのように見ている。中国が国連に加盟しておらず、米国と外交関係も結んでいない現在、中国はフリーハンドを持っており、形式にとらわれず公然とアジアでのアメリカ帝国主義に反対する方策をとることができると。もしも中華人民共和国が国連に加盟すれば、そしてもしも中国が何らかの形で英米と関係を持つならば、これは中国の活動を制限し、中国にはめる首輪としての性格を持つだろう。のみならず、外交関係の樹立後には大使館・公使館によって指導される諜報・破壊活動が活発化するであろう。

もしも中国が国連に加盟した場合、安全保障理事会やその他の国連機関における状況はいくぶん変化すると考えられる。なぜならば、大国からなる国連安全保障理事会に二カ国の常任理事国を送ることになるからである。ここに中国の国連加盟にともなう明白な利益が存在する……。》(14)

第8章　モスクワ、中国の参戦を要求

●要約

北朝鮮の状況の絶望的な悪化にともない、スターリンは一九五〇年一〇月、中国に援軍派遣を求めた。しかし中国は実際にはたいへん慎重であった。それでも結局、毛沢東はこれを支持、人民志願軍の参戦を決定することになる。

●年譜（1950年10月）

50年10月3日　韓国軍・国連軍（8日）、三八度線を突破し、さらに北進

10月8日　毛沢東、中国人民志願軍の編成を命令

10月9日　周恩来訪ソ、スターリンと会談（10〜11日）

10月11日　中国人民解放軍、チベット進駐

50年10月13日　中国人民志願軍の朝鮮出動を決定。彭徳懐司令員

10月15日　トルーマン・マッカーサー会談（ウェーキ島）

10月19日　国連軍、平壌占領。中国人民志願軍、鴨緑江渡河

10月25日　中国人民志願軍、朝鮮戦争に参戦

援軍派兵をためらう中国

一〇月一日、スターリンは敵対者によって破壊された北朝鮮の体制を救援するため、中国人たちを送るときが来た、という結論に達した。毛沢東および周恩来宛てに、ソ連のリーダーからの至急電が入った。

《スターリン→毛沢東、周恩来》

《私はモスクワから遠い地方で休暇を取っており、朝鮮での出来事からは少し離れている。しかし、私のところに今日モスクワから持ち込まれた情報にもとづけば、朝鮮の同志たちの状況は絶望的であると見ている。

モスクワはすでに九月一六日、済物浦〔仁川〕への米軍上陸は大きな意味をもち、北朝鮮の第一および第二軍団を北後方から孤立させる目的をもっていると、朝鮮の同志たちに警告していた。四個師団を南から早く撤退させ、ソウルの北方と東方に前線を築き、徐々に南にいる主力部隊を北に撤退させることによって、せめて三八度線を守るよう、モスクワは警告した。しかし、第一・第二軍団司令部は、北への部隊撤退に関する金日成の命令を実行しなかった。そしてこれは軍の分断と包囲とを可能にする機会を米国に与えた。朝鮮の同志たちが、ソウル地域で抵抗できる軍隊を持っていない以上、三八度線への道を開けておくことを考慮する必要がある。

もし、あなた方が現在の状況にもとづいて朝鮮人たちに軍事援助を供与する可能性を念頭に置いているならば、たとえ五～六個師団でもいいから、三八度線に即座に移動する必要があるだろう。これは、あなた方の援護で、朝鮮の同志たちに三八度線北方に軍事的予備軍を組織する可能性を与えるためである。もちろん、中国軍師団については、中国人司令官管轄の志願軍として参加するのが可能である。私は朝鮮の同志たちにこれについて伝えなかったし、伝えることは考えていない。しかし私は、彼らがこれについて知れば喜ぶのは間違いないと思う。

あなた方の返事を待つ。

敬具

フィリポフ》(1)

毛沢東は返事を延ばさなかった。早くも一九五〇年一〇月三日、ローシチン大使が「中央」に以下のような内容を伝達した。

〈ローシチン→スターリン〉

〈貴下の第四五八一号電報に対する毛沢東の返事を報告する。

《毛沢東→スターリン》

《五〇年一〇月一日付の貴下の電報を受け取った。敵が三八度線を越えて北に出撃する時点で、朝鮮の同志たちに援助を供与するため、数個師団の志願軍を北朝鮮に進めることを計画した。しかし、入念に検討してみると、このような動きはかなり深刻な結果を引き起こしうると今は考えている。

第一に、数個の師団によって朝鮮問題を解決するのはたいへん難しい(わが軍の装備はかなり貧弱で、米軍に対する軍事作戦を成功させる自信はない)。敵はわれわれを退却させうるだろう。

第二に、これは米国と中国との全面衝突を呼ぶ公算が高い。その結果、ソ連もまた戦争に引きずり込まれる。このような形で、問題は極端に大きくなるだろう。

中国共産党中央委員会の多くの同志は、ここで慎重さを発揮する必要があると考えている。もちろん、軍事援助としてわが軍を派遣しないのならば、現在のような困難な状況にある朝鮮の同志たちはたいへん困るであろう。われわれ自身もまた、非常に耐え忍んでいる。

もしわれわれが数個師団を送り、敵がわれわれを退却させるならば、これが米国と中国との公然たる衝突となり、われわれの平和建設の全計画は挫折する……。戦争によって人民にもたらされた心理的ショックはまだ癒されておらず、平和が必要である。

このため、今は我慢して、軍隊を送らず、敵と戦争になった時にもっとうまくいくよう力を積極的に蓄えるのがよりよいと考える。

朝鮮は一時的には敗北するだろうが、パルチザン闘争へと戦争形態を変えるだろう。

われわれは党中央委員会の会議を招集する。そこには中央委員会の諸局の責任ある同志たちが出席するであろう。この問題に関しては、まだ最終的な決定は下されていない。これはわれわれの暫定的な電報であって、貴下と相談したい。もし、貴下が同意してくれるなら、貴下とこの問題を審議し、中国と朝鮮との間の問題を報告するため、われわれはすぐに周恩来と林彪同志とを飛行機で、貴下の休暇先〔黒海沿岸のソチ〕に派遣する用意がある。

返答を待つ。

毛沢東　五〇年一〇月二日》

（1）毛沢東の返事は、われわれが見るところ、朝鮮問題における中国指導部の当初の立場からの変化を物語っている。それは、ユージン、コトフ、コンノフとの会談で言及された毛沢東の以前の評価とは対照的である。また劉少奇と小生との会談については報告のとおりであるが、一連の会談では、人民と中国人民解放軍とは朝鮮人民への援助を準備しており、中国人民解放軍の戦闘意欲は高く、もし必要ならば、日本軍よりも弱いと考えられている米軍に打撃を与える能力があることが示された。

(2) 疑いもなく、中国政府は朝鮮に戦闘能力のある五~六個師団だけでなく、それ以上の軍を送ることはできる。これら中国軍は、若干の対戦車用の技術的装備および、一部は大砲を必要としている。

中国人の立場が変化した原因は、われわれには今のところ明らかでない。変化が事実だとすれば、朝鮮の状況の悪化、中国人に破局を避けるために忍耐と抑制とを呼びかけたネルーを通じての英米の陰謀、といった国際情勢の変化が影響を及ぼしたことが予想されうる。

ローシチン〉[2]

一〇月八日〔七日か——訳者〕、苛立ちを感じたスターリンは、中国人との論争について金日成に知らせた。

〈スターリン《スターリン→金日成》→シトゥイコフ〉

〈平壌 シトゥイコフへ

金日成宛て

《同志金日成!

中国の同志との協議に数日必要だったため、私の返事が遅れた。一〇月一日、私は毛沢東に、朝鮮の同志たちが予備軍を編成できたというカムフラージュのもと、少なくとも五~六個の中国人師団を即座に派遣できないかと問い合わせた。毛沢東は、ソ連を戦争に引き込みたくないこと、中国軍は技術面で弱いこと、戦争が中国内部で大きな不満を呼び起こすということを引き合いに出して、拒絶の返事をよこした。私は毛沢東に以下のような手紙を出した。

「中国志願軍の五~六個師団派遣の問題に関して、貴下と相談することができると考えていた。なぜなら、敵が三八度線を越える場合、朝鮮人同志たちの支援にいくらかの軍を送る準備があるという中国人指導者の同志たちのさまざまな言明についてよく知っていたからだ。これに関しては、米国、あるいは将来の軍国主義日本が、中国侵略のための前線基地として朝鮮を変貌させる危険性を未然に防ぐという意味で中国人部隊の朝鮮派遣準備があることを、中国の利害関係にもとづいて私は説明した。

朝鮮への軍の派遣問題に関しては、五~六個師団の派遣という問題は最大限ではなく、むしろ最低限の要求である。この問題を貴下に提起したのは、以下のような国際情勢の予想に立脚したからだ。

(1) 朝鮮での出来事が示したように、米国は現在、大規模戦争への準備がない。

(2) まだ軍国主義勢力が復活していない日本は、米国に軍事援助を与えることができない。

(3) このことを考慮すれば、米国は朝鮮問題でソ連の同盟国として存在する中国にやむなく譲歩するであろう。また、朝鮮を自己の前線基地へと変える可能性を敵に与えることなく、朝鮮にとって有利なしかるべき条件で、朝鮮問題の解決が合意されるだろう。

(4) 同じ理由から、米国は台湾だけでなく、日本の反動主義者との単独講和、日本帝国主義の復活、および日本を自己の極東での前線基地とするということも断念せざるをえないだろう。

だが、もし中国が消極的な待ちの姿勢にあるならば、結果としてこれらの譲歩を得ることはできない。真剣な闘争、自分の力の新たな大規模な示威行動なくして、これらの成功のすべてだけでなく、拠点としてアメリカ人がその手中におさめている台湾さえも受け取れない。成功の見込みがない蔣介石だけでなく、現今の日本からも、将来の軍国主義日本からもこの譲歩は得られなくなる。

もちろん、私は次のようにも考えた。米国は大戦争に準備ができていないにもかかわらず、その威信から大戦争に突入し、したがって、中国はその戦争に引き込まれ、中国と相互援助条約を結んでいるソ連もまた、戦争に引き込まれるのではないか、と。このことを恐れるべきだろうか。私としては、恐れるべきではないと考える。われわれは米国、イギリスよりも強いからだ。ドイツを除く他のヨーロッパ資本主義諸国（ドイツは今、何らかの援助を米国に与えることはできない）は、たいした軍事力とはいえない。もし戦争が不可避ならば、今戦争になった方がよいだろう。米国の同盟者として日本軍国主義が復活し、米国と日本にとって、李承晩の朝鮮が大陸における彼らの前線基地となる数年後よりも、今がいいのである。

貴下に少なくとも五～六個師団を問い合わせたのは、国際情勢に関してのこのような考えと見通しとに立ったからだ」

これへの返事として、九月〔一〇月か――訳者〕七日に毛沢東から手紙を受け取った。そこで彼〔毛沢東〕は、私〔スターリン〕の手紙の基本的立場に同調し、こう述べた。彼は朝鮮には六個師団ではなく九個師団を送るが、それは今ではなく、しばらくしてから送るということ、このため彼の代理と私との面会を求め、詳しく話し合いたいとした。もちろん、私は代理人を受け入れ、朝鮮への軍事供与に関する詳しい計画を審議することに同意した。

以上から明らかなように、貴下はわずかな小さな地域でもしっかりと守らなければならない。朝鮮を占領している米軍への抵抗を強化し、そのためには、包囲網から脱出した朝鮮人民軍の中堅幹部を活用して予備軍を準備しなければならない。このことからまた同様に明らかなのは、ソ連で勉強させているすべての朝鮮人同志を航空任務に移行させるという貴下の提案はまったく正しいということである。
中国の同志たちとの次の交渉に関しては、一九五〇年一〇月八日にお知らせする。

フィン・シ》

同志シトゥイコフ、貴殿がこの手紙を金日成に読み聞かせることを依頼する。貴殿の同席の下、金日成はこの手紙を書き写すことは可能であるが、手紙が極秘であることを考慮して、彼に手紙を渡してはいけない。

フィン・シ(3)》

一〇月一二日、スターリンは金日成に以下の至急電を送った。

《スターリン→金日成》

《中国人は再び軍を送ることを断った。これと関連して、貴下は北朝鮮から撤退し、北方へ朝鮮軍を引かなければならない(4)。》

中国人民志願軍派遣を決断

しかし、一〇月一三日、ソ連大使〔ローシチン〕が北京から思いがけない報告をしてきた。

《毛沢東は、中国共産党中央委員会が再び朝鮮問題を審議し、中国軍は装備が不十分であるものの、朝鮮の同志たちに軍事援助を供与することを決定したと私に伝えてきた。

毛沢東は次のように言葉を続けた。

もし米国が中国の国境に進出するならば、朝鮮はわれわれにとって暗い汚点になる。また東北部は恒常的脅威にさらされ続ける、とわれわれの指導的同志たちは考えている。

以前わが同志たちが動揺したのは、国際的状況、ソ連側からの軍事援助、空からの援助問題が明らかでなかったためであった。

毛沢東は朝鮮に軍を送るのは今が好都合であると指摘した。中国軍を送らないのは正しくない。

九個師団からなる突撃部隊は、今のところ装備は不十分なものの、李承晩の部隊とは戦うことはできる。この期間を通じて、中国の同志たちは、さらに第二突撃部隊を準備しなければならないだろう。

毛沢東の話によると、重要なのは中国人部隊の援護で、これを行ってくれる航空機が必要であり、できるだけ早くその到着を期待しているし、二カ月以上遅れるのはどうしてもまずいということであった。

さらに同志毛沢東は、中華人民共和国政府は、供給される軍備に対して、現在、現金による支払いはできないと述べた。彼らはこれを借款で受け取ることを望んでいる。

このような形であれば、一九五一年度予算はそこなわれないだろうし、民主諸党派への説明もしやすくなる、と。

結論として、中国共産党中央委員会の指導的同志たちは、困難な戦争をしている朝鮮の同志たちを援助しなければならず、そのために、周恩来が再び同志フィリポフとこの問題で協議する必要があると考えていると、毛沢東は述べた〔訪ソした周恩来は一〇月一〇〜一一日スターリンと会談、この時モスクワに滞在中〕。

周恩来には新しい指令が〔北京から〕送られる。(5)》

北京からのうれしい知らせを受け、スターリンはすぐに金日成とそれを分かち合い、彼に新しい指示を与えた。

《スターリン→金日成》

《今しがた毛沢東からの電報を受け取った。その中で中国共産党中央委員会は再び状況を検討し、中国軍の不十分な装備にもかかわらず、朝鮮の同志たちに軍事援助を行うことを決定したと伝えてきた。この問題について、毛沢東からの詳しい連絡を待っている。中国の同志たちによる新しい決定と関連して、昨日貴下に送った北朝鮮撤退、および朝鮮軍の北への脱出についての電報を実行に移すことは一時延期するよう、要請する。

フィン・シ(6)》

一〇月一四日、スターリンは先の話を続けた。

《スターリン→シトゥイコフ→金日成》

《平壌　ソ連大使へ

金日成に以下のことを伝達すること。

「動揺と一連の臨時的決定をした後、ようやく中国の同志たちは、朝鮮への軍事援助供与について最終的な決定を採択した。朝鮮にとって好都合な最終決定が採択されたのを私はうれしく思う。

これと関連して、中国およびソ連指導者同士の周知の会議でのあれこれの提案は、放棄されたものと考える必要がある。中国軍の進撃に関わる具体的な問題に関しては、貴下は中国の同志たちと共同して決定しなければならない。中国軍用の必要な兵器はソ連から配備されるだろう。貴下の成功を願う」[7]

フィン・シ》

一〇月一五日、密命をおびてソ連に赴いていた周恩来は、毛沢東に報告した。

《同志フィリポフは、朝鮮に出兵しないという中国共産党中央委員会政治局の決定に反対する意見は述べなかった。[8]》〔文脈上この周恩来の電文は矛盾するが、一〇月一〇〜一一日のスターリンとの会談時点での話か。介入消極派の周恩来が駆け引きしたのではないかとも思われる――訳者〕

一〇月二五日、中国指導者の一人で、ソ連指導部とも近い高崗は、奉天のソ連総領事レドフスキーおよびワジノフ将軍に、朝鮮への中国軍派遣に関する中国共産党中央委員会政治局の論争について話した。ローシチン大使はこれに関して、「中央」のスターリンに知らせた。

《ローシチン→スターリン》

《高崗が述べるには、中国共産党中央委員会政治局会議では、彼は朝鮮への中国人民志願軍の派遣に反対する意見を表明した周恩来との間で深刻な対立に陥った。決定的な時点で、高崗は彭徳懐を説得し、ともに毛沢東に緊急の提案を持ちかけた。これは、もしアメリカ人が朝鮮全土を支配した場合、中国および国際情勢全般に生じる危険性を理由に挙げて、至急の派遣を建議するものだった。

この訴えの中では、二つの要因が強調された。

(1) もしアメリカ人が朝鮮全土を占領するならば、中国は自国の軍をそこに派遣する口実を失う。

（2）アメリカ人は、中国人および日本人を武装させ、朝鮮およびインドシナ半島を占領し、中華人民共和国を攻撃する。もし、中華人民共和国が米国の侵略に対してすばやく出動せず、米帝国主義者が中国を攻撃するのを、手をこまねいて座視するならば、中国革命の勝利の成果はどのようになるのだろうか。

中国共産党の他の指導者たちに支持された高崗と彭徳懐の側からの熱心で根気強い働きかけの結果、政治局は朝鮮への軍派遣についての決定を採択した。(9)》

ソ連大使はまた、以下のことをモスクワに伝えた。

《ローシチン→モスクワ》

《一九五〇年一〇月二四日、「民主諸党派」指導者たちも参加して、中国政府の会議が行われた。そこで、朝鮮の問題に中華人民共和国がどう関わるかについて討議された。周恩来がこの問題に関して報告した。「民主諸党派」の代表たちは、基本的に政府の立場に賛成する演説を行った。「民主派」の何人かは、米国は強くて中国は弱いかのように思い、そして米国が宣戦布告をするならば、中国が撃破されることを恐れていた。アメリカ人の朝鮮奪取も、さらには満州の占領さえも甘んじるしかなく、その場合、米ソ戦争が必ず起こり、そうなれば中国は脇におかれるという意見まであった。なぜ、ソ連は中国とともに朝鮮に軍を派遣しないのかという問題も持ち上がった。

会議の最後に毛沢東が話した。彼は、朝鮮は中国の門であって、朝鮮を占領した日本人がそこに中国に対する前線基地を作ってから、手中におさめようと足を踏み入れてきた事実を説明した。中国政府はアメリカ人による朝鮮の奪取を容認できない。なぜなら、これは中国の安全保障にとって深刻な脅威になるからだとした。
毛沢東はまた、こう説明した。今のところ、朝鮮問題にソ連が介入する必要はない。中国はソ連との間に友好相互援助条約を結んでおり、中国とソ連とは非常に親しい誠実な関係にある。もし、米国が中国を攻撃するならば、ソ連は自らが結んだ条約に忠実であってくれるだろう、と。[10]》
一〇月三〇日、ソ連大使シトゥイコフはスターリンに、北朝鮮軍の中国への撤退を報告した。
《シトゥイコフ→スターリン》
《……われわれの友人である朝鮮人たちは、以前の助言と中国との約束に従って、九個歩兵師団の編成と訓練のため、満州に撤退する。一九五〇年一〇月三〇日までに朝鮮—中国国境を越えて、陣地に向かう。
(1)寛甸地区に三個歩兵師団。第六九、六八、六七師団の各一万名ずつ、また、特殊部隊用に五〇〇〇名。この地域は全員で三万五〇〇〇名。
(2)海龍地区におのおの一万名規模の第三二、三七、七五師団。この地域には二万九〇〇〇名が振り向けられる。さらに、五〇〇〇名規模の特殊部隊を含めて、江界から六〇〇〇名を振り当てる。
(3)五〇年一一月五日までに延吉地域におのおの一万名規模の三個歩兵師団と五〇〇〇名規模の特殊部隊を集合させる。
(4)通化地区に、五〇〇〇名規模の歩兵学校と一五〇〇名規模の政治学校を置く。
(5)柳河地区。一五〇〇名規模の戦車演習部隊。近いうちに三五〇〇名を送る。
(6)延吉地区には総勢二六〇〇名規模の航空学校を置く。

これら部隊の指導者たちの訓練を通じて、崔庸健民族保衛相を長とする司令部が作られる。同様にこの目的のために三つの軍司令部が作られる。それぞれ三個歩兵師団ずつ、各軍団司令部の指揮下に入る。一九五〇年一一月三日まで、すべての参謀が満州に行く。これと関連して、前述した師団教育と組織化において、朝鮮の友人たちを援助するため、学校施設で働くすべての軍事顧問を留任させてくれるよう、もう一度上級機関《インスタンツイヤ》に請願する。

もし、学校施設およびこれらの師団に、わがソ連将校および軍事顧問がいなければ、朝鮮人は一年かかっても戦闘行動の準備ができる状況にない。

貴下の肯定的な返事を願う。

シトゥイコフ[11]》

第9章 中国、朝鮮戦争に派兵 成功による眩惑

●要約

中国軍が志願兵として参戦し、戦闘の中心となった結果、再度北朝鮮側は優勢となったが、まもなく戦線は膠着し、一進一退を繰り返す。

●年譜（1950年11月〜51年1月）

50年11月30日 トルーマン、朝鮮戦争で原爆使用を辞せずと発言

12月5日 北朝鮮軍・中国人民志願軍、平壌奪回

50年12月31日 マッカーサー、日本の再軍備を示唆

51年1月4日 北朝鮮軍・中国人民志願軍、ソウル再占領

米国は日本より戦いが下手

朝鮮戦争への中国「志願軍」の介入後、スターリンと金日成の気分はまたたくまに良くなった。戦場

における中国人の新しい成功に触発されて、スターリンと彼の同盟者の自信と欲望は膨らんだ（もちろん共産主義陣営は自分自身の弱さを知っており、同盟者間での罵り合いは生じていたのだが……）。

一九五〇年一一月七日、毛沢東はスターリンに要請した。

《毛沢東→スターリン》

《同志フィリポフへ

人民解放軍の陸上部隊の装備は、大部分が敵から奪取した戦利品であって、銃器類の口径はばらつきがある。このような状況のもと、弾薬の製造、とりわけ、小銃、機関銃の薬莢の製造に支障が生じている。また、われわれの工場は、ごくわずかな量の薬莢しか供給していない。

現在、朝鮮での軍事行動に参加している一二個軍、三六個師団からなる人民志願軍は、わずか六セット分の小銃、機関銃の薬包しかなく、次の軍事行動では、軍の弾薬補給において、大きな支障が生じるだろう。もし、軍需品生産に変化がなければ、装備の更新はおそらく一九五一年後半に始められることになるだろう。

現在の困難な状況を克服するため、一九五一年一月から二月に三六個師団に次のリストによる銃器類の供給が可能かどうか検討してくれるようお願いする。

（武器の名称、数量）

（1）ソビエト製小銃　一四万

（2）小銃用薬莢　五八〇〇万

(3)ソビエト製自動小銃　二万六〇〇〇
(4)自動小銃用薬莢　八〇〇〇万
(5)ソビエト製軽機関銃　七〇〇〇
(6)軽機関銃用薬莢　三七〇〇万
(7)ソビエト製重機関銃　二〇〇〇
(8)重機関銃用薬莢　二〇〇〇万
(9)パイロット用ピストル　一〇〇〇
(10)パイロット用ピストル薬莢　一〇万
(11)トリニトロトルエン(TNT火薬)　一〇〇〇(トン)

私の要請に対する貴下の検討結果を知らせてくれるようお願いする。
貴下の健康をお祈りする。

毛沢東[1]》

一二月一日、スターリンは中国の同盟者に拍手を送った。

〈スターリン《スターリン→毛沢東》→ローシチン〉
〈北京　ソ連大使へ
同志毛沢東に伝達すること。
《同志毛沢東!
貴下の第三一五三号電報を受け取った。

朝鮮へ成功裏に人民志願軍を派遣したことと関連して、中国における状況を伝えてくれたことに感謝する。

貴下の成功は、私と指導的立場にある私の同志たちだけでなく、すべてのソ連人民にとってもよろこばしいことである。

米軍との戦闘で大きな成功をおさめたことで、貴下および指導的立場にある貴下の友人たち、中国人民志願軍、すべての中国人民に対して、心から歓迎の意を表したい。近代的で、すばらしい装備を持った米軍との戦いで、近代戦の大きな経験を積んだことにより、中国軍自体が近代的ですばらしい装備を持った強い軍隊になったのは疑いない。これは、ちょうどソ連軍が第一級の装備を持ったドイツ軍との戦いにおいて近代戦の経験を積み、近代的でよく装備された軍隊になったのと同じである。

さらなる成功を願う。

フィリポフ(2)》

一九五〇年一二月四日、グロムイコは中国大使の王稼祥と面会した。会見のメモにグロムイコはこう書いている。

《アメリカ人の朝鮮での壊滅とトルーマンのこの前の声明の後に、英米陣営の間と米国の支配層の内部にも意見の対立が生じ、米国政府は気がついてみると苦しい立場に陥っているのではないかと、王稼祥は尋ねた。

私は、そのような結論を引き出すのには十分な根拠がいると答えた。私は、外国の報道の中に、イギリス人とアメリカ人との間に対立が生じている、という報道が見られると指摘した。最近、米国内では、マッカーサーや彼の行動だけでなく、トルーマンの政策そのものを非難する人々の声がますます高まっている。現在、アメリカ人は、朝鮮での情勢の否定的急転回に直面して、当惑を隠しきれないでいる、と私は説明した。

王稼祥は、現在の状況のもとで、朝鮮問題に関する中国・ソ連との交渉にアメリカ人が乗り出してくるかどうかについて、私の意見に関心を示した。

これについては、私はただ推測するだけであり、当面、朝鮮での状況を平和的に解決する提案はアメリカ人の側からはないと述べた。あらかじめまったく非公式な見解と断りながら、王稼祥は、中国軍は三八度線を越えて成功裏に攻撃を継続するべきかどうか、政治的観点に立っての私の意見を求めてきた。まったくの個人的意見としたうえで、現在の朝鮮の状況は、昔のことわざにいう「鉄は熱いうちに打て」を思い出させるのにまことにふさわしい、と私は述べた。王稼祥はこの考えに同意すると述べた。

さらに王稼祥は、アメリカ人が新しい冒険、たとえば、蔣介石への援助強化、蔣介石とともに中国南部へ上陸してくるのを待つべきかどうか、と尋ねた。

私は、この問題に関してはデータを握っておらず、ただ予測のみでしか話せないと言った。

王稼祥は、最近中国では、かつて朝鮮問題である程度動揺を表明していた少数派の民主諸党派においてさえも、威勢のよい雰囲気があるとした。朝鮮の前線にいる人々からの手紙を引き合いに出して、王稼祥は、アメリカ人は質の良くない兵士で、中国の同志たちの意見によると、彼らは日本人よりもずっと戦いが下手であると語った。(3)……》

一九五〇年一二月七日、スターリンは中国人に忠告を与えた。

《スターリン→周恩来》

《われわれは、貴下の朝鮮での戦闘行動中止の条件にまったく同意する。これらの条件を充足することなくして、戦闘行動を中止することはできない。

とりわけこれと関連して、ありていにいえば米国の諜報員にほかならない三カ国の代表者たちを前にして、事前にあまりにも率直にすべて自分の手を見せることはできないとわれわれは考える。ソウルが解放される時までは、中国は自分の手の内を見せるべきでないとわれわれは考える。ましてや、中国の五条件は、国連決議への侮辱として、米国に利用されるかもしれない。米国にこの優位を与える必要はない。

このため、われわれは、現時点では、以下の内容に限定すべきだと思う。

(1) イギリス、スウェーデン、インドの代表者たちと同様、中国中央人民政府は朝鮮での戦闘行動の即時中止を歓迎するだろう。中国は、中国と朝鮮とが巻き込まれた戦闘行動を早く終了させるためにすべての力を注ぐ。

(2) このため、われわれは休戦条件に関する国連と米国との意見を知りたい。われわれの知るところでは、あなた方は休戦条件について、国連であれ、米国であれ、誰彼と交渉する権限を与えられていない。ましてイギリスの代表は、米国、フランス、ノルウェー、エクアドル、キューバの代表とともに、すでに、国連(総会)第一委員会において、中国を非難する決議案を提出し、朝鮮問題の調整にブレーキをかけているではないか。

(3) そのためわれわれは、朝鮮での戦闘行動を中止する条件に関する国連および米国の意見を首を長くして待っている。(4)》

危険な前進か、慎重な前進か

一九五一年一月八日、毛は金日成宛ての軍司令部の電報をスターリンに転送した。

〈毛沢東→スターリン〉

〈フィリポフへ

貴下に金日成宛ての彭徳懐、金雄、朴一禹同志の一月四日二四時付電報のコピーを送る。これに目を通してくれるよう願う。

《彭徳懐、金雄、朴一禹→金日成》

《同志金日成首相へ

同時にコピーを軍団および軍司令官韓先楚、呉瑞林、周彪、方虎山《パンホサン》、連合司令部の第一軍団司令官、および北東軍司令部に送ること。

（1）一一六歩兵師団、および一〇七歩兵師団の一部の部隊は、本日（一月四日）、ソウル市を占領した。ソウルを防御していた敵軍は、漢江南岸に下がった。春川市も同様に、一月三日、わが第六六軍の部隊によって占領された。

敵は洪川地域、およびこの地域の南方に下がった。敵軍が次に試みるのは、仁川（済物浦）、金浦、楊平地域にはじまり、漢江南岸に沿って、原州、西平昌を通り、江陵にいたる防御線の防衛だろうと予想される。

敵は自然の防御物に依拠し、つまり漢江と山岳地域に依り、敗残兵を集めることにより時間を稼ぎ、新たな戦闘行動の準備をする可能性がある。

わが軍がさらに強力な次の攻撃をした場合、敵が南方へ退却するという別の可能性もある。

(2) もし、敵が漢江南岸に沿って防衛線を維持し、金浦空港を掌握、仁川港を補給維持のために利用するならば、ソウルがわれわれの手中にあったとしても、敵の砲撃と空からの継続的な脅威のもとにあることは変わらないだろう。これは春期攻勢にきわめて大きな支障となる。もし、わが軍が、現在の成功に加えて、さらにもうひとふんばりして敵軍を粉砕し、敵を漢江南岸から退却させるならば、われわれは金浦空港を手に入れ、仁川港を手中におさめるのみならず、春期攻勢に向けてさらに有利な状況を作るだろう。

以上述べた目的を達成するため、以下の計画が作成された。

(a) 人民軍第一軍団はソウル守備のために、一個師団を残す。軍団の主力は、纛島、土坪里、仁倉里、墨洞地域に配置される。

三日間の休息と再編成の後、彼らは漢江を強行突破し、そして適切な時期に、金浦空港、仁川港を占領し死守する。

(b) 左翼縦隊は、従来どおり、韓先楚統一司令の下にある。

第五〇軍は弘済内里、館洞、九龍洞方面およびこれら地点のさらに北西地域に動く。第五〇軍はすみやかに強力な部隊を、漢江にかかる橋の掌握のために送る(反撃によって漢江南岸の橋頭堡の強化を狙う)。この部隊は、状況を分析解明し、漢江強行突破に向けて積極的準備を行った後、南岸の敵を襲撃し、主力勢力と共同で戦闘を続行する。

もし、敵が南方に後退するならば、すぐ後を追撃し、水原を占領し、次の命令を待つこと。

人民軍第五〇軍と第一軍団の境界線は、黒石里、龍山、弘済内里を通る線である。この線自体とこの線以西は、第五〇軍に属し、この線の東方は第一軍団に属する。

第三八、三九、四〇軍は、部隊の隊形を整えて、三日間（一月七日まで、一月七日を含む）休息し、清平川上下の北漢江強行突破の準備をする。何よりもまず、彼らは楊平地域の敵に打撃を与える。その後、南東から北西に向けて、利川、広州、水原、永登浦地域の敵の陣地に攻撃を展開する。

詳しい計画は、韓先楚同志によって作成される。

(c)呉瑞林および周彪の統一指揮下にある第四二軍、および第六六軍、同時に、方虎山の統一指揮下にある人民軍第二および第五軍団は、あらかじめ共同で策定された計画にもとづいて、洪川、横城地域にある敵軍を全滅させなければならない。

以上述べたすべての部隊は、その前線の面前にいる敵部隊の偵察と見張りのための要員を送らなければならない。新たな攻撃を準備する場合は、これら部隊の右翼縦隊が支援する。

彭徳懐、金雄、朴一禹　一月四日二四時〇〇分》

ボリシェビキ的敬意をこめて　毛沢東(5)》

スターリンは、前述の電報に決裁を行った。

《スターリン→毛沢東》

《彭徳懐および他の同志たちから金日成への一月四日付の指令を読んだ。私の考えでは、指令は正しいし、履行されつつある。

心からソウルの占領を祝す。これは反動勢力に対する人民民主主義勢力の大きな勝利である。(6)》

一九五一年一月一六日、毛沢東は金日成への電報をスターリンに送った。

〈毛沢東《毛沢東→金日成》→スターリン〉

《……これから二、三カ月間、中国東北部で訓練している約一〇万名の朝鮮人新兵を、休息と再編成の後に人民軍の各軍団に組み入れなければならない。これは、人民軍のすべての師団で中隊が完全に人員の補充を受けられるようにするためである。各中隊に一〇〇名以上、各師団に一万～一万五〇〇〇名が必要である。

朝鮮軍には、あまりにも多くの師団と旅団の形をした部隊とがある。すべての人員を（たとえば）一五の師団に組み入れ、彼らにソ連の武器を割り当てる必要がある。春期攻勢の時期（四～五月）に、これら朝鮮師団は中国志願軍と協同することで、南朝鮮問題を最終的に解決するうえで大きな支援を得ることになる。

次の二、三カ月、中国志願軍および朝鮮軍は重大な決意で大仕事を成し遂げなければならない。すなわち、特によく訓練された兵士を再び補充し、再補充された兵士が古参兵士の経験に学び、軍の装備を強化し、鉄道を復旧し、食糧、弾薬を備蓄し、輸送と後方任務の活動を向上させなければならない。この仕事の遂行が最後の勝利を可能にする。

敵指導部は、これからの軍事行動において二つの可能性を有している。

（1）中国および北朝鮮軍の圧力のもと、敵はわずかな抵抗をしただけであとは朝鮮から撤退する。もし、このようになるならば、これはわれわれの用意周到な準備によるものである。なぜなら、用意周到な準備が達成されたというデータを受け取った敵が、わが軍の力がさらに拡大していることを確信する結果、敵が朝鮮から撤退するだろうからだ。

(2) 敵が無駄な抵抗だと悟るまでは、釜山―大邱地域で執拗な抵抗を続けるだろう。その後に南朝鮮から撤退するだろう。

もしこうなる場合、われわれは戦闘を継続できるように周到な準備を行わなければならない。そうでない場合、われわれは一九五〇年六月から九月に朝鮮軍が犯した間違いを再び繰り返すことになる。

しかし、同時に客観的な要因によって、われわれは、二月に一つの作戦に着手し、その後、再び最終作戦に向けて必要な準備を完成させるために、小休止と再編成とを続行する可能性もある。このこともまたよく勘案しなければならない。しかし、もしこれが起こらないなら、二、三カ月で必要な準備を完了した後、最終的に決定された作戦を実行することが、前に述べたように必要であり現実的である。

中国および朝鮮の同志たちは忍耐して、必要な準備をしなければならない。

貴下の意見がどうなのか、知らせてほしい。

毛沢東[7]》

一九五一年一月一九日、彭徳懐は毛沢東に答えた。

《彭徳懐→毛沢東》

写しを同志高崗に

《同志毛沢東へ

私は一九五一年一月一六日夜に、同志金日成のところに到着し、同年一月一八日夜、そこから戻った。われわれの会談結果についてお知らせする。

(1) 同志金日成と彼の同志たちは、退却する米軍と傀儡軍を朝鮮人民軍だけで南方に追撃することは不可能だと考えている。これはまた、冒険的な性質のものである。

政治局会議は、あわてることなく用心深く前進するため、二カ月の小休止と再編成を実施するという私の側からの提案に賛成したと、彼らは述べた。同志朴憲永は自分自身の意見を持っていた。だが、一月一七日、準備なしに危険な前進を行うことと、事前の準備をしたうえで慎重に前進することを比較し、私が再度、肯定的および否定的側面について説明した後には、彼も満足した。同様にソ連の顧問も、次の作戦が将来を決定するだろうとし、朝鮮労働党政治局側からの承認を条件として、作戦はよりうまくいくだろうということに同意した。

（2）沿岸防御の問題。

同志金日成首相と同志ラズヴァーエフ〔ソ連大使〕は、次の意見を提出した。

第二六旅団は鎮南浦、第二三旅団は海州、第二四旅団は元山、第六三旅団は富川、第六九旅団は江陵に駐屯する。これら旅団は、大隊ごとに、西および東海岸に沿って防衛任務につく。そこで、警備隊の責を担う。各旅団は、戦闘能力はさほど高くないが、平均三〇〇〇名の人員を有する。

これ以外では、新たに組織された三個の軍団（六、七、および八）は、次の地域を管轄する。第六軍団は安州、第七は谷山、第八は漢江、ソウルおよび仁川に残っている部隊については決定されていない。彼ら朝鮮側はまた、中国人民志願軍から一つの軍を主力として残すよう要請している。われわれは一つの軍を残す同意を与え、それは鉄原に駐屯するだろう。

ソ連から一〇〇〇の機雷と二〇万の対戦車地雷などを受け取った。沿岸防御のために一〇万の機雷を利用し、重要港に機雷を設置することが決定された。水原—三陟より南の沿岸防御の問題は、前線部隊に合わせる。彼らは、新義州地域にある龍岩浦港の防衛を中国東北軍管区の軍（このために、有力な一連隊）にゆだねた。私は基本的に以上述べた沿岸防御計画に同意する。

貴下の検討を要請する。

(3) 五個軍団の補充問題。

各軍団は三個師団から構成される必要があると決定された。現在、一個軍団を除いて、五個軍団すべてが四~五個の師団を有している。しかし、これら師団の成員は十分でなく、師団は三、四、五〇〇〇名である。各軍団の四番目の師団を割り当て、各軍団を三個師団からなるよう補充を行うことを提案する。こうすれば、各師団の成員は、おそらく平均七〇〇〇名に達するだろう。

南朝鮮人捕虜から二万名を、五個軍団に分散配置するという私からの提案については、朝鮮側は同意しなかった。

既存の三個軍団の再編成という犠牲をはらって現有軍団を増員するという問題に関して、彼は同意しなかった。これは私が提案したのだが、将来この案を擁護しつづけていけるかどうか不安である。彼らは次の作戦に、自軍三個軍団を参加させる計画である。

(4) 新たに解放された地域内での活動に必要な幹部要員が十分に準備されていない。

ソウルは以前一五〇万の人口だったが、今はおそらく約一〇〇万程度である。さらに、食糧と燃料で大きな問題が生じている。避難民と失業者にはいかなる援助も与えられていない。朝鮮人民軍と中国志願軍の食糧はぎりぎりである。開城以西、および沙里院以南には大量の匪賊一味がおり、特定の地域を占領さえしている。われわれはこれら一味の掃討のために、人民軍から一個連隊と五個大隊を派遣することに同意した。これ以外では、臨津江以西地域の支援のために、第三九軍から一個師団を送ることが決定された。このようにして、これら匪賊一味を掃討すれば、われわれは数十トンの食糧を確保できる。

次の項目に関して協議がなされた。掌握地域の強化、敵軍の崩壊、北朝鮮内での春期播種の準備、いくつかの工場での生産の部分的再開、避難民への援助供与、米軍および傀儡軍によって一時占領された地域への政治的攻勢の展開、軍部隊の創設、その人的構成に党員・官公庁の働き手の組み入れ、敵の後方への侵入およびそこでの軍部隊援護下の組織活動の実施、合法的・非合法的闘争の組み合わせ、最反動勢力への攻撃の実施、進歩的勢力への援助供与、中間勢力の自陣営への引き込み、その他これら方策に関するすべての実施手段が彼らとの原則的な一致に至った。しかし、どのようにこれら方策の実施を明確に組織化していくか、どのように幹部要員を正しく配置するかについては、将来より明確にされるだろう。

彭徳懐　五一年一月一九日一二時〇〇分》(8)

第10章　有頂天は弱まり、そして消える

●要約

中国志願軍の支援も、しかし一九五一年一月までには膠着状態に入り、対立は手詰まりとなった。

●年譜（1951年1月～5月）

51年1月25日　国連軍、再反撃開始
2月1日　国連総会、中国を侵略者とする非難決議
2月2日　ダレス米特使（対日講和交渉特別代表）、集団安全保障・米軍駐留の対日講和方針を表明
3月14日　国連軍、ソウル再奪回
3月24日　マッカーサー、中国本土攻撃も辞さずと声明
4月2日　NATO軍発足。アイゼンハワー最高司令官
51年4月3日　国連軍、三八度線を突破し北進。中朝軍も反撃し、三八度線付近の攻防へ
4月11日　マッカーサー解任、後任にリッジウェイ中将
5月18日　国連総会、対中朝戦略物資禁輸決議案採択
5月23日　中国中央人民政府とチベット地方政府、チベットの平和解放協定

北朝鮮軍の再編成を「提案」

資料が示しているように、一九五一年一月末までに、朝鮮での出来事に対する共産主義陣営の有頂天さは弱まり始め、そしてやがてまったくなくなった。代わりに、不安と恐怖が頭をもたげ、パニックさえ発生した。この期間の資料を読めば、それ以外にも、同盟国間で、互いに苛立っているのが感じられよう。

明らかに、スターリンは全力を挙げてソ連を朝鮮戦争の外に置くように努力した。彼は時折、ソ連人顧問、パイロット、その他軍事要員の朝鮮への派遣に同意した。だがそれは、毛沢東と金日成からの長い説得があった結果として行ったものにすぎない。クレムリンは、武器の補給という同盟者からの毎度の要求を満足させなかった。それには、客観的な理由があったというのが真実であろう。というのは、第二次世界大戦で傷つけられ、さらに、西側とのグローバルな「冷戦」に引っ張り込まれたソ連が犠牲にできる以上のものを、中国人と朝鮮人が望んだからである。

五一年一月二八日、敵の攻勢と関連して軍事行動計画を変更することを、毛沢東はスターリンに報告した。

〈毛沢東→スターリン〉

〈現在、米軍は漢江南側の仁川地区およびソウル隣接地域への攻撃を試みている。わが軍は休息を続け再編成を行う可能性を奪われており、すぐに四号作戦の準備に取りかかる必要があるほど、状況は複雑になった。貴下に五一年一月二八日付彭徳懐同志宛ての私の電報を送る。お目通しのうえ国際情勢の観点からこれが適切かどうか、貴下の意見を知らせてほしい。

《毛沢東→彭徳懐》

《同志彭徳懐！

(1) 五一年一月二七日二四時付の電報、および全軍に伝達された軍事行動の準備についての貴下の命令を受け取った。

(2) わが軍はすぐに二万～三万の米軍および傀儡軍の殲滅と、大田―安東ラインより北の地域を奪取するという四号作戦の準備を行わなければならない。

(3) この作戦の準備過程では、仁川、漢江南岸への橋頭堡、およびソウル市を確保し、さらに、水原―利川地域に敵の主要勢力を誘い込む必要がある。作戦開始後、北朝鮮および中国軍の主要勢力は、原州地域の敵防御線を突破し、栄州、および安東方面での攻撃を展開しなければならない。

(4) 北方一五～三〇キロへの中国・北朝鮮軍の後退、および軍事行動の一時的中止についての提案を支持する情報を発表することは、われわれにとって不利である。なぜなら、わが軍が一定の距離北に退却し、漢江封鎖を敵に可能にさせる時にのみ、まさに敵は軍事行動の中止を望むからだ。

(5) 四号作戦の終了後、敵はわれわれと朝鮮問題の解決のために和平交渉に乗り出す可能性がある。その場合、交渉を行うことは中国および朝鮮にとって有利である。しかし、敵はソウル―仁川ラインから南側に至る漢江南岸において橋頭堡を取り戻し、漢江を封鎖しようとしている。それはソウルを敵側からの砲撃の脅威のもとにおき、何よりもわれわれに軍事行動を停止させ、和平交渉開始を強いるために、である。

（6）わが軍は、人員補充に成功しなかった。同様に、配置換えも不十分である。今のところ、この点で大変困難な状況にある。しかし、われわれは主力を集結しており、原州―栄州ラインにおいて米軍の一部および南朝鮮軍四～五個師団を一撃で粉砕する能力がある。最高司令員会議での説明を貴下に依頼する。この会議は四号作戦の準備に向けられなければならない。

（7）中国・北朝鮮軍は、大田―安東防御線より北の地域を占領後、再び二、三カ月の準備期間が必要である。その後、すでに決定された内容で最終的に五号作戦を実施しなければならない。これはすべての点で有利だろう。

（8）第九兵団は近いうちに平壌、ソウル、仁川、水原に休息と再編成のために配置転換しなければならない。これと同時に、第九兵団は敵軍に仁川、鎮南浦への上陸を可能にさせないよう当該地域の防衛を実施しなければならない。当該軍部隊は、五号作戦実施時には、前線の西部区域での戦闘行動に参加しなければならない。

（9）四号作戦実施時には、中国および北朝鮮軍の主要勢力を二つの梯団に分けるのが望ましいかどうか検討することを、貴下に依頼する。各梯団は、五日分の乾燥食料を携帯しなければならない。第一梯団は突破口を開き、はっきりとした境界線まで敵を追跡し、第二梯団も追跡を続行することにより、作戦を一〇～一二日間続け、できるだけ多くの敵軍を粉砕する。

貴下の意見を伝えてくれるよう願う。

毛沢東[1]》

毛沢東の以上の電報に、スターリンは次のような返事を与えた。

《スターリン→毛沢東》

《同志毛沢東！

彭徳懐への一月二八日の貴下の電報を受け取った。貴下に同意する。国際的視点から見れば、仁川およびソウルが敵によって占領されることなく、中朝軍が敵の攻撃軍に反撃を加えることができるようにするのが絶対的に理にかなっている。

フィリポフ[2]》

一月三〇日、スターリンは金日成と毛沢東とに電報を送り、双方のリーダーが多くの問題に関して各自の意見を述べ合うことを勧めた。

《スターリン→金日成（ラズヴァーエフ）／毛沢東》

《（1）現在の朝鮮軍の師団が、去年の夏以前の師団と比較しても戦闘能力がないということには議論の余地はないだろう。朝鮮軍が一〇個師団だった時は、多少なりとも満足のゆく訓練を受けた将校がうまく補充されていたことが理由である。ところが現在、朝鮮人には二八個師団もあり、そのうち、前線に一九個師団、満州に九個師団がある。このような大規模な朝鮮人師団では、将校を確保する状況にはない。われわれの基準では、たとえば、八〇〇〇名を有する師団は、下士官を除いて、少なくとも八〇〇人の将校が必要である。私は、師団を団結させる能力のある本物の将校について言おうとしているのであって、緊急に任官された肩書だけの将校について言っているのではない。こういったレベルの将校の数は、朝鮮人には明らかに不足している。このため、現在の朝鮮軍の師団は手薄で、不安定で戦闘能力が低い。朝鮮人たちは師団の数にのみ気をとられ、その質については忘れていた。だがここでは、質が決定的な役割を果たす。

（2）以上のような状況で、朝鮮軍を二三個師団以内に再編成することが望ましい。削減される五個師団の将校を他の弱い師団の強化に活用できるからだ。兵士たちは増援軍として活用できる。このような措置を取ることにより、師団を強化し、費用を節減し、武器を有利に利用できる。戦闘能力がほとんどない四つの朝鮮軍歩兵旅団に対しても、同じことが言える。すなわち、この旅団の将校と兵士たちは師団強化に使用できる。

（3）現段階で、軍団の司令を組織することは、ふさわしくない。なぜなら、軍団指揮能力のある将校たちは皆無か、もしくはほとんどいないが、軍の機関はすでに存在しているからである。各軍四個師団からなる五つの軍（補助）司令部を組織するのがよい。そうすれば、軍（補助）司令部が指揮下の師団を直接指揮することができるだろう。

このようにすることによって、朝鮮軍は、五つの軍（合計二〇個師団）に編成されうるだろう。三個師団を、作戦進展のうえで最も必要な援助供与のために総司令部の予備軍としておくことも可能であろう。時間の経過とともに指揮官が成長するにつれて、十分な人数となり、彼らは師団を統一的に動かすことを習得する。そうすれば、軍団の機構に移行することができる。

もちろん、この改革は現在ではなく、作戦実行後の休息時に行わなければならない(3)》

次の日、スターリンはソ連大使館〔平壌〕から次のような報告を受けた。

《ラズヴァーエフ→スターリン》

《……金策の死で金日成がたいへん落胆している。したがって彼の意見と回答は後日送るようにするので、私の見解をまず報告する。
（1）貴下の指示は完全に正しく、朝鮮人民軍の幹部要員たちの訓練水準、また同時に戦闘能力および武装水準の改善に応えている。
（2）師団数を削減するための措置がすでになされている。五一年一月三〇日、第二軍（北朝鮮では第二軍団と称した——訳者）に五個ではなく三個師団を置く決定を採択した。第二軍には第二、一〇、九歩兵師団を置き、第二七、三一歩兵師団には、五一年二月四日に再編成の命令が下される。
（3）一個歩兵師団の増強、および軍を四個師団編成にまでもっていく問題は審議されなかった。しかし、金日成は私に一度ならず、軍は三個師団編成でなければならないと述べたことは注目すべきである。彼はしばしば、三個師団からなる編成を指して「すべて—三」と表現していた。
ちなみに、中国軍はすべて三個師団編成である。軍（補助）司令部の数を削減することについては、現在は難しい。その数は、作戦の任務によって決まってくるからだ。特に、

——軍（補助）司令部の一つを、粛川、平壌地区の防衛にあてる。

——軍（補助）司令部の一つを、平壌—ソウル間の半島防衛、とくに沙里院、海州、南川（現在まで匪賊地域）地域にあてる。

——軍（補助）司令部の一つをソウル防衛にあてる。

——軍（補助）司令部の一つを東海岸の元山、興南の防衛にあてる。

——軍（補助）司令部三つを中国軍司令部指揮下に置く。

——予備軍の軍（補助）司令部を一つ（朝鮮人民軍総参謀部の指揮下にはない三個歩兵師団を有する。これらを指揮することは彼らには重荷である）。

南への軍事行動の際には沿岸防衛に関する新しい問題が発生する。これらの任務は朝鮮人民軍にのしかかっている。それは、中国司令部が沿岸を守っているものの、その防衛任務につくことを望んでいないからである。

(4) 朝鮮軍は数量に気をとられ、質を犠牲にしているという同志の批判はまったく正しい。しかし、現在のところ助けるのは難しい。

(5) われわれには歩兵旅団が四つではなく五つある。それらは海軍旅団（二二三、二二六、六三三、六九、二二四）と名づけられている。前述の旅団は現実離れしており、「大艦隊」（考案者カパナージェ）と呼ばれたものの残りカスである。ここにまったく計算が欠如していることの格好の例を挙げることができる。艦隊の構成は、高速掃海艇一、哨戒艇四、掃海艇六、輸送船一〇、対潜哨戒艇三、沿岸警備艇一である。現在、わずか三隻の艦艇が残っているだけだが、その三隻はすべてソ連にある。全艦艇を最大限に操作するためには、約一〇〇〇名の兵力が必要である（数は切り上げ）。

われわれが準備しているのは、海軍本部が一〇〇〇名、海軍学校一〇〇〇名、砲術教育隊一〇〇〇名である。これとは別に、朝鮮人民軍海軍司令部は、予備と政治部を含め約一〇〇〇名の兵力を保有している。

一カ月半では、「大艦隊」および「カパナージェ」を整理することはできない。海軍旅団を解散して、その兵力を前線に送ることが適切である。なぜならば、あまりにも将校が予備部隊に残っているからである。

「海軍」という呼称は、海と、基地防衛のために使われている。このことがあって、私はこの問題を少し先延ばししてきた。

だが、旅団の解散、海軍基地を要塞地帯へ組み入れること、五個以下への旅団編成の制限、戦闘後の再組織の実施を行い、当面は沿岸防衛に旅団を使用し、貴下の命令によって後ほど増加する戦車や大砲を供給することが、きわめて適切である。

われわれを模倣した海軍だけが「巨大病」に汚染されているだけでなく、他の軍でも同じである。

BTおよびMVは、戦車師団、機械化師団、教育連隊（一〇〇〇名規模）を所有しているが、実際には、地形の条件にもとづいて、一～二個の機械化師団、最大限三個の機械化師団を使用することまで可能である。機械化師団には二四両を超えない数の戦車を配備しなければならない。

軍事行動の状況に応じて、独自の軽機械化師団をもたなければならない。

(6) 私はソ連軍顧問たちの信頼を喪失させないようにしながら、その数の削減に取り組むつもりである。「巨大病」に対抗して闘っていく。ここ朝鮮には、慎重な考慮と計画もなしにすべてのことをつくりあげるという悪習がある。

(7) 軍団制を導入することは時期尚早である。戦争が終わった後でなければ不可能だろう。

(8) 将来、四管区（軍）にはすべてを投入することが可能である。二管区（軍）は西海岸防衛にむける。南および南東に一個、東部方面に一個、地方には軍を置けないが、計算上では作成した（大雑把に七〇〇万～九〇〇〇万人住民の三～四地方ごと）。

(9) 沿岸防御を実現すること。

(a) 組織的に施設を強化された地域。

(b) 海軍の軍事基地は要塞地域に組み込まれなければならない。海軍旅団は解散される。

(c) 戦後になってのみ、軍団組織および軍組織（軍管区）へ移行する。

作戦休止があまりにも短期間であるために、再編成の実現が成功していない。現時点の休止期間には、二個歩兵師団のみの削減が可能である。

(10) 漸進的な削減と質的改善に対する同志の指示は実行されるが、全体の状況と作戦休止を利用して漸進的になされるだろう。

(11) 五一年二月七日から戦闘行動が開始されたのに、満州からの第七、八、九軍が到着しなかった。このため、二個歩兵師団の削減を除いて、何かを実行するのは適当でないと思う。

(12) すべての問題に関して朝鮮の同志たちと話し合うことは難しかったので、五一年二月五〜七日までに彼らの意見に対して貴下の回答をお願いしたい。彼らを怒らすことなく、貴下の命令は実行されるだろう。

(13) 前述の指示に加え、私は、六カ月間の訓練過程を終えていない士官の任官を禁じた。軍事教育を受けていない士官は、段階的に予備部隊に転出されるだろう(これは小隊または中隊指揮官に適用される)。

(14) 軍(補助)司令部、(将来的には)軍団すべてが、三個師団編成になることが望ましい。それは四個師団の管理体制に対して、彼らはまだ準備ができていないからである。

ラズヴァーエフ(4)》

しかし、スターリンは前記のようなソ連大使の応答に満足しなかった。一九五一年二月三日、スターリンは平壌駐在大使に定例の電報を発送した。

《スターリン→ラズヴァーエフ》

《貴下は朝鮮軍の師団問題に関して私が送った一月三〇日付電報を理解していない。その電報とは指示ではない。朝鮮の同志たちとともに討論するための私の提案である。私はそこで朝鮮の同志たちと貴下自身の意見を知らせてくれるよう求めた。

私の命令が貴下によって実行されているかどうかについて、貴下は私に回答すること。貴下は私の電報を理解していなかった。私の電報を金日成とその同僚たちに見せて、それに対する朝鮮の同志たちの意見を私に報告することを再び求める。

フィン・シ[5]》

一九五一年二月四日、ソ連大使は、北朝鮮軍再編成に関するスターリンの提案への北朝鮮指導部の反応を、スターリンに報告した。予想したとおり、それは肯定的であった。

《ラズヴァーエフ→スターリン》

《報告する。

金日成と朝鮮の同志たちは、朝鮮人民軍の兵力の編成に関する貴下の電報を審議し、以下の結論に達した。

(1) 軍隊の戦闘能力を高め、質を改善するために、軍(補助)司令部、および師団の数を削減する必要がある。

(2) 軍(補助)司令部および師団の削減は、満州から三個軍(補助)司令部が到着した後に断行される。削減は、二個軍(補助)司令部、四個歩兵師団(第二軍——つまり第二七および三一歩兵師団、第五軍——つまり第四三歩兵師団、第八軍の到着時に一個師団)(北朝鮮ではここでいう軍を軍団と称した

——訳者〕。

(3)海軍旅団は海軍基地および沿岸防衛のため暫定的には維持されるべきであろう。海軍旅団を強化するために、海軍司令部、海軍学校、艦隊司令部機構の大幅削減がなされるべきである。

(4)追加的な削減は、五一年二月七~一三日に展開される作戦以降になされるべきだろう。

(5)兵団および師団の一般的な数は、同志が勧めている数字の枠内にあるべきだ。

ラズヴァーエフ(6)》

長期戦に向けて戦術を転換

一九五一年二月五日、彭徳懐は一月二八日付の毛沢東の電報に答えた時、戦術を変化させることを提案した〔毛沢東はこれをスターリンに転送〕(前記参照:一九五〇年一月二九日付第一六〇五二号暗号電報、毛沢東からスターリンへ)。

〈毛沢東《彭徳懐→毛沢東》→スターリン〉

《同志金日成は、利用可能なすべての手段を使って、敵軍の現在の攻勢を中断させ、軍事情勢をわれわれに有利に変化させ、長期間の軍事作戦の実施に向けて集中的準備を行う計画に完全に同意している。同時に、同志金日成は、過去三つの作戦で簡単に挙げた勝利で一時的に高まった軍の士気は、今はすでに消滅してしまったと述べた。

来るべき作戦の終了後、五個師団の再編成によって人民軍全軍団が補充されるだろう。来るべき作戦の実施後、同志金日成は、私とともに北京を訪問するつもりである。

彭徳懐　一九五一年二月五日一三時〇〇分》

一九五一年二月一〇日、ソ連海軍艦隊司令官はスターリンに報告した。
《ユマシェフ→スターリン》
《第五艦隊の二月九日付の諜報報告によると、二月七日からの米国極東海軍の通信において、以下の間での暗号無線交信が目立つようになった。米国極東海軍司令官、第九〇（上陸）機動部隊司令官およびその指揮下にある第一、第二、第六、第七作戦部隊司令官、第七七（空母）部隊、第九五艦砲支援部隊、第一〇軍団、第一海兵師団の間である。
あらたに第九〇（上陸）機動部隊の第六および第七作戦部隊が編成された。朝鮮西海岸近隣海域で活動する米軍船舶と第九〇機動部隊の第二部隊（上陸部隊と装備の運搬用輸送部隊を含む）の司令官間で活発に無線交信がなされている。この部隊所属の船舶が横須賀港を離れ、五一年二月九日午前六時には豊後水道で観測された。
二月九日、東海岸地域から西海岸地域へ米国艦船、すなわち主力艦ミズーリ、軽巡洋艦マンチェスター、および大型駆逐艦二隻が移動した。
以上のすべての事実から推定して、米国が朝鮮の西海岸地域で上陸作戦を準備中であると考えられる。(8)》
情勢は共産陣営側にとってより複雑な展開になっていった。毛沢東がスターリンに送った一九五一年三月一日付の至急電はこのような事実をよく立証している。

《毛沢東→スターリン》

《同志フィリポフ

……同志彭徳懐の北京滞在時、彼と話し合った際にまとめられたわれわれの意見をお知らせする。

(1) 朝鮮戦域で展開された最近の軍事活動の展開をみるとき、兵力の大部分が敗退するまで、敵軍は朝鮮からは撤退しないだろう。そして、敵軍兵力の大部分を撃破するには、一定の時間が必要である。このため、朝鮮での軍事活動は長期戦になる可能性がある。最小限でも二年間にわたる戦闘計画を立てておくべきである。現在敵軍はわれわれを消耗戦に巻き込もうとしている。先月中に、敵は占領下の陣地において部隊編成および再編成を終え、偵察戦の性格を帯びる次の攻撃戦のための好機とした。一方で、敵の目的はわが軍に前線での休息、および増強の機会を与えないようにするものであり、他方で、技術面での優位を利用して消耗戦を展開しようとするものである。これと同時に、敵艦は朝鮮沿岸地域を積極的に攻撃し、敵空軍はたえまなくわれわれの通信施設を爆撃した。前線に送られた軍事補給品のたった六〇～七〇%しか受領されなかったが、それは残り三〇～四〇%が敵空軍の空爆で破壊されたからだ。

われわれの新しい部隊はまだ前線に到着せず、わが既存部隊は増援を受けることができなかった。これから一カ月半の間、敵軍が三八度線地域で再び攻勢を展開する可能性がある。

(2) 敵の計画を挫折させ、長期間にわたる戦闘行動を実施し、敵を徹底的に粉砕するためには、中国志願軍は自己兵力を交替で使用する戦術を実施するつもりである。われわれはすでに志願軍の三個グループを編成して、交互に軍事行動を行うことを決定した。現在朝鮮で戦闘中である九個軍(三〇個師団)が志願軍第一グループである。そして、中国国内から現在移動している六個軍および将来補充を受ける予定の現在朝鮮にある三個軍（そのうち二個軍は元山および漢江地域で再編成と休息中である）、この全部で九個軍（二七個師団）が志願軍の第二グループとなるであろう。

第二グループは、現段階において漢江地域で戦闘中である六個軍との交替のために、四月上旬頃には残らず三八度線へ向かう。

これ以外に、中国から移動する六個軍と志願軍第一グループの四個軍からなる第三グループ軍（全一〇軍の三〇個師団）を使用する予定である。これは六月頃に前線で使用されるだろう。

第三グループの一〇個軍のうち四個軍がすでに五カ月間戦闘行動に参加しており、彼らには休息と再編成とが必要である。そのため、志願軍の第二グループの前線到着後に、これら四個軍は休息と再編成のために平壌・元山に退く。そこで同時に沿岸地域の防衛任務にもつく。第一グループの残り二個軍は、休息と再編成のために中国に退く。

以前の四つの作戦および戦闘以外で（戦死、負傷、その他の理由で隊列から離れた）中国志願軍が被った損失は、一〇万名以上に至っている。これを補充するために、約一二万名の古参兵および新兵が必要である。今年および来年中には、さらに三〇万名の兵力を喪失することになるだろう。このため、連続的に兵力を投入する戦術を支えていくためには、三〇万名の増援軍が必要になるだろう。

朝鮮人民軍に関しては、同志彭徳懐は貴下の提案にもとづいて、金日成同志に現在の八個軍団から六個軍団に削減するよう助言した。各軍団は各師団一万名の兵力を備える完全な三個師団を有するのが望ましい。これ以外に、五個警備旅団で海岸と重要都市を防御するよう金日成に助言した。

金日成は原則的には、これに同意した。したがって、朝鮮人民軍六個軍団もまた交代で兵力を投入するという戦術を行うことができる。また戦闘行動の実施においても中国志願軍に協力することができる。

（3）一～二月の戦闘経験から言えることは以下のことである。わが軍の三個軍が漢江の北部地域で比較的大きな損害を受けて小休止と再編成が必要だった時、前線には人員が減少し補給も受けていなかった六個軍しか残っていなかった。われわれは予備兵力がなかったため、作戦を成功させることができなかった。敵軍が増援部隊を送った時、われわれは彼らに対抗して戦うことができなかった。また、南方への進撃が継続するに従って、連絡補給路が延び補給が難しくなっていった。さらに、後方を防御するために兵力を残留させなければならなくなった。このため、敵がすばやく南方に退却すれば、敵軍の大量撃破や空軍機の援護なしで、少しずつ敵を撃破していくというのは難しいだろう。

このような状況なので、志願軍第二グループ軍の九個軍が四月上旬に前線に到着するまでは、地上戦では敵軍が優位となるだろう。したがって、われわれは攻撃作戦を慎むべきである。志願軍第一グループ六個軍および朝鮮人民軍四個軍団を南漢江から北部地域の防衛にあて、敵軍の進撃を中断させることに専念すべきだろう。

しかし、これからの一カ月半の期間、敵が機会をつかんで攻勢に転じ、われわれに活発な戦闘行動をいどむ可能性も考慮に入れなければならない。この場合、わが軍は敵に三八度線に進む可能性を与えつつ、定められた境界を越えた時点で、志願軍第二グループ九個師団が新しい大規模作戦を行う。

わが志願軍第二グループ軍が定められた地域へ出動した後、数万名の人員をもって、二カ月半（四月一五日から六月末まで）で三八度線地域の米軍および傀儡軍の正規軍を打破する。その後、漢江南方に向かう。この方がわれわれにとって有利である。この問題に関して、同志彭徳懐はすでに同志金日成と会見した。もし敵が再びソウルを占領し、再び三八度線を渡るならば、政治的関係にも必然的に一定の影響が及び、動揺が生じる。われわれはこれについて早いうちから準備しなければならない。

（4）朝鮮での戦闘過程の中での現在の劣勢は、次のような問題によって発生している。敵軍が火力で優位を確保しており、わが軍の輸送能力が弱い。空からの援護がないため、敵の空爆によって前線に運ばれた補給品の三〇～四〇％を喪失しており、さらに、敵は定期的に補給を受けている（たとえば、六月末までに六万から七万名規模の米軍が朝鮮に到着しているはずである）。

われわれは四～五月中に一〇個航空連隊が、戦闘に参加できるよう望んでいる。しかし、現在までのところ朝鮮の領域内に使用できる飛行場は一つもない。なぜならば、地上にはまだ雪が積もっており、飛行場の全面的修理作業をはじめることができないからだ。のみならず、最も深刻な問題の一つは、空からの援護が期待できないため、将来にわたって修理作業を行えないことである。

同志彭徳懐は、ソ連空軍が平壌―元山ラインおよびこの地域から北側の飛行場への防空任務を担うことがきわめて望ましいと考えている。また同様にソ連空軍が現在の場所から朝鮮内の飛行場に基地を移すことが望ましいとも述べた。

同志彭徳懐の見解によれば、以上述べた方策が実施できないならば、朝鮮地域にある飛行場を復旧できず、中国空軍は朝鮮での戦闘に参加できなくなり、戦車と大砲の移動はかなり難しくなるだろう。しかし、この問題については全体的な国際情勢を考慮して決める必要がある。このため、われわれにはこのような形での行動をとれるかどうか判断できない。

自動車に関しては、今年の後半に商業ルートでさらに六〇〇〇台をわれわれに供給してほしい。

以上述べた内容が実現可能かどうか、知りたい。

こうして、条件が満たされれば、米国は戦争を続け、将来的には大規模な増援を受け、長期の消耗戦に持ち込むだろう。アメリカ人に朝鮮から軍を撤退させるためには、わが軍は長期的な軍事行動を準備し、数年で数十万名の米軍を打破しなければならない。その時にのみ、朝鮮問題は解決できるであろう。以上述べてきた判断を検討し、指示を与えてくれることを願う。

ボリシェビキ的挨拶をこめて　毛沢東[9]》

ソ連空軍による後方支援

一九五一年三月一五日、スターリンは中国指導部に次のような内容の文書を送った。

《スターリン→毛沢東》

《周知のように朝鮮で、中国および朝鮮の解放勢力の大規模な軍事作戦が目前にせまっている。あなた方には前方でも後方でも大規模な空軍力が必要であろうことは明らかである。先の電報において、われわれは、ベローフ将軍指揮下の空軍部隊を朝鮮（すなわち）中国軍後方地域に移動させるとするあなた方の提案を受け入れ、その際、この地域の防御のために二個の中国の戦闘機師団が安東地域に配備されるべきであるとした。しかし、来るべき大規模作戦を考慮すれば、あなた方はできる限り多くの戦闘機隊を前線に必要とするだろうと現在、われわれは判断している。このため、われわれはソ連から追加して安東に一個の大型戦闘機師団を移動させることにした。これで、あらかじめ安東の防衛用として決めていた二個の中国の戦闘機師団を、前線での作戦に使用するため、前線に配備することが可能である。貴下が反対しないことを望む[10]。》

三月一八日、毛沢東は次のように答えた。

《毛沢東→スターリン》

《ベローフ将軍指揮下のソ連の二個戦闘機師団の朝鮮への移転配備、そして中国軍・朝鮮軍の後方地域援護用に大型の一個戦闘機師団を安東へ追加派遣することにしたとの決定に対して、謝意を表す。

五一年三月三日付の貴下の電報で、貴下はコンクリートで整備された飛行場を四カ所建設するようにわれわれに提案した。われわれは現在、同志ザハロフと朝鮮の同志とともに、この問題を検討し、これに向けて必要な方策を取っている。朝鮮の同志たちには、金属製の滑走路が一本ある。さらに二本の金属製滑走路の供給に関して貴下に感謝する。

現在、われわれは朝鮮の飛行場および重要鉄道橋梁防衛に高射砲部隊がどれくらい必要かの見積もりを行っている。最終的な見積もりは同志周恩来によって補足として伝えられるだろう。

貴下が本年後半に提供を約束した、追加の六〇〇〇台の自動車のリストに関しても同志周恩来によって作成され、同志ザハロフを通じて補足的に伝えられるだろう。[11]》

三月二三日、周恩来はこの問題に関して続けた。

《周恩来→スターリン》

《朝鮮の飛行場と重要鉄道橋梁防衛用の高射砲部隊についての問題を調査したので、貴下に私の見解をお伝えする。現在中国には、高射砲連隊規模の小型の四個野戦高射砲師団と二個混成機動高射砲連隊しかない。つまり全部で六個連隊である。

一九五一年三月一五日付の要求に応じて高射砲がわれわれに届いた後でも、わが軍の高射砲数は五個混成高射砲連隊を強化するのみである。これではわれわれの対抗火力は、すべての重要な鉄道橋梁、そして朝鮮内にソ連および中国空軍用に建設される六個の飛行場を防御するのには十分とはいえない。

中国領土内の安東から定州をへて安州までの鉄道橋梁およびソ連空軍用に予定されている四つの飛行場については、ソ連の高射砲部隊が防御してくれるよう提案する。

朝鮮領土内の残りの全鉄道橋梁および飛行場の防御は、中国高射砲部隊が防御を担うだろう。

われわれの提案を検討し、貴下の見解を伝えてくれるようお願いする。

ボリシェビキ的挨拶をこめて[12]》

一九五一年四月一二日、ソ連軍参謀本部は、スターリンに次のように提案した。

《ワシレフスキー、シュテメンコ→スターリン》

《ベローフ軍団戦闘機基地設営の確保に関する、われわれの考えを報告する。

ベローフ軍団二個戦闘機師団の基地を朝鮮領内に構築し、また、中国領内に一個航空師団の基地を構築する決定が採択された。これと関連して、これら師団による戦闘任務の遂行を確保するため、最低限、以下の方策を実行することが必要である。

（1）われわれの高射砲を使って、わが戦闘機師団基地を設営中の飛行場を空襲から防御する。そのため、二個高射砲師団を派遣する。そのうち、三個連隊編成の一個高射砲師団（八五ミリ砲八六門、三七ミリ砲七二門）を平壌地域の飛行場防御に、二個連隊編成の一個高射砲師団（八五ミリ砲六四門、三七ミリ砲四八門）を安東の飛行場防御と安東地域の鴨緑江にかかる鉄道橋梁防御のために使用する。またこれ以外に、二個連隊編成の一個高射砲師団を、安東・平壌区域の最重要鉄道橋梁の防御に使用する。

（2）われわれの戦闘機が敵空軍と夜間でも戦闘できるようにする。同時に、われわれの戦闘機基地設営を夜間でも空爆から防御する。この目的のために、中国にラボーチキン-2型機からなる一個戦闘機連隊を派遣し、鞍山地区に配備する。飛行連隊は旅順港地域にある一五三戦闘機師団から借用する。朝鮮のソ連戦闘機基地設営地域に探照灯の照射地域をつくるため、朝鮮領内に一個探照灯連隊をモスクワ防衛管区から派遣する。

(3)空中戦におけるジェット戦闘機操縦士の緊張と疲労度の高さを考慮して、操縦士の戦闘能力を維持するために、戦闘についた操縦士の休息を確保する必要がある。

このため、各戦闘機師団に予備操縦士一〇名を配置するが、彼らは戦闘地域外に置いておかなければならない。必要に応じて、操縦士の交代のために、後方に退いて休息している彼らを派遣する。

(4)ベローフ軍団の物資供給の保証と後方での業務の指導のために、ベローフ軍団に以下のものを送る。

――飛行技術師団管理部と補給部隊。

――高射砲師団への弾薬および軍事物資の輸送のための独立輸送大隊。

――二〇の航空燃料給油設備、および二〇の航空機用弾薬基数。その半分は飛行師団基地設営地域に、もう半分は奉天地区の基地で確保しておく。

――一カ月分の高射砲用弾薬、すなわち八五ミリ高射砲用九弾薬基数および三七ミリ高射砲用一五弾薬基数。

(5)敵の無線をより効果的に傍受する部署を組織化するために、二個無線局によってベローフ軍団を強化する。

(6)高射砲はわが軍の戦闘機隊防御用と基本的にあらかじめ決められているため、高射砲の全統制権限をベローフ指揮下に集中させることが適当である。高射砲による援護を思い通りに扱えるように、ベローフのもとに高射砲担当の補佐官と作戦小本部を置く。以上を報告し、承認を要請する。

ワシレフスキー
シュテメンコ[13]》

五月二六日、スターリンは毛沢東に次のように知らせた。

《スターリン→毛沢東》

《われわれロシア人は、ミグ‐9型戦闘機が英米の最新ジェット戦闘機に太刀打ちできるとみなす間違いを犯してしまった。北朝鮮での空中戦を経て、このことは今、完全に明らかとなった。もしこの間違いが修正されないならば、中国の対空防御における敗北にもつながる。この間違いの責任はすべてわれわれロシア人側にある。われわれは自己の責任を果たす、すなわち中国側には無償でミグ‐9型戦闘機をミグ‐13型戦闘機に取り替え、われわれの間違いを埋め合わせるつもりである。われわれの同盟国である中国の防衛強化を目的とする以上、われわれには他の方法はない。

貴下のところにあるミグ‐9型戦闘機に関する限り、われわれはソ連に持っていく権利はある。しかし、現在、われわれよりも貴下の方が何倍もミグ‐9型を必要としているので、われわれはミグ‐9型をあなた方の指揮下に置いておくことを決定した。これを、貴下がわれわれのために天然ゴムを買ってくれた労に対する返礼とさせてほしい[14]。》

局所的遊撃戦は危険

五月二七日、毛沢東は彭徳懐に新しい指示を出した〔スターリンにこれを転送〕。

《毛沢東→彭徳懐》

過去のすべての作戦は以下のことを明らかにした。迂回作戦や包囲攻撃によって大規模な戦略的、戦術的作戦を遂行し、米軍を撃滅させるにあたって、わが軍は米軍数個師団どころか一個師団、一個正規連隊さえも撃滅するのがたいへん難しくなっている。その理由は、米軍がまだかなり高い士気と自信を依然として持っているからである。

敵のこの傲慢さを除去し、包囲網を形成して壊滅するためには、各作戦において敵主要勢力の包囲と壊滅を狙う必要はない。各軍団は、一作戦あたり、一大隊、もしくは多くて二個大隊の英米トルコ軍を壊滅させることが必要で、これで十分である。

現在、われわれは前線に八個軍を有している。もし各軍が一個大隊ずつ壊滅させるならば、全部で敵は八個の正規大隊を失うことになる。これは敵に強烈な打撃となるだろう。もし各作戦で各軍が敵二個大隊ずつを壊滅するならば、敵は全部で一六個正規大隊を失う。これにより敵に強力な打撃を与えるだろう。もし各軍が敵二個大隊ずつを壊滅できないならば、各軍には各作戦につき、それぞれ敵一個大隊の壊滅を義務として要求する必要がある。

ここから明らかなのは、英米軍と傀儡軍に対する戦争遂行の戦術が同じであってはいけない、ということである。傀儡軍に対しては、大量の敵軍を包囲攻撃する戦略的もしくは戦術的作戦が実行可能である。

英米軍に対する戦闘においては、数カ月の期間の大規模包囲攻撃を実施するような要求は必要ない。戦術的な、小規模包囲攻撃で我慢すべきで、各軍は、各作戦で、敵軍一個大隊もしくは一個以上の大隊を包囲攻撃し完全に撃滅できるように、周到な準備をすべきである。このようにして、英米軍各師団に対する三〜四回の作戦ごとに、敵正規軍四個大隊を完全に壊滅させれば、必然的に戦闘士気の低下を呼び、敵の自信を揺さぶるだろう。そうすれば、各作戦において、敵の一個師団、二個あるいは三個師団ですらも、壊滅させる目標を定めることができるであろう。

これは、かつて蔣介石の新一軍、新六軍、新三軍、第一八軍、および広西派の第七軍に対し、小規模に打撃を与えることから大規模に打撃を与える作戦へと移行していったのと同じ過程である。

朝鮮への進撃後、わが軍によって行われた五号作戦によって、敵の小規模部隊を撃破する戦術の第一段階はすでに終わっている。しかし、まだ十分ではない。敵の小規模部隊を撃破する戦術の局面を終わらせ、敵の大部隊を大量撃破する戦略に移行するためには、さらにいくつかの作戦が必要である。

作戦の実施場所に関しては、敵が大胆になって前へ出てきたときにのみ、より北方で戦うのが望ましい。しかし、平壌―元山ラインより北方の地域まで敵を引き入れる必要はない。

この提案を検討し、あなたの見解を伝えてほしい。


ボリシェビキ的挨拶をこめて　毛沢東(15)》

五月二九日、スターリンは毛沢東によって作成された軍事行動計画を批判し、退けた。毛の提案は、敵に局所的性質のすばやい不意の一撃をくらわせ、続いて、同じくらいすばやく後ろに退却するというものだった。

《スターリン→毛沢東》

《私は、英米軍に対する戦闘行動に関する戦術に関する、彭徳懐宛ての貴下の電報を読んだ。

電報で言及された計画は、私には危険があると思われる。この計画はせいぜい一回か二回、うまく実行できるだけである。英米軍はこの戦術を容易に看破して、自分たちの戦術を変化させるだろうし、毎回無傷で主力部隊を北方に撤収するのを許しはしないだろう。

よく整備された第一級の防衛施設がすぐ後方にあり、そこにすばやく主力部隊を撤収させることが可能であるという条件でのみ、この計画に従って新たな危険を冒すことができる。

しかし、私が知る限り、朝鮮にはこのような施設はない。このため、英米軍は計画を見抜き、貴下にうまく手を回す可能性を与えないという危険性が存在する。貴下の計画を見抜くことは米英軍によって難しくない。なぜならば、おそらく、この計画はあなた方によって四回繰り返されるからである。

これ以外で考慮しなければならないのは、英米軍が北へ進撃しながら、一つずつ順番に新しい防御線を構築することである。これにより、彼らに対する攻撃を行う場合、莫大な損失なしでは英米軍の前線を突破するのは難しくなる。もちろんこれは望ましくない。

蔣介石との戦争から類推するのは、説得力がない。なぜなら、第一に、貴下は今、別の軍隊と戦っているからだ。第二に、英米軍が蔣介石軍のように愚かだとか、英米軍が貴下の選択に従って大隊ごとに自軍が壊滅させられるような可能性を、貴下に与えるという根拠はない。

同時に、もし平壌がもう一度敵の手に陥るならば、朝鮮人および朝鮮軍の士気低下を招くだけでなく、英米軍の士気を高めさせかねないということに注意しなければならない。

明らかに、貴下は大規模かつ重大な作戦を準備しなければならない。もちろん、局所的な駆け引きのためでなく、英米軍に大打撃を与えるものでなければならない[16]。》

彭徳懐、持久戦移行を説く

一九五一年夏までに、共産主義陣営の士気はさらに低下していった。五月三一日、彭徳懐は毛沢東に電報を打った。

《彭徳懐→毛沢東》

《志願軍司令部より

敵軍の進撃阻止に関する戦闘実施命令を各軍団長へ

写しを連合司令部に

三八度線から南方には多くの河川（現在は雨期がきている）があるが、これらの河川に掛かる橋はきわめてもろく、しばしば壊れている。また、前線がかなり離れており、輸送手段が十分でなく食糧や弾薬の供給が困難で、軍がかなり疲弊している。これを考慮すると、南方へのわれわれの進撃を継続することは、きわめて難しくなっている。このため、われわれはあらかじめ決められた期間よりも早く五号作戦の第二段階を終了することを決定し、三号作戦の第一段階をはじめた地域までわが軍の主力を後退させる。二カ月半で軍の体制を立て直せるように、新たな戦闘行動に向けて軍を補充し準備を整える。

各軍は機動力のある積極的防御を行いうる強力な部隊を置かなければならない。これは、敵勢力を壊滅、分散、消耗させることによって、主力軍の休息と再編成に必要な一定の時間を確保するためである。

この期間に志願軍司令部は以下の方策をとるつもりである。

（1）不必要な機関、戦列外の人員を減らすこと。後方任務の強化、組織化業務の向上。

（2）現在軍内に存在するかなり深刻な右派的気分の一掃。

（3）朝鮮での戦争で得た戦術の経験を体系化し広めること。

（4）航空部隊、対戦車予備隊、および高射砲部隊を朝鮮での戦闘に投入すること。

（5）敵後方でのパルチザン闘争の準備と組織化。敵に戦線をひきのばさせ、勢力を分散させること。

しかし、現在、主力の北方への撤退時に、ある部隊の指揮官は司令部の命令をきわめて不十分にしか理解せず、間違って部隊を使用した。これら欠点がさらけ出されていたにもかかわらず、うまく修復されず、部隊間の断絶が生じ、それが敵に利用された。

六~七日間の攻撃で、わが軍が食糧と弾薬が不十分であることを感じはじめ疲弊した後に、早くから大機械化部隊を準備していた敵は、われわれの進撃の停止と退却とを利用して、追撃しはじめた。われわれはこれを十分に学んでいなかった。

さらに、最近朝鮮に到着した軍には、敵機械化部隊に対して防御するのに十分な経験がなかった。これ以外に、ある指揮官は重要な局面で後から追うことができず、うまく指示を出せず、主力部隊から大きく離れた。報告から判断すれば、一部の作戦計画はたいへんすばらしく、欠点がないのだが、しかし、実際の軍の状況には合致していない。このため、五月二一日から二八日までの数日間で、一部のわが部隊は不必要な損害を被った。

しっかりと陣地を守り、わが軍の態勢の立て直しを確保し、最終作戦で成功を保障し、積極的な機動力のある防衛戦の過程で敵に打撃を与えるためには、以下の要因に注意を向けることが必要である。

(1) 幹線道路で敵機械化部隊の動きを止め、撃滅すること。もし、敵歩兵が細い道に入り、山中を通過して攻撃するならば、その方がわれわれにとっても都合がよい。これには、多種多様な対戦車砲、および射撃距離に従って幹線道路の両側に隠蔽された重曲射砲部隊を集中させ、必要な機材を投入すること。地形の条件を利用して、砲撃システムを構築し、幹線道路および敵戦車がもっとも現れそうな場所を砲撃するための資料を準備する。同時に、山間部の幹線道路の最も狭い場所を破壊し、わが対戦車火器の射程範囲と破壊された道路区域の間に、対戦車地雷を敷く必要がある。これによって、もし障害物に遭遇した戦車が迂回しはじめれば、地雷で爆破されるだろう。この時、わが軍は敵軍の集中地域を射撃するために砲兵部隊を使用しなければならない。これと同時に、対戦車ロケット弾を装備した部隊が前進しなければならない。道路の両側に隠蔽された反撃用の部隊は、部分的もしくは完全に敵を粉砕しなければならない。もし敵歩兵が両翼に動いて小道を使って迂回を試み、わが軍に打撃を与えようとするならば、これはさらに好都合である。この場合、山間部での重火器装備による援護がないために、敵は徒歩戦でわれわれを攻撃する必要があるため、さらに簡単に壊滅に持っていけるだろう。このため、われわれは前もって軍を分割し、軽砲（可動式火砲、迫撃砲）を使って、大胆にすばやく敵軍を壊滅しなければならない。

幹線道路を進む機械化部隊と、山間部を通って両翼で攻撃する敵歩兵への一斉攻撃に際しては、わが軍は各部隊が割りあてられた任務を遂行するために、一体となって行動しなければならない。これに際しては、連合司令部が必要である。以上述べたすべてがなされてはじめて、われわれは敵進撃を止め、先頭に立って成功をおさめることができる。

（2）徒歩で移動するわが軍は、敵の機械化部隊から距離をおく状態にない。このため積極的な機動力のある防衛を遂行するために、第一防衛線だけでなく、第二・第三防衛線も必要である。これは、第一線での戦局がより悪い方向に変化する場合、第二・第三線で敵を食い止めることができるようにするためである。しかしながら、われわれの勢力をすべての防衛線に、均等配備する必要はなく、重要な防衛地域、特に鉄道、および幹線道路のある地域に集中させなければならない。第一防衛線から第二防衛線への撤退後に、第二防衛線の部隊は、あらかじめ準備された工兵部隊を派遣し、すばやく完全に橋を破壊し、山中の隘路を解体し、防衛線に沿って対戦車地雷を敷設する。これによって敵軍の進撃停止を継続させる。もし、自分の部隊あるいは隣の部隊が退却に成功しない時、敵機械化部隊がわれわれの防衛に対して楔を打ち込んだり、われわれ全体の作戦を中断させる可能性を与えないように、各軍団、師団、連隊は一定量の兵力を使用し、どんな犠牲を強いても、敵軍部隊を食い止め、殲滅する。まさにそれにより、自分の部隊と隣の部隊の安定的で組織的な撤退を確保する。この場合、敵軍の阻止と自分の部隊の防御を達成した部隊が一定の人員の損失を被ったとしても、これはしかし、正しいと認められるだろうし、作戦全体に大きな利益をもたらすだろう。

（3）各指揮官は、前方ラインに小兵力、後方ラインに大兵力を配置するという原則を正しく理解することが必要である。同様に、前方ラインに強力な火砲、後方ラインに少数だが集中的な火砲の組織化およびその組み合わせという原則も理解すること。防衛時に前方ラインに小兵力、後方ラインに大兵力を配置するという原則は、軍の極端な集中を回避し、軍兵力の損失を減らすためである。このため、わが軍の主力勢力をひそかに側面と後方に集中させなければならない。それは、適当な時機に反撃することによって敵を分散、壊滅させるためであり、攻勢に出る敵に消極的抵抗をし、悪い結果を招くような撤退をしないようにする。小兵力によって敵を停止させ、自身に敵を引き寄せるためには、工兵がつくったすばらしい陣地と十分な砲撃による支援が必要である。このため、前方のラインに強力な砲火、後方のラインに少数でも集中的な砲火を組織することが必要で、武器の特性に従って、火器を梯形配備し、短期的であっても定期的に強力な砲撃を敵に加え、敵兵力に損失を与え、自軍砲兵の攻撃に協力する。各種部隊は、砲兵隊が道路を片付け、陣地を構築し、戦闘行動への準備のために必要とする時間を確保するのを助ける。砲兵隊側はすべての困難を克服し、積極的に戦闘で歩兵を助ける。

防御の過程で、戦闘開始への適切な時機を正しく選択するのは、主として、決定を自分で行う各指揮官の能力に帰する。各指揮官は継続的に戦場の状況を監視できる観測地点を設け、敵軍の状況の変化に応じて、適当な時期に攻撃を加え、敵兵力に大きな損失を与える。

各種部隊は、防衛戦での行動についての本年三月八日から一五日付志願軍司令部命令をすべての指揮官に徹底する時間が必要である。同時に、本年四月六日付の防衛戦の遂行体験に関する文書類も学習する時間をとる。この文書類に目を通したすべての機関の指揮官は、どのようにこれら文書類を理解したか司令部に報告しなければならない。

（4）指揮官の物事への取り組みが真剣でないこと、上級の指揮官および上官の命令に対する怠慢、なげやりな状況分析に対しては、厳しく闘わなければならない。

朝鮮にはじめて投入された軍は、すばらしい装備を持った敵との戦闘遂行体験、とりわけ、防衛戦遂行の体験を有していないこと、および最下級の指揮官の指導力が弱いこと、また、過去と比較して軍事行動に参加している部隊の種類が増えているのを考慮すると、最高司令部の幹部要員は各種部隊を使用し指揮できるかどうかを考えずに、さまざまな種類の部隊を自分の指揮下にある部隊に追加配備してはいけない。

すべての指揮官（特に中級、上級の指揮官）は、上級司令官の計画を研究し、適宜、具体的な状況を把握し、地形を研究し、入念に戦闘行動計画を作成する必要がある。戦闘行動の第一段階計画の作成後、第二段階の計画を決めなければならない。この場合にのみ、戦闘行動遂行の準備ができ、不意打ちを食らうことがなくなるだろう。

これとともに、現在の状況のもとでは、上級指揮官が深く下部に浸透し、実際的に指導を行い、若い指揮官が状況の解決策を見いだすのを助けることが必要である。このことによってのみ、適時に上官の意図と計画に対する若い指揮官の態度を明るみに出し、若い指揮官の間違いと欠点を正すことができる。また同時に、実際の状況に従って、計画の不適切な内容を正し、報告と実態との不一致を避ける。これによって疑いもなく勝利への自信を高めることができる。

また同時に、現在強力な装備を持っている敵軍との戦闘においては、勇敢さだけでは十分でない。大胆で賢明な指導部の存在が必要である。この時にのみ勝利を達成できる。末端までこれが浸透すること、すなわち、防衛時にも進撃時にも、前線で人に気兼ねしないことが必要である。

主要戦線にある部隊とともに移動し、同時に状況を追跡し、行動する時機を選ぶすばらしい指導拠点を作らなければならない。その後、計画と報告が実際の状況に合致するようにしなければならない。

われわれは以上列挙した命令がすべての部隊の指揮官によって具体化され、同時に、志願軍司令部の作戦意図がすべての師団・連隊の指揮官まで口頭で伝えられることを期待している。これによって、共通の意図に従って、全軍がよく各自の任務を達成できるようになる。

同志毛沢東はわれわれに、今は小規模の戦闘で敵を粉砕し、力を削ぎ、戦意を弱めること、続いて敵の大規模な粉砕に移行することを期待している。

すべての機関の指揮官は、入念に状況を調査し、軍の配置を行い、銃火砲の体系を構築することのみが要求されている。これによって、しかるべき方法で、各軍団が同時に敵の正規軍一、二個中隊、あるいは一個大隊を壊滅させることが完全に実現可能となる。

これはまた、現在の敵の冒険的な進撃の期間に、敵を壊滅させる最も有利な条件を導くためである。

われわれが期待するのは、すべての機関の指揮官がよく指令を研究し、すべての困難を克服し、すべての軍を動員し、毛沢東の要請の遂行に向けてすべての条件を整えることである。

《志願軍司令部　五一年五月三一日一五時〇〇分[17]》

六月一日、彭徳懐は毛沢東に次のような電報を送った。

《彭徳懐→毛沢東》

《同志毛沢東

(1)われわれは部隊の組織化と装備一式の問題と、兵器工場における軍需品生産の問題に関する意見を作成した。同志鄧華、第四二、三九、四〇軍長、および第三八軍の政治将校は、近日中に、北京に行き、貴下に上述の問題に関して報告する。

対戦車兵器は、連隊だけでなく、大隊、中隊にも必要である。

(2)文登里、金化、鉄原地域の地形はすばらしく、また野戦陣地としても適している。敵が多くの高射砲、戦車、飛行機を利用する現在、そこには堅固な防御用陣地がない。しかし、積極的に機動的な防衛を行えば、一定の区域で一定の時間を保ち、活発な力で敵に損害を与えることができる。以上述べた境界線から南の地域は、予想だが、六月一〇日まで維持ができる。高城、下縣里、昌道里、平康、玉洞里、安峡、金川地域から南方には、第二防衛戦線が敷かれ、六月末あるいは七月はじめまで敵を抑えることができる。通川、淮陽、洗浦里、伊川、南川店、青石頭里、海州には、第三防御線が敷かれ、七月末まで敵を押さえることができる。これら防御地域で敵を押さえるために、第九兵団三個軍、第四二軍、第四七軍、第一九軍三個軍が使用される(補充は十分に実施されていない)。もし、これらが七月末まで持ちこたえるならば、われわれはあらたに、楊成武の三個軍に加えて、第三八、三九、四〇軍を投入でき、そうすれば、確固として敵に抗しうるだろう。

その時、われわれの歩兵、対戦車、対空火器の数量は、いくらか増加させることができ、連絡補給線は短くなるだろう（輸送連隊の到着後、前方の戦線への貨物配送の困難さはある程度除去されるだろう）。これに際して、パルチザン闘争を積極的に行うことを考慮に入れなければならない。もし、敵が軍の数量を大規模に強化せず、われわれの側からの予見できない間違いがないならば、われわれは元山―平壌境界線から南方の有利な地域を確保できる。元山地域へ敵が上陸する場合は、文川、馬息嶺、梧山里の境界線で敵を阻止する方策を取らなければならない（人民軍第七軍団はすでに数個の工兵による陣地を建設した）。徹底して両地域を形成していかなければならない。

（3）前線が狭い状況で、補給線が延び、敵の大規模軍がいて、きわめて密集していること、二列縦隊による前進、楔形突入部隊の不在、前線に切れ目があること、敵は大規模な空軍を持ち、戦車と、強力な火砲があり、比較的士気が高い英米軍がいる。日中にわが軍の行動が不可能になる状況があるが、現在のところわれわれはまだまったく、敵軍を部隊ごとに壊滅させる戦術を決定していない。

戦闘経験のある部隊を使用して、積極的な機動力のある防衛を行うことによって、兵力の損失を一対二の割合で有利にもっていくことができるであろう。しかし、経験豊富な人員を抱える軍がない場合、兵器および陣地を簡単に失い、兵力の損失は全体で、一対一の割合になるであろう。

敵の後方でパルチザン闘争を展開し、敵兵力を分散させる必要がある。現在、これに向けて準備を実施している。しかし、目下のところ、われわれのパルチザン部隊を敵後方に行かせていない。敵がしかるべき地域に移動するのを待って、その後、敵後方にパルチザンを送ることに取りかかる必要がある。

彭徳懐　五一年六月一日》[18]

第11章　交渉の時が来た

●要約

開戦から一年後、膠着状況を打開するため、毛沢東と金日成は外交的手段で停戦を求める方向に傾斜した。だがスターリンはこれに消極的であった。休戦交渉には入ったが、軍備の供給問題でスターリンと毛沢東の間の関係は悪化していった。

●年譜（１９５１年６月～12月）

51年６月10日　高崗・金日成、北京から特別機で訪ソ（～14日）、スターリンと会談（13日）

６月23日　マリク・ソ連国連代表、朝鮮停戦交渉提案

６月25日　トルーマン、平和解決に応じると声明。中国、マリク案に賛成

６月27日　李承晩、停戦反対声明。韓国国会、停戦反対決議

51年６月30日　リッジウェイ、金日成に休戦会談提案

７月１日　中朝軍、開城での休戦会談を提案

７月８日　休戦会談予備会談（開城）

７月10日　休戦会談本会議始まる（開城。10月25日からは板門店）

７月11日　ダレス、対日講和条約と日米安保

条約を同時締結する意向を表明

51年8月25日　インド、サンフランシスコ講和会議に不参加を決定

8月30日　米・フィリピン相互防衛条約に調印（マニラ）

9月1日　米・豪・ニュージーランドが太平洋安全保障条約に調印（サンフランシスコ）

9月4日　サンフランシスコ講和会議（〜8日）。グロムイコ・ソ連全権が条約修正案提出、中国参加を要求（7日）。ソ連など三カ国を除く四九カ国が対日平和条約に調印（8日）

51年9月8日　日米安全保障条約調印

9月10日　米英仏外相会議、西独軍のNATO編入を決定

10月16日　日本共産党主流派、新綱領を採択。武装闘争方針を具体化

10月26日　中国軍、チベット・ラサに進駐

高崗・金日成訪ソ、スターリンと会談――51年6月

戦線での状況はより悪化し、人的・物質的損失が相当数にのぼるにつれて、一九五一年夏には中国と北朝鮮は、敵との交渉へといっそう傾斜していった。

六月五日、朝鮮戦争においてあらたに発生した問題を解決するため、毛沢東はスターリンに助言を仰いだ。

《毛沢東→スターリン》

《同志フィリポフ

朝鮮で戦争を遂行する過程で、われわれは深刻な問題、すなわち、財政問題や前線で直接軍事作戦を展開する問題、そして敵軍がわが軍の後方沿岸へ上陸するかもしれないという危険性に直面している。

われわれは、数日後、同志高崗を飛行機でモスクワへ派遣しようと考えている。彼は前述の問題に関して、貴下に報告し、これら重要な問題を解決する方法について、貴下の指示を要請することになるだろう。

現在、同志金日成は北京に滞在している。同志金日成はこの問題を貴下と議論するために、同志高崗と一緒にモスクワに行くことを希望している。

この訪問の可能性について、貴下の意見を伝えてくれるよう願う。

毛沢東(1)》

次の日、スターリンは毛沢東に回答した。そこで明らかなことは、ソ連の指導者は休戦について関心がなかったということである。毛の立場を自分の方へ明らかに追い込みながらも、スターリンは戦争を長引かせることを正当化した。そして追加援助を請け負った。また、どのようにして敵の戦闘意欲を削ぎ、中国・朝鮮軍の気勢を上げるかについても教示した。

《スターリン→毛沢東》

《同志毛沢東

六月四日付の貴下の電報と同志彭徳懐の下部機関への指令二通とを受け取った。

私は、貴下と同じく朝鮮での戦争を加速させる必要はないと考えている。なぜなら、長期戦は、第一に、中国軍が戦場において現代戦を習得することを可能にし、第二に、米国のトルーマン体制を揺るがし、英米軍の軍事的権威を削ぐからである。

私は、自分の電報で主として次のように書いた。主力軍が撤退できる強力な防御施設がすぐ後方にないならば、成功裏に機動作戦を行うには危険がともなう、ということである。同志彭徳懐は、後方に三つの防御線を作ることについて書いている。もしこれが行われれば、防御線が重要な役割をはたし、軍が包囲されることはなく、事はよりうまくいくだろう。

貴下は、大砲、対戦車兵器、その他の装備が少ないと苦情を言っている。ポーランド人が自己の注文分を遠慮したため、今年は貴下に装備の追加供給を行うことができるようになったと約二カ月前に伝えた。一九五一年の軍事借款額はこのような形で増える。同志周恩来は、この私の知らせに賛同し、貴下の新たな要請をすぐに送り届けるとわれわれに話した。けれども貴下からの要請はない。これはどうしたことか。これはどう説明できるのか。貴下がお望みなら、火砲類の供給を新たに行うことができるということを再度知らせるものである。

敵後方でパルチザン部隊の活動を強化しなければならないとする同志彭徳懐の意見は正しい。無条件にこれは必要である。

同志彭徳懐は、英米軍には比較的高い戦闘士気がある一方、中国軍には「深刻な右傾的気分」が表れていると書いている。前方に進撃し、それから後方に退くという局所的陽動作戦を数回繰り返す、という貴下の作戦は、中国・朝鮮軍が弱いという印象をある程度自軍に与える。また、英米軍には自分たちに威力があるという印象を与える。この状況は、中国・朝鮮軍の士気を奪いかねないと危惧している。このような不健全な気分を打ち砕くには、三～四個師団を粉砕するような、敵に大打撃を与えるような準備をして実行するしかないと思う。これは中国・朝鮮軍と同様に英米軍にも急激な気分の転換をもたらすことだろう。もちろん、これは広範囲な奥深くまでの進撃ではなく、敵への手短な一撃にしかならないが、敵の酔いをさまし、中国・朝鮮軍の闘志をかきたてるような一撃にはなるであろう。またこれ以外でも、敵の衰弱に必要な局地的陽動作戦を成功させることで、さらに広範囲な作戦を展開する可能性を与えてくれるだろう。

フィリポフ[2]》

六月九日付のスターリンへの電報で毛沢東は、高崗と金日成がクレムリンに赴いて交渉する時期を確認した。

《毛沢東→スターリン》

《一九五一年六月九日、貴下から派遣された特別機が北京に到着した。

同志高崗、金日成は、一九五一年六月一〇日、北京からモスクワに向かうことを決めた。もし反対でないなら、現在モスクワで治療を受けている同志林彪を貴下との会見に参加させてくれることをわれわれは望んでいる。

装備および各種軍需品の追加申請は、同志高崗が持っていく。

申請を採用してくれることを願う。

同志周恩来が、現在病気のため、大連で治療を受けている。このため、申請書を作成するのが遅れた。申請書の作成はようやく完了した。遅れた責任はわれわれにある。

同志高崗が持っていく申請は、われわれの需要を勘案して作られたものである。申請で見積もられている全体の額は、必要十分だが多大なものである。

申請供給価格の半分を軍事借款で行い、残りは返済を繰り延べるという申請書に沿って、ソ連政府が供給を行ってくれるよう要請するものである。同志高崗とこの問題を審議し、その後、貴下の決定を同志高崗を通じて知らせてくれるよう願う。

戦争と和平の問題と同時に、志願軍へのソ連人顧問招聘問題について、個人的に同志高崗から貴下に話があるだろうが、ここではこの点には触れない。

貴下の健康を祈る。

毛沢東[3]》

高崗と金日成とは、交渉でスターリンの考えを変えるくらいの説得力を備えていた。スターリンは休戦の妥当性を認めた。以下は、中国側代表たちとの交渉結果に関する、スターリンから毛沢東への親書である。

《スターリン→毛沢東》

《同志毛沢東

今日、満州と朝鮮から来た代表たちと面会した。ここで、貴下の側から三つの問題が提起された。

第一、休戦について。停戦が現時点で有益であると判断した。

第二、軍事顧問について。もし貴下の側が必要であるなら、貴下の要求を満たす用意がある。

第三、六〇個師団用の装備供給について。われわれとして異議はない。

貴下から派遣された代表団が貴下に報告するだろうから、詳細は省略する。

現在、中国軍の一六個師団のなかから、少なくとも八個戦闘機師団を稼働させる必要性がかなり高いとわれわれは考えている。二個ないし三個のミグ‐15型飛行師団以外に、爆撃機に対してはかなり効果的に活動できる五個ないし六個のミグ‐9型飛行師団を、中国中部および南部地域から前線に持っていけばよいとわれわれは考えている。前線に配備された八個戦闘機師団は、戦線での必要性を完璧に充足させうることができるだろう。われわれの情報によれば、中国の飛行士たちはすでに飛行準備ができている。彼らを可能な限り早く戦闘に投入することによって、彼らが机上の飛行士ではなく、闘志あふれる飛行士になれるようにするべきだ。われわれの飛行士たちが戦線で活動できるまでに、われわれは五～六カ月の期間で教え込んだ。中国の飛行士たちには七～八カ月間もあれば、まったく十分であろう。現在われわれは、この問題が前線における最重要問題だと考えている。

この会談の終了後においてだが、朝鮮に対して戦っている一六カ国を代表してイギリスと米国とが近い将来に、貴下と朝鮮に休戦を提起するという情報を、われわれは受けた。しかし、この提案に取りかかる前に、敵は貴下の軍に一撃を加えることを欲している。これは噂かもしれない。だが、これは単純な噂ではない可能性の方が高く、その方が現実に合致する。

このため、防衛体制を強力に維持して、敵軍の進撃を許さないようにすることを助言する。

フィリポフ[4]》

スターリンに対する毛沢東の返事から明白なのは、特に中国側指導者がモスクワに、休戦が目的になっていると問題を提起したということである。

《毛沢東→スターリン》

《同志フィリポフ

本年六月一三日付の貴下の電報を受け取った。今日はまた、同志高崗および金日成が送ってきた電報も受け取った。休戦問題に関するわれわれの意見を同志高崗に伝達した。同志高崗はこれを貴下に提示して、貴下からの指示を受けるだろう。これについては、ここで詳細には言及しない。同志彭徳懐は、戦略・戦術問題を担当できるソ連人顧問を最も必要としている。貴下が早く派遣を可能としてくれることを望んでいる。

八個の戦闘機師団の参戦に関しては、私は貴下の助言に従って、計画作成の命令を司令部に出した。これ以外に同志彭徳懐には、第二・第三防御線で確実に踏みとどまり、さらに新しい防御線を構築せよと命令した。

六月になれば、前線では、わが軍の戦力は敵軍より相対的に弱まる状況になるであろう。七月には、わが軍の戦力は六月よりは強力になるだろうし、八月にはさらに強力になるであろう。われわれは八月には、敵により強い打撃を加える準備を整える。

毛沢東(5)》

文書の中にはまた、高崗と金日成の一九五一年六月〔原文は五月とある——訳者〕一四日付申請の翻訳がある。これは、スターリンが再度彼らと面会し、休戦の達成に関する毛沢東の提案を詳細に審議してくれるようスターリンに申請したものだった(この提案は、六月〔原文は五月——訳者〕一三日に北京から送られたもので、その翻訳文は、先の中国・朝鮮代表団の請願に添付されていた)。以下が、その二文書の内容である。

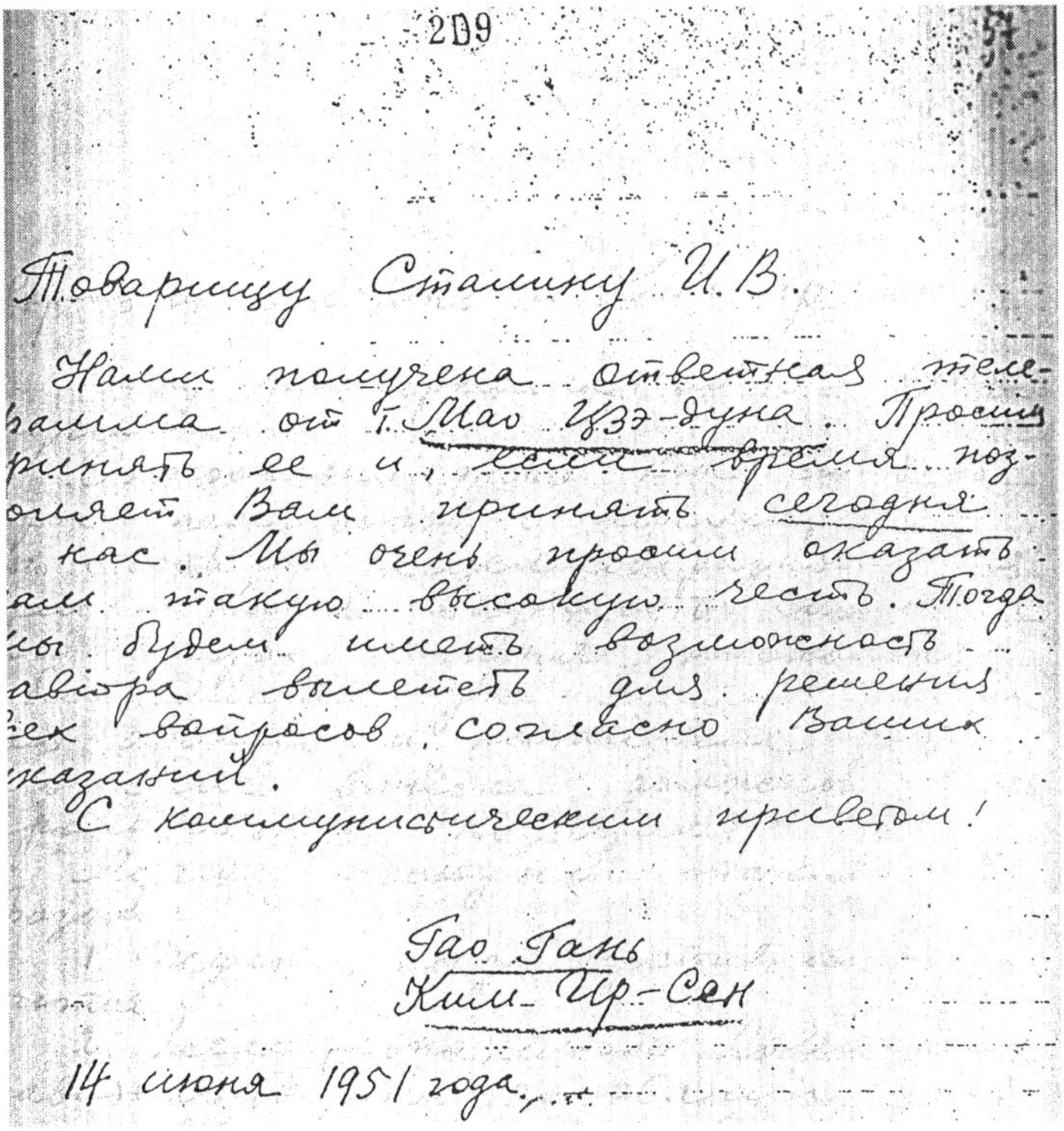

2D9

Товарищу Сталину И.В.

Нами получена ответная теле-
рамма от т. Мао Цзэ-дуна. Просим
ринять ее и, если время поз-
оляет Вам принять сегодня
нас. Мы очень просим оказать
ам такую высокую честь. Тогда
ы будем иметь возможность
автра вылететь для решения
ех вопросов, согласно Ваших
казаний.

С коммунистическим приветом!

Гао Ган
Ким Ир-Сен

14 июня 1951 года.

《高崗、金日成→スターリン》（1951 年 6 月 14 日）
モスクワ滞在中、再度の面会を求めたもの（239 ページ参照）

次ページ：
《フィリポフ（スターリン）→ザハロフ→周恩来》（1951 年 2 月 16 日）
下に「ヨシフ」とスターリンのサインがある。

КОПИЯ ИСХ. ТЕЛЕГРАММЫ

[redacted]

Экз. № 7

НЕСЕКРЕТНО

ШИФРТЕЛЕГРАММА № 1078

Поступила 22.03 16.2.51г.
Передана 22.55 16.2.51г.

П Е К И Н - тов. ЗАХАРОВУ

для товарища ЧЖОУ ЭНЬ-ЛАЯ

Ваша просьба о советниках при Китайской Воздушной Армии будет удовлетворена. Считаю более целесообразным дать Вам таких советников, которые знают Китай и имели отношение к воздушным боям в Корее. Советником при командующем Воздушной Армии предлагаем генерал-майора ГОЛУНОВА, находящегося при генерале армии ЗАХАРОВЕ. Список остальных советников будет сообщен дополнительно.

Ф И Л И П П О В

№ 635037
16 февраля 1951г.

экз. для тов.Сталина

...евич 17.2 01.25 №1610

Верно: ЗАМ НАЧАЛЬНИКА ОТДЕЛА
ПОЛКОВНИК - (Подосиновиков)

16 февраля 51г.

Для шифровок №2

189 ПОДЛЕЖИТ ВОЗВРАТУ в IV часть ОС ЦК ВКП(б)
Вх. № 603 на 27 17/II 1951 г.

《高崗、金日成→スターリン》

《同志スターリンへ

われわれは同志毛沢東が回送してくれた電報を受領した。この電報を受け付け、時間が許す限り、今日われわれと接見してくれることを貴下に要請する。われわれは、このような高度の名誉をわれわれに与えてくれることを切に願っている。この後、貴下の指示に従って、すべての問題を解決するために明日には飛行機で帰国する予定である。

拝復

高崗　金日成　一九五一年六月一四日》(6)

《毛沢東→高崗、金日成》

《同志高崗、金日成へ

六月一三日付のあなた方の電報を受け取った。

休戦交渉問題を設定することに関してだが、今この問題を持ち出すのは、朝鮮と中国にとって適切でないとわれわれは考えている。なぜなら、これから二カ月の間は、朝鮮軍および中国志願軍は、守勢に回らざるをえないからである。しかし、次のように行動することがより望ましい。

(1)敵が交渉を呼びかけてくる時まで待つ。

(2)ケナン声明にもとづいて、ソ連政府が米国政府に休戦を照会するのが望ましい。

二つの方法を同時に実現していくことも可能である。すなわち、一方で、ソ連政府が照会し、もう一方で、もしも敵が休戦を提起すれば、朝鮮と中国はこれに同意をあらわす。より望ましいことは、同志フィリポフと意見を交換して、問題の解決を模索することである。

（3）休戦の条件。

三八度線上での境界線の回復。すなわち、北朝鮮側からだけでなく南朝鮮側からも若干の中立地帯を分割して設けることである。北朝鮮側の領土からのみ中立地帯を設置する提案は、決して許容できない。北朝鮮と南朝鮮は、互いに干渉してはいけない。

中国の国連加盟問題については、中国が、国連は事実上侵略の道具となっていると言っているため、条件としてこの問題を提議することはできないとわれわれは考えている。このため、現在、中国は国連加盟問題に特別な意味を与えていない。

台湾問題を条件の中に入れるのが適当かどうか、検討しなければならないだろうか。敵から値切るためには、この問題を持ち出すべきだと考える。

もし、米国が台湾問題は別途に解決することに固執すれば、われわれは適当に譲歩するだろう。

平和のためには、先に朝鮮問題を解決するようなすべきである。同志フィリポフと論議して、彼の指示を要請すること。

（4）鄧華および第一三兵団司令官に、すぐに前線に戻り、現在の前線を断固として守るようにわれわれは命令した。六月、七月には必死で準備が行われるだろう。八月には、さらに大規模な作戦を展開できるだろう。敵が大規模な上陸部隊でわれわれの後方に上陸しないかぎり、われわれは前述の目的を実現するだろう。もし敵が新たな増援を朝鮮に送らず、上陸もしないならば、八月には、われわれは現在よりもかなり強くなっているはずである。

今のところ、われわれの航空部隊を前線に転進させる計画はない。

毛沢東　一九五一年六月一三日(7)》

休戦交渉の責任者は毛沢東

高崗が北京に帰国した後、毛はただちにスターリンに対して、休戦と並んで関心が高かったソ連の軍事援助による中国軍の再武装促進の問題を取り上げた。

《毛沢東→スターリン》

《同志フィリポフ！

（1）同志高崗が帰国し、さまざまな問題に関する貴下の意見を聞いた。

これはまったく正しく、われわれはまったくこのようにしなければならないと私は思う。

（2）朝鮮の戦争におけるわが軍の八カ月にわたる戦闘経験から明らかなことは、わが軍と敵軍との装備には大きな違いがあり、わが軍の装備の抜本的改善が必要であるということである。これが、同志高崗に託して、われわれの六〇個師団への装備供給の請願を持たせ、貴下の所に向かわせた理由である。これに貴下は同意してくれた。これは、今年朝鮮で活動するうえでの、わが軍の最低限の要求である。

帰国した同志高崗から、われわれの各個師団あたりの装備の要求は不十分で、各個師団に戦車と大砲を強化することを貴下が提案したということを聞いた。

私はこれをまったく正しいと考えている。これは帝国主義者たちとの戦争では必要である。

私は、同志徐向前に、貴下の意見に従って残らず協議するよう電報を送った。

（3）ソ連軍参謀本部代表との事前交渉終了後、同志徐向前が送ってきた電報によれば、ソ連軍参謀本部は、試算にもとづいて、六〇個師団用の全装備のうち、今年は一六個師団の装備のみ（三個朝鮮軍師団を含む）を補給し、残りの四四個師団用の装備は、一九五二年から五三年の期間中に配備されるだろうという。これはわれわれの要求、および朝鮮での軍事作戦の要請とも食い違っている。
（4）朝鮮での軍事行動の切実な要求を満たすため、同志高崗によって同志徐向前に渡された申請書を貴下が検討し、その要求を充足してくれることを望むものである。また、銃器類、大砲、戦車、飛行機、自動車、自動車用予備部品、液体燃料、潤滑油、医薬品、およびその他の軍需品すべての供給を、七月から今年の終わりまで毎月六分の一ずつ行うことが可能かどうか、検討してほしい。これによって、朝鮮で軍事行動中の各種部隊は、現存する組織の枠組みに従って、戦闘行動の実施に有利になるように補給を受けることができる。
（5）われわれの申請による今年度の装備供給量に関しては、ソ連の参謀本部によって新しく提案された組織構成にもとづく部隊用の必要分であり、不足する分の装備は来年に配備することができる。これと同時に、装備が供給されるに応じて、この供給を受ける師団を再編成する形で、新しい六〇個師団に段階的に移行していく。
（6）われわれの申請が予定より三カ月遅れ、このことにより、われわれは大きな損失を受けてしまった。今日、われわれは急遽、貴下にこのような大きな額を要求し、六カ月以内にすべて引き渡されることを望んでいる。これによって、貴下を大きな困難に直面させることになった。特に、輸送分野でそうである。これが可能かどうか私にはわからないが、できるかぎり実行してくれることを願う。

毛沢東》(8)

六月二四日、スターリンは、休戦に向けて主導権を握っていくというソ連の約束が実行されたことに、毛沢東の注意を向けた。これは、ソ連の国連代表マリクが行った演説のことである。わずか一カ月前には休戦に反対していたスターリンは、現在では、「休戦問題を進めるのは、今かもしれない」と言明するようになった(9)。

しかし、装備の分野においては、ソ連指導者の対応は毛を失望させるものだった。スターリンは、モスクワは一九五一年中に中国軍六〇個師団を武装させるような状況にはないと諭すように説明した。要請が満たされるのは、よくても一九五四年半ばである、とスターリンは断定した。原因は、短期間にこれほどの装備は生産・配備できないというソ連の軍需産業の物理的非力さにあった(10)。

六月三〇日、毛沢東はスターリンの声明に対して自分の態度を表明した。

《毛沢東→スターリン》

《同志フィリポフ

（1）(a)六〇個師団用の装備の配備の期間に関しては、われわれはまさにソ連の生産輸送能力を考えて行動しなければならない。また、特に、三年間で六〇個師団用の装備供給を完成し、一九五一年には一〇個師団向けの供給が達成される必要がある。

(b)貴下によって提案された近代的な中国歩兵師団を定員制組織で編成することは、たいへんすばらしい。われわれはこれを採用する。この定員制組織の編成に従って武装された六〇個師団の存在によって、中国軍は現在と比べてはるかに強くなるであろう。

（2）マリクの演説は、和平交渉の実施においてわれわれに主導権を確保してくれるものだった。五一年六月二八日、私は、同志ローシチンを通じて、同志グロムイコとソ連駐在米国大使カークとの会談の基本的内容を受け取った。テキストの最終部分で、「おのおのの側から二人ずつの代表のみが参加しなければならない。またこれ以外に、これら代表は軍のしかるべき司令官であって、政府の代表であってはならない。このような形で、中国側からも政府代表ではなく、戦闘に加わっている国からとして志願軍代表が参加しなければならない」と指摘している。私は、これはまったく正しいと考えている。

同志金日成から、リッジウェイが交渉を始めようと要求してくる場合どう答えるべきかを問い合わせる電報が送られてきた。

私は、すでに金日成と同志彭徳懐に次のように伝えた。つまり、一方では、敵が状況を有利に利用する機会を与えないように戦闘状況を綿密に観察しなければならない。他方では、敵が交渉を要求してくる場合に備えて、この問題を審議し準備をすすめておくべきだ。交渉を進めるために、しかるべき代表を派遣する準備を整えておくべきである。

リッジウェイへの返答に関しては、リッジウェイの要求を受けた後の返答内容と形態を論議する必要がある。この問題に関して同志スターリンの見解はどのようなものであるかを知りたい。

もしも、交渉が始まれば、われわれが不利な立場に陥らないように、貴下が直接すべての問題に責任を持つことがきわめて重要だ。

同志金日成の電報を貴下にお知らせするため送付する。

毛沢東[11]》

この電報に添付して、中国の指導者は、金日成が北京に送った先の電報、および毛沢東が平壌の金日成と彭徳懐とに送った電報をモスクワに転送した。休戦に関する金日成の電報は以下のとおりである。

《金日成→毛沢東》

《同志毛沢東！

六月二三日のラジオ放送で行われたソ連国連大使マリクの演説は、朝鮮での休戦に関する問題に対するアメリカ人側の関心を呼び起こした。ワシントン発のユナイテッド・プレス〔UP〕通信社の六月二八日付報道は、以下のように報じている。

「米国の将軍および上級将校たちの間では、日々、朝鮮での休戦への期待が高まっている。リッジウェイは、軍事行動休止の可能性の問題をめぐって、米国統合参謀本部議長と継続して連絡をとっている。行き交う情報から明らかなのは、リッジウェイが米国国防省からの指示を受ければすぐ、北朝鮮軍司令官との交渉に入るということである。この情報は、国連軍将校からのものである」

われわれはこれにどう対応すべきか。もしもリッジウェイが交渉を望むならば、われわれはどう対応すべきか。この問題に関する貴下の具体的な見解を緊急に知らせてくれることを要請する。

金日成　五一年六月二九日[12]》

さらに、スターリンへの六月三〇日付電報の中で、毛沢東は、休戦問題に対する行動の指針をソ連指導者に相談した。
《毛沢東→スターリン》
《以下の問題に関して、私の意見を貴下に伝える。
貴下が検討し返答してくれるのを願うと同時に、直接、同志金日成にもそれを伝達していただきたい。
（1）同志金日成は、七月二日、または三日に、リッジウェイに回答すべきであろう。この回答の中で、同志金日成は、双方の代表者による休戦交渉の実施に同意をあらわし、会談の時期、場所、参加人員などを提案すべきであろう。
(2) 交渉の場所に関しては、リッジウェイは元山港を提案している。元山が北朝鮮海軍の要塞基地で、敵がそこに軍隊を上陸させようとしているのを考慮すれば、元山での交渉実施に同意することは適切ではないと私には思える。
(3) われわれの代表団に、三八度線上の開城市を交渉場所として提案するのはどうであろうか。
(4) 時間が少ないことと、会談への完璧な準備をする時間を確保するために、会談開始日を七月一五日に定めるべきだと私は考えている。
この会談の重要性を考慮して、貴下が直接金日成と接触してこの会談を指導すると同時に、私にも知らせてくれることを要請する次第である。

毛沢東(13)》

六月三〇日、スターリンは、休戦に向けてどのように行動するか、実際に同盟者へ指示を与えた。

《スターリン→毛沢東》

《休戦に関する貴下の電報を受け取った。
われわれの見解では、休戦交渉を行うため、敵の代表らと会うのに同意するということを、ラジオ放送を通じてリッジウェイに早く回答する必要がある。この回答は、朝鮮人民軍司令官および中国志願軍司令員、すなわち同志金日成と同志彭徳懐によって署名されなければならない。もし、中国志願軍司令員が署名しないとすれば、米国は、たんなる朝鮮側代表だけの署名に対して、いかなる意義も付与しないであろう。元山地域にあるデンマークの病院船を会談場所とすることは、断固として拒否しなければならない。三八度線上の開城地区で会談が行われるべきことを主張しなければならない。現在、われわれが休戦問題で主導権を取っているのを生かして、会談場所の問題に関して、米国が譲歩するように仕向けるべきであろう。

本日、リッジウェイに大体以下のような回答を送付すること。

「国連軍最高司令官　リッジウェイ将軍

六月二八日付の、休戦に関する貴下の声明を受け取った。われわれは、軍事行動の停止と休戦確立の交渉のため、貴下の代表団と会談することへの同意を表明する全権限を与えられている。会談場所は、三八度線の開城地区を提案する。貴下が同意する場合、われわれの代表団は、七月一〇～一五日に、貴下の側の代表団と会う準備をする。

朝鮮人民軍最高司令官　金日成

中国志願軍司令員　彭徳懐

日付」

電報で貴下は、われわれがモスクワから休戦交渉を指示すべきであると提案した。これはもちろん考えられないものである。それればかりか必要でもない。交渉を指示すべき人は、まさに同志毛沢東、貴下自身である。われわれは、せいぜい、個別の問題に対する助言のみ可能である。われわれはまた、金日成と直接接触することができない。貴下が直接金日成と接触すべきであろう。

フィリポフ》[14]

こうして、スターリンは毛沢東に休戦交渉の責任をゆだねた。この問題においても、明らかにソ連のリーダーは、ソ連が朝鮮戦争から距離を保つことを選んだ。

中国・朝鮮側は、電報交換後、交渉準備に着手した。同時に、軍の部隊配置を改善する努力をし、勢力を増大させ、軍事行動の縮小ではなく拡大の場合に備えての準備にも取りかかった。

七月三日、毛は、北朝鮮司令部への前述の点に関する自分の指示を、スターリンに転送した。

〈毛沢東《毛沢東→彭徳懐、高崗、金日成》→スターリン〉

〈同志フィリポフ！

貴下に、同志彭徳懐、高崗、金日成への私の電報のテキストを送る。

《毛沢東→彭徳懐、高崗、金日成》

《同志彭徳懐、高崗、金日成！

敵の代表との交渉の準備から開始まで、およそ一〇日から一四日が必要であろう。私は、次の事項を履行してくれることをきわめて真剣にあなた方にお願いする。

(1) これからの一〇日間は、第一防衛線の兵力を増強、とくに武器と弾薬の補給を完了することに、すべての努力を集中させること。

同志高崗には、兵力・武器・弾薬の移送を後方から北朝鮮の決められた地域へ一〇日間以内に行うように要請する。軍事行動休止に同意する署名の後には、人員と装備の移送は不可能になることを踏まえて、準備が必要不可欠である。

(2) 最大限まで警戒を強化すること。第一防衛線に配置されている部隊は、交渉以前および交渉期間中にあるかもしれない敵軍の大規模攻勢および敵空軍機のわが軍後方への集中爆撃を撃退するための準備体制を整えること。われわれに不利な協定に署名させるために、敵が動き出す可能性がある。

もし、敵が大攻勢を始めるならば、わが軍は反撃に転じ、敵を壊滅させなければならない。

（3）楊成武の二個軍と第五〇軍とに、予定されている地域に早く進出するように命令を下し、敵が状況につけこんで元山に上陸できないようにさせる必要がある。

われわれの第三八、三九、および四二軍は、西海岸への敵の上陸の可能性を除去する準備を整えなければならない。

（4）軍事行動の中止についての同意に署名がなされた後、起こりうることを想定し、行わなければならないすべてのことに対して準備しておくことを、あなた方に要請する。

毛沢東[15]》

交渉の直前に中国軍の行動指針について、スターリンと毛沢東の意見交換がさらに行われた。積極的かつ大胆に空爆を重ね、陸上作戦を局地的に実施することを、ソ連の指導者は勧めた。そして中国の彼の盟友はこれに同意した。同盟国間で共通の結論に至らなければ、敵は自己の優位を信じ、交渉への興味を失いかねないからだ[16]。

同時に、モスクワと北京とは、中国・朝鮮軍が敵に対して装備面で遅れていることを克服する試みを強めた。一九五一年八月一一日、毛沢東は、共産主義側は空中戦において敵方の優位に苦しんでいるとスターリンに苦情を言った。中国の指導者は、いくつか飛行場を建設して、中朝軍とソ連空軍部隊を中国から朝鮮の新しい基地に移動させることを提案した[17]。

八月一七日、ソ連共産党中央委員会は毛沢東に電報を送った。

《飛行場建設と、空軍部隊の朝鮮の新しい基地への移動に関する貴下の八月一一日付電報を受け取った。

安州地区に一〇月二〇日までに三飛行場を建設すること、および今年一一月に前線で戦闘に参加するために、中国・朝鮮空軍部隊を朝鮮内の空軍基地に移動させようとする貴下の決定を正しいと考える。

安州地区での飛行場建設を直接的に防衛するため、現在安東地区を防衛している大隊のうち、二個ソ連高射砲大隊を派遣することにわれわれは同意する。

全連邦共産党中央委員会（ボ）[18]》

一九五一年九月八日、毛はスターリンに次のような電報を送った。

《毛沢東→スターリン》

《同志フィリポフ

貴下宛てに送った八月二七日付の電報で、朝鮮駐屯中国志願軍の任務のためにソ連政府が軍事顧問を派遣してくれることを望んでいると、私は貴下に伝えた。われわれの方でこの問題を検討し、軍事顧問団長同志クラソフスキーとも協議の結果、われわれは八三名のソ連顧問を招聘する必要があると判断することになった。

（1）志願軍（総）司令部付の顧問を全員で一〇名、以下を含む：顧問団長一名、参謀長顧問一名、作戦問題顧問一名、諜報顧問一名、通信顧問一名、後方任務顧問一名、軍事報道顧問一名、砲兵顧問一名、戦車および自走砲顧問一名、技術問題顧問一名。

（2）五個の兵団に全部で一〇名の顧問。各兵団に二名の顧問、すなわち、兵団司令官付兼参謀長付顧問一名、作戦問題顧問一名。

（3）二一個の軍に全部で六三名の顧問：各軍に三名ずつ、すなわち、軍長付兼参謀長付顧問一名、砲兵顧問一名、戦車および自走砲顧問一名。

以上述べた顧問たちが、一九五一年九～一〇月の間に、北京経由で朝鮮に派遣されることを望む。

この問題を検討して、貴下の決定を伝えてほしい。

敬具
毛沢東[19]》

一九五一年九月一〇日、スターリンは次のように回答した。

《スターリン→毛沢東》

《同志毛沢東！

貴下の九月八日付電報を受け取った。

われわれは、朝鮮駐屯の中国志願軍（総）司令部で任務につく軍事顧問団長と、軍事顧問の資格での軍事専門家グループの派遣に同意する。

兵団および軍レベルに軍事顧問を派遣する問題は、軍事顧問団長が現場の情勢をつかみ、自分の意見を提案した後で、決定するのが望ましいと考える。

朝鮮駐屯志願軍（総）司令部付の軍事顧問団長として、われわれは、ソ連軍大将ザハロフを派遣することが可能である。

もし、貴下がわれわれのこの決定に同意する場合、ザハロフ大将は、朝鮮駐屯志願軍（総）司令部の所在地への移動に備えて、近い将来、北京に向かうことができる。

フィリポフ[20]》

九月一二日、スターリンは、毛沢東の要請のいくつか、とりわけ軍事顧問の派遣と六億ルーブリの新たな軍事借款に応じた。

追加の顧問派遣と装備供給は拒否

九月二〇日、中国の指導者は感謝の意を表しつつ、さらに次のような要求を述べた。

《毛沢東→スターリン》

《朝鮮駐屯中国志願軍に軍事顧問を派遣し、われわれに六億ルーブリの追加軍事借款を提供してほしいというわれわれの要請を満たしてくれたことに対して感謝する。

中国志願軍への軍事顧問の派遣に関してだが、貴下が志願軍（総）司令部に送ることに同意してくれた五名の顧問以外に、必要と思われる五個の兵団レベル司令部にソ連の顧問五名の派遣を追加してもらえないかどうか検討してくれるよう願う。もし、貴下がこれに同意してくれるならば、一〇名の顧問団は、今年九月末または一〇月初旬に北京に到着し、その後前線へ派遣されることを希望する。

今年九月八日の電報による申請書に書かれた軍需品の生産と輸送には、一定の時間が必要とされる。そのため、以前依頼した一〇個師団用の兵器と軍需品の残り六個師団分と合わせて、この申請書に書かれた分と同時に供給することは難しいということについては、われわれは理解している。

以前決められた一〇個師団用装備と軍需品の供給される時期に対応して、われわれは、新たな定員制組織構成によって編成される一〇個師団の戦闘準備計画を立てた。

この計画は、八月から実行に移されている。

もし一〇個師団用の装備と軍需品の供給計画に変更がなければ、われわれの戦闘準備計画はそのまま実行に移せるだろう。

これによって、一九五二年三月には、新たな定員制組織の編成にもとづいて組織された師団訓練を完了することができるであろう。もし、戦争が続く場合、この師団を戦闘に使用できるだろう。この点から考えれば、一〇個師団用の装備と軍需品の供給計画を変更するのは不適当であるとわれわれは考える。しかし、今年最後の二カ月で前線の要求を満たし、朝鮮にある連絡補給路の対空防御を強化するために、われわれは、一九五一年の終わりまでに、五一年九月八日付申請書で言及された装備と軍需品の五分の一に相当する弾薬と軍需品を供給してくれるように、ソ連政府に要請する。われわれは、主に、砲弾、高射砲とその弾薬を期待している。詳しい要請はこの電報に添付されている。

以前提出した五一年九月八日付の申請全体の五分の四に相当する軍需品および軍用自動車を一九五二年前半にわれわれに供給してくれるように、ソ連政府に要請する。もし貴下が同意するならば、われわれは詳しい申請書を送る。

私の電報を検討し、貴下の決定を伝えてくれるように願う。

申 請 書

(1) 八五ミリ高射砲一二〇門

(2) 弾薬(数量)

一二二ミリ曲射砲弾：榴弾一万九〇〇〇発、徹甲弾一〇〇〇発

IS-2用一二二ミリ砲弾：榴弾五〇〇〇発、徹甲弾五〇〇〇発

ISU用一二二ミリ砲弾：榴弾一二五〇発、徹甲弾一二五〇発

七六・二ミリ砲弾：榴弾四万発、徹甲弾六万発
八五ミリ高射砲弾：一四万発
三七ミリ高射砲弾：二〇〇万発
一〇七ミリ迫撃砲弾：二万発
（3）ゴムタイヤ（数量）
一二二ミリ曲射砲用五〇本：一二二ミリ曲射砲の前車用五〇本
七六・二ミリ砲用五〇本：七六・二ミリ砲の前車用五〇本
五七ミリ対戦車砲用七八本：五七ミリ対戦車砲の前車用七八本
八五ミリ高射砲用：一〇〇本
七六ミリ高射砲用：一〇〇本
三七ミリ高射砲用：五〇〇本
（4）対戦車ロケット弾：一〇万発

敬具
毛沢東》(21)

スターリンは、顧問の派遣および大量の武器と弾薬の迅速な追加供給について、毛沢東の要請を拒否した。九月二六日、スターリンは次のように説明を続けた。

《スターリン→毛沢東》

《同志毛沢東！

軍事顧問派遣と追加装備の供給に関する九月二〇日付の貴下の電報に関して、以下のとおり知らせる。

顧問の問題について。朝鮮駐屯志願軍（総）司令部に勤務する五人の軍事顧問に関しては、しかるべき候補者を選定し、一〇月上旬に彼らを北京経由で指定された場所に派遣するよう、われわれは国防省に指示をだした。

兵団レベルの各司令部で任務につく軍事顧問の派遣に関しては、以前のわれわれの意見、すなわち、軍レベルには軍事顧問を送らないとする意見を堅持する。兵団レベル、特に戦闘中の軍で軍事顧問が任務を遂行することは、指導力を発揮する助けにはならないという見解に立っている。なぜなら、このような兵団の中にいる軍事顧問は、軍の戦闘行動に責任を持つようになってしまい、その結果必然的に、これら兵団の指揮系統がすりかわり、間違った方向に行ってしまいかねない。これは容認できない。

一九五一年末までに追加借款（六億ルーブリ）で弾薬と軍需品を供給する問題について。

われわれが貴下に同意した生産と輸送の条件に沿って、貴下が提出した九月八日付申請書全体の五分の一に相当する追加供給と六個歩兵師団の装備と軍需品の供給を同時に今年末までに行うのは、実際的には難しい。

われわれがこれについて貴下にすでに知らせた通り、六個師団用の装備と軍需品の供給を半年延期するという条件でのみ、貴下が提出した申請書全体の五分の一の分の軍需品を、一九五一年中に供給してほしいとの貴下の追加要求を採択できる。

これまで述べられた借款の一九五二年分の供給に関する貴下の申請を、われわれは受諾する方向で審議している。今後、補給を満たせる可能性と時期とについては貴下にお伝えする。

フィリポフ[22]》

一〇月五日、毛沢東は、ソ連顧問についての論拠の一部にのみ賛同するという意見を伝えた。彼はいつもどおり、さらに多くの兵器を請願し、六〇個中国軍師団の再装備を事前に決められた時期より早く行うことを主張した。

《毛沢東→スターリン》

《同志フィリポフ

軍事顧問と軍用品供給問題についての貴下の本年九月二六日付電報を受け取った。われわれは貴下の意見に同意する。

(1)朝鮮駐屯志願軍(総)司令部での任務に軍事顧問五人を、一〇月初旬に派遣してくれるよう願う。兵団レベルへの軍事顧問は派遣されなくてもよい。

(2)ソ連政府に、一九五一年末までに、つまり一〇月から一二月までの間に、貴下への九月二〇日付電報で提案した申請書に従って(この申請書の額は、およそ九月八日付申請書の五分の一に等しい)、われわれに一二〇—八五ミリ高射砲、七種類の砲弾、六種類の大砲用ゴムタイヤ、一〇万発の対戦車ロケット弾を配備してくれるように要請する。以上は、現在、われわれが最も望むものである。

一〇月からの残り六個師団への兵器・軍用品供給は一時中止し、一九五二年四月から六月にこれが完全に配備されることにわれわれは同意する。

(3)一九五二年一月から三月に、軍用品の残りすべて(一九五一年九月八日付申請全体の五分の四に相当する)を完全にわれわれに配備してくれることを、ソ連政府に要請する。詳しい申請書を、われわれから電報で送る。

一九五二年七月から残り五〇個師団用の兵器・軍用品の配備を始めるよう要請する。

貴下の以前の電報にもあるように、兵器・軍用品の供給は、一九五四年前半に完了される必要がある。現在、供給が半年遅れていることを考慮すれば、全六〇個師団の兵器・軍用品配備期間も延期、すなわち、一九五四年末までに配備を終了する方が適当かもしれない。

われわれはこれについて準備があるので、貴下の意見を伝えてほしい。
（4）今年六月に高崗がモスクワで交渉した時、六〇個師団用兵器・軍用品の配備について話し合いがあった。そこで、先に述べた兵器・軍用品の費用全体を軍事借款にし、中国政府が八年間で返済するという合意に達した。
中国の関係組織が自動車三五一〇台と自転車一九〇〇台の貿易協定をソ連と締結するという知らせを、最近、われわれの対外貿易省が中国駐在ソ連通商代表部から受け取った（この自動車および自転車は、第一次一〇個師団用軍用品に含まれる）。
自動車と自転車の価格は、軍事借款で払うことになっている六〇個師団用軍用品の中に組み入れてくれるよう、ソ連政府に要請する。われわれの代表が、中国駐在ソ連通商代表部と以上述べた自動車および自転車の貿易契約を締結するために、もし面倒でなければ、この要請についてどうするか知らせてほしい。
私の電報を検討して、貴下の決定を知らせてくれるよう願う。
敬具
毛沢東》(23)
スターリンは、同盟者のあつかましさに憤激すら感じた。

《スターリン→毛沢東》

《同志毛沢東！

一〇月四日付の貴下の電報を受け取った。そこで問題にされたことについて回答する。

五人の軍事顧問について。朝鮮駐屯志願軍（総）司令部で任務につく顧問は、近日中に、北京に派遣されよう。

装備の供給について。八五ミリ高射砲一二〇門、弾丸、迫撃砲弾、対戦車ロケット弾、および大砲の砲車用ゴムタイヤは、貴下の九月二〇日付申請書に従って（総額一億九〇〇〇万ルーブリ、申請書総額の五分の一）、六億ルーブリの追加借款により、一九五一年末に、すなわちわれわれによって決められた期間内に、あなた方に供給されるであろう。

残り六個師団用軍用品については、供給が半年間遅れているが、一九五二年七月までに供給されるであろう。これによって、われわれは、六億ルーブリの追加借款による新たな大規模供給を確保しなければならないために、五〇個師団用の兵器・軍用品の供給期日は、同じく半年延期される。すなわち、一九五四年末までに供給が完了されるだろう。

師団用に供給される自動車と自転車の費用を軍事借款の中に組み入れる可能性を、われわれが検討するよう、貴下は提起している。

現行の軍事借款に関する一九五一年二月一日付同意によると、自動車用品の支払いは、これまで、貿易協定にある条件にもとづいて行われてきた。

支払い方法が、現行の同意とこの同意にもとづく支払い範囲と矛盾していると貴下は話しているが、われわれの財政および軍事の関係機関は、現行の条件を変更する根拠を見いだしておらず、その変更には反対している。われわれは、これら関係機関の意見に同意した。

フィリポフ[24]》

一九五一年一〇月二四日、毛沢東はモスクワに次のような内容の電報を送った。

《毛沢東→スターリン》

《同志フィリポフ

（1）現在、朝鮮の敵空軍は、わが軍の連絡補給路を破壊することに主要な努力を傾けている。ロボフ将軍が指揮している空軍部隊と中国空軍部隊は空中戦で大きな成功をおさめた。ソ連および中国の対空部隊も対空射撃でよい結果をおさめた。これらは連絡補給路の防衛にも大きな役割を果たしている。しかし、わが軍の規模は十分ではないし、連絡補給による輸送をより確実に確保できる状況にはない。このため、安州地域の飛行場と鉄道輸送への対空防御を強化するために、さらに三個連隊で構成される高射砲師団一個を、ソ連政府が北朝鮮に派遣できるかどうかについて、貴下が検討してくれることを望む。

（2）戦闘訓練を終えた中国空軍部隊は、朝鮮での戦闘行動に参加するため、その大部分が中国東北部に集中されている。そのため、中国内部に対空防御手段の不足が生じている。これ以外に、一九五一年一一～一二月の期間に、四六三名の飛行士が中国の飛行学校でヤク-11型機の操縦訓練過程をおえるだろう。

前に貴下が指示した計画に従って、三個ミグ-9型戦闘機師団、一個ツポレフ-2型爆撃機師団、一個イリューシン-10型攻撃機師団、一個ラボーチキン-11型偵察機連隊、一個ラボーチキン-9型戦闘機連隊、一個イリューシン-2型輸送機連隊を創設する予定がある。

現在のわれわれの空軍戦力を考慮すると、以上述べた師団と連隊の創設後一九五二年三月一五日までの望ましい期間内で、戦闘機を思うように操れる飛行士を訓練する業務を、中国人自身のみでやりこなすことはできない。ソ連政府が次のような援助を提供してくれるよう要請する。
(1)中国攻撃機師団三個とミグ-9型用航空技術供与部隊六個を教育するための技術を備えたジェット戦闘機師団三個と航空技術大隊三個を中国に派遣する。これらはまた、北京、上海、広東地域の対空防衛力強化にも活用できる。
(2)中国偵察機連隊二個とラボーチキン-11型用航空技術大隊二個を訓練する技術を備えた一個連隊および一個航空技術大隊の人員(物資設備は除く)を中国に派遣する。
(3)中国攻撃機師団一個とイリューシン-10型用航空技術供与部隊二個を教育するための技術を備えた一個連隊および一個航空技術大隊の人員(物的設備は除く)を中国に派遣する。
(4)中国の空軍戦力内で、ツポレフ-2型爆撃機師団一個、ラボーチキン-9型戦闘機連隊一個、イリューシン-2型輸送機連隊の編成と訓練を行うことができる。しかし、一九五一年一二月までに、爆撃師団顧問とラボーチキン-9型戦闘機師団顧問五名を派遣してくれるよう要請する。
残りの顧問たちは、貴下の許可を得て、訓練師団および訓練連隊の成員から選抜される。
以上述べた問題に対して、貴下の決定を伝えてほしい。
敬具
毛沢東(25)》
毛沢東のやり方と方針に対するスターリンの不満は高まりつづけた。一九五一年一一月一三日、金日成宛ての電報で、ソ連の指導者は、北朝鮮軍師団へ配備される予定のソ連製兵器を、北京が自分の所にとどめていることに憤慨した。

《スターリン→金日成》

《同志金日成

しばらくの間、私はモスクワから遠く地方に離れていた。このため、朝鮮への三個師団用装備の供給に関する私の返事が遅れた。

モスクワでわれわれが会った時、中国側同志が三〇個師団用装備を受け取り、その中から、朝鮮軍三個師団へ分けなければならないということについて話した。同志高崗もこれに同意した。

その後、中国の同志は三〇個師団ではなく、六〇個師団用の装備を受け取るという決定がされた。これを考慮しても、なおさら、中国の同志は貴下に三個師団用の装備を分けることは可能であると思う。

しかし、もしも中国の同志が何らかの理由で、貴下の要請を受け入れることを拒絶するとすれば、知らせてほしい。

五一年一一月一三日[26]》

金日成はあわてて毛には落ち度はないとした。一一月一四日、ソ連大使は平壌から伝えている。

《ラズヴァーエフ→スターリン》

《(1)暗号電報は……五一年一一月一四日一九時、同志金日成に手渡された。

(2)私的な対話で、金日成は、従来どおり中国側の同志の負担でソ連からの三個師団用兵器を受け取るつもりであるものの、この問題に関して中国側の同志に質問はしなかったと話した。この問題は、金日成によって精査され、結果はのちほど知らされるだろう。
（3）今日、一九五一年一一月一四日、金日成は三個師団用装備を分けることを要請する電報を毛沢東に送った。

ラズヴァーエフ[27]》

その頃、スターリンは毛沢東に定期電報を送った。

〈スターリン《スターリン→毛沢東》→クラソフスキー〉

《同志毛沢東！

今年一〇月二四日付の貴下の電報を、われわれは受け取った。

私はモスクワから遠く地方に離れていたので、返事が遅れて発送された。

（1）北朝鮮内の連絡補給路の確保は、主に、戦闘機の力によって実行される必要があるとわれわれは考えている。このため、近い将来中国空軍を派遣するために、南市および泰川地域の飛行場建設を加速することを切に勧める。

高射砲戦力では、重要な大規模施設のみを防御すべきである。これは現在、ソ連軍二個高射砲師団によって遂行されており、この師団は飛行場拠点である安東―新義州地域の鴨緑江の架橋、南市および泰川地域の朝鮮北西部飛行場の建設を防衛している。

朝鮮での複雑な状況を考えれば、この高射砲防衛力を強化することが望ましい。それで、ソ連から供給される高射砲一八五四門と高射機関銃三二六八丁によって、中国軍司令部は一個師団あたり火砲一八〇門と高射機関銃いくらかを分配できると、われわれは考えている。一二月には、規定どおり、われわれは追加軍事借款で、さらに八五ミリの高射砲一二〇門をあなた方に供給しなければならないだろう。
（2）ミグ-9型戦闘機師団三個を、その飛行士と三個航空技術大隊とともにソ連から派遣することに関してだが、われわれがこの要請を実現するのは不可能である。なぜなら、われわれは、ミグ-9型をすでに生産しておらず、また保有もしていないからである。しかし、もし、ミグ-9型戦闘機用中国人飛行士の教育のために、今後わが方の飛行士が必要であるならば、教育のために三カ月間、広東・唐山・公主嶺にある三個ソ連戦闘機師団の教官を活用してもよい。彼らはすべての教育プログラムを終えてソ連への帰国準備をしているが、遅くとも一九五二年三月半ばまでにはソ連に返してほしい。
一個攻撃機師団の飛行士の教育に関して、わが軍は、第五および第一一中国軍攻撃機師団に顧問として中国にいるソ連軍飛行士たちが、その任務をうまく行うことができると考えている。
二個中国偵察機連隊の教育には、中国にあるロボフ将軍の偵察機連隊から教官を割愛できるだろう。
二個ツポレフ-2型爆撃機師団およびラボーチキン-9型機連隊の顧問一九名を、あなた方に派遣することが可能である。
もし、貴下がわれわれの決定に同意するならば、われわれはしかるべく指示を下すだろう。》
クラソフスキーへのみ（伝達）
われわれの飛行士が中国軍のミグ-9型機の操縦訓練を一時的に担当するが、定められた時期に正確に彼らが帰国するよう監視する義務を、貴下が負うこと。
フィリポフ〉(28)

第12章　休戦交渉　モスクワ・北京・平壌の策略

●要約

一九五一年に始まった休戦交渉での中ソ、そして北朝鮮のそれぞれの立場は異なった。そのため、国連軍との交渉はうまく運ばなかった。

交渉を管轄した毛沢東

休戦交渉は毛沢東が個人的に管轄していた。その毛沢東はスターリンに定期的に進行状況を報告し、クレムリンに最重要問題に関して忠告を仰いでいた。ソ連のリーダーは、通常は毛の立場、観点、考えに賛成していた。金日成は交渉においては補助的な役割を演じただけだった。金日成は毛沢東に自分の観点を述べただけであり、毛がその内容をスターリンまで伝えるべきかどうかを決めていた。

共産主義陣営は、当初から最大限の要求を持ち出すことを決めていた（全外国軍隊の朝鮮からの撤退、境界線としての三八度線の復活など）。論理は簡単であった。そのことによってのみ、共産主義陣営の力への自信を敵に誇示することになり、米国と南朝鮮から何らかの譲歩を勝ち取るチャンスが生まれるというものであった。

また、徐々にいっそう明らかになったのは、朝鮮人と同様、中国人も紛争の終結を望んでいるということであった。彼らは、自分たちに勝算はないため、新たな犠牲者を出すのは無意味であるとよく認識していた。

一九五一年七月一日、北朝鮮駐在ソ連大使ラズヴァーエフは、スターリンに以下のような電報を送った。

《ラズヴァーエフ→スターリン》

《報告する。

（1）交渉会談での金日成の回答文は、外務省の路線に従って私によって提供されたものである。回答文は、五一年七月二日から三日に渡される予定である。至急モスクワの同意が必要である。

（2）構成：朝鮮民主主義人民共和国代表は、三名から構成される予定である。朝鮮人民軍総参謀長南《ナム》日《イル》、外務次官朴東招《パクドンチョ》、および中国志願軍からである。

（3）南日が次の議題を言明する予定である。

(a) 砲撃および戦闘行動の停止時刻

(b) 三八度線から南と北へ五～一〇キロ両軍は撤退

(c) 砲撃停止の瞬間から、三八度線を越えての飛行、徒歩での横断禁止

(d) 朝鮮領海水域からの海軍艦隊の撤退と封鎖解除

(e) 朝鮮から二カ月以内の全外国軍撤退

(f) 捕虜交換の実施と連れ去られた市民の帰還

同志金日成は、同志フィリポフのしかるべき助言を待っている。指示を願う。

ラズヴァーエフ《1》

次の日、スターリンは返答した。

《スターリン→ラズヴァーエフ》

《同志ラズヴァーエフへ

貴下の七月一日付電報第一七五一号を受け取った。

朝鮮政府は、電報で提起された問題に関して中国側代表と話し合い、お互い理解し合い、共同提案を作成しなければならない。

受け取った電報からは、金日成提案が毛沢東と同意見なのか明らかでない。

フィリポフ[2]》

双方の軍代表者（連絡将校）会議の前に、毛沢東はスターリンに、取らなければならない姿勢について伺いを立てた。毛はこう説明した。

《毛沢東→スターリン》

《同志フィリポフ！

双方の軍代表者会議において、以下五つの議題を提案するつもりである。

（1）「双方は砲撃停止命令を同時に出さなければならない。砲撃停止命令の下達後、双方は砲撃を停止しなければならない」

おそらく、敵はこの議題を無条件で承諾するだろう。

（2）「双方の陸・海・空軍は、三八度線から一〇英米マイル〔以下マイルと表記。一マイルは約一・六キロメートル〕離れなければならない。三八度線から南と北一〇マイルの地域に、緩衝地帯を設ける。緩衝地帯の非軍事的管理は、一九五〇年六月二五日までのとおりでなければならない。すなわち、三八度線の北方は、朝鮮人民政府の管轄、三八度線の南側は南朝鮮政府の管轄下にある」

敵にとって同意できない何らかの点が存在する可能性はあるものの、われわれの提案はかなり公平なものであり、敵が反論することは難しいと考えている。

（3）「双方は、外部から朝鮮への軍事輸送および補給（陸・海・空軍の輸送を含む）を中止しなければならない。朝鮮地域内の前線への輸送も同様に中止される」

敵からこの問題に関して提案があることも考えられる。このため、われわれはこの問題に関して主導権を発揮するつもりである。ことによれば、わが方の提案の最後の部分は、放棄する方がさらに良いだろうか。

（4）「中立国による監視委員会を創設する。これは第一、二、三項目が実施されているかどうか監視するためのものである。朝鮮戦争に参戦していない中立国が同数選ばれなければならない」

敵もまた、類似の提案をしてくることが考えられるが、われわれはこの問題に関して主導権を取るつもりである。しかし、この議題の実施は、多くの困難に遭遇するだろう。

敵の推薦する監視委員会「メンバー」は、中朝国境および朝鮮の重要交通路でのわれわれの軍事輸送を監視する。われわれが主導権を握れない場合は、しばらくは待って、敵側からの提案があった後に、われわれはこれを受け入れるべきだろうか。

どのように振る舞えばよいか貴下の意見を伝えてくれることを願う。監視委員会の創設をまったく拒んでしまうのもまた不適当だとは思う。

(5)「双方は捕虜の本国帰還を実施しなければならない。軍事行動停止後四カ月以内に、独立のグループによって、全捕虜の交換を行う」

敵が一対一の交換を提起してくる可能性がある。われわれは、すべての捕虜の本国帰還を要求しなければならない。しかし、敵はわれわれよりも多くの北朝鮮人を捕虜にし、その捕虜を南朝鮮軍にすでに編入しているので、この問題は必ず議論を呼びおこすことになるだろう。

以上述べた五つの基本的議題は、双方の軍代表者会議において解決されなければならない問題であるというのがわれわれの意見である。

これ以外に、さらにいくつか問題点が残っている。

(1)「中国志願軍を含む全外国軍は、一定の期間(たとえば三~四カ月)内に、個々に北朝鮮および南朝鮮から完全撤退しなければならない」

この議題は非常に重要であるが、敵代表は、この問題は政治問題であってこの会議で扱うことはできないと考える可能性がある。われわれの側からこの問題を提起する必要があるかどうか検討して貴下の意見を知らせてほしい。

(2)「北朝鮮および南朝鮮避難民は、一定の期間内(たとえば数カ月間)で、もともと居住していた場所に帰還しなければならない」

同志金日成は、この問題を提起するよう主張している。しかし、この問題の実現はたいへん難しい。明らかに、北朝鮮代表と南朝鮮代表の間には、この問題に関する大きな見解の相違と議論があり、他の重要問題の解決にも影響を与えかねない。

あるいは、このようなポーズをとることができないだろうか。

もし、この問題が論議を呼び、解決されない時には、政治的な国際会議の場にこの問題を持ち込むべきだ。

以上の議題について貴下の意見を伝えてくれるように願う。ところで、われわれは昨日、外交部副部長の同志李克農と彼の補佐官を朝鮮に派遣した。一九五一年七月五日頃には、同志李克農は、同志金日成のところに到着し、和平交渉にまつわるさまざまな問題を、同志金日成や他の同志たちと審議するだろう。

この後、同志李克農は、開城近郊に向かい、そこから秘密裏に交渉を指導する。貴下には、これらの問題に関して同志金日成が意見を述べた電報を送付する。

毛沢東(3)》

毛沢東が言及した金日成の電報では、このように述べられている。

〈**毛沢東→スターリン**〉

〈同志フィリポフへ

同志金日成からの電報。

《**金日成→毛沢東**》

《同志毛沢東！

われわれの代表団は三人で構成することを提案する。その三名とは、朝鮮人民軍総参謀長南日（代表団長）、朴東招外務次官、および志願軍側からの代表一名である。

双方の代表者会議の時に、われわれは次の議題を提案したい。
（1）某日某時（平壌時間）をもって、双方は砲撃と全戦闘行動を停止しなければならない。
（2）某日をもって、双方の軍は三日以内に三八度線から一〇キロ離れ、そこに緩衝地帯を設けなければならない。
（3）双方は、三八度線を越えての陸・海・空軍の移動を停止させなければならない。
（4）全外国艦船は、北朝鮮領海内から撤退し、三八度線以北での沿岸封鎖を解除する。
（5）砲撃停止日から二カ月以内に、外国のすべての陸・海・空軍は朝鮮から撤退する。
（6）砲撃停止日から二カ月以内に、捕虜の相互交換を実施する。
（7）米軍および李承晩軍によって、強制的に三八度線以北地域から追い立てられた市民は、元のところに戻されなければならない。
電報に目を通して、早急に返答してくれることを願う。
金日成　一九五一年六月三〇日》

スターリンの返答は、その日すぐに来た。

《スターリン→毛沢東》
毛沢東〉(4)

《同志毛沢東
貴下の七月三日付電報を読んだ。貴下が提案した最初の二項目については、われわれには異議はない。第三項目の二番目の部分に関しては、もしアメリカ人がこのような提案を持ち出すならば、これを受け入れてもよい。第四項目に関しては、これを提案すべきではない。しかし、もし、アメリカ人が国連による監視委員会という提案を持ち出すならば、国連が戦闘に加わっていることを引き合いに出して、これを拒否し、双方の同意によって指名された中立国代表による委員会を創設する案を提起すべきであろう。第五項目は、これを提案し主張しなければならない。
貴下の残り二項目に関しては（全外国軍の撤退と避難民について）、これらは二つとも提案し、主張しなければならない。
フィリポフ[5]》

予備会談から本会議へ

まもなく双方の連絡将校による会議〔予備会談〕が始まった。その進行過程に関する報告は、毛沢東に送られ、写しがクレムリンに転送された。

一九五一年七月一〇日、スターリンは次のような情報を受け取った。

〈毛沢東→スターリン〉

〈同志フィリポフへ
一九五一年七月八日に開城市で開催された双方の連絡将校会議に関する五一年七月九日付同志李克農

からの電報を貴下に送付する。

《李克農・喬冠華→毛沢東》

《同志毛沢東！

一九五一年七月八日の連絡将校会議。

(1) 午前中、敵側の連絡将校は、主に本会議の日時、本会議場所の特定、および本会議参加者名簿の交換問題に関して発言した。

午後には、われわれの側の連絡将校が、本会議参加者の名簿を発表した。その後、敵側の連絡将校によって提起された問題に関して当方の意見を述べた。

平壌—開城回廊地帯の安全確保問題で多少の相違があった点を除けば、すべての問題はうまく解決された。敵の連絡将校は、身の安全の確保と供給品とにわれわれが配慮したことに対して、二度、感謝の言葉を述べた。最後に、敵の連絡将校は、本会議の準備がうまくいくことを期待していると表明した。会談時には、双方の連絡将校は挨拶をかわすことはなかった。会談終了後、アメリカ人が手を帽子に添えて挨拶したので、われわれはそれに答礼した。

(2) 連絡会議中、アメリカ人たちはたいへんよく組織されていた。アメリカ人たちは、三度、後方と交信した。午前の休憩中に、彼らは後方と連絡を取り、「われわれは自分の意見を述べたが、彼らはわれわれに対してまったく応えない。待たなければならない」と伝えた。

午後には、指示を受けた敵側の連絡将校は、本会議実施時には会談終了後、毎日休息のため汶山に帰ると三度表明した。われわれの側からは、はっきりとした返答をしなかった。

会談途中の一〇時〇〇分頃、米軍の飛行機二四機が二個編隊を組んで、開城上空を示威目的に飛行したが、われわれはこれに注意を向けなかった。その一機は、絶えず上空を旋回していた。明らかに、その飛行機は地上と連絡を取って写真を撮っていた。

(3)アメリカ人連絡将校たちは、飛行機から降りるやいなや、かなり緊張していた。会談場所に到着するとすぐに、アメリカ人連絡将校は出席者の誰が連絡将校か何度も尋ねてきた。李承晩の連絡将校は、アメリカ人連絡将校にテーブルを譲ったため、椅子から落ちた。

会談時のアメリカ人は慎重な姿勢で、自分の意見を直接的には表明しようとしなかった。敵の連絡将校が代表者名簿を明らかにした後、われわれはすぐには返答しなかったため、敵の連絡将校は先に表明してしまったことを後悔し、不利な立場に陥ることを恐れていた。しかし、その後、アメリカ人将校は、圧迫感を振り払うかのように、自分の発言文を通訳に朗読のため手渡した。この日の午前中は、最初の二時間は緊張したものとなり、休憩前になってすこし雰囲気は和らいだ。午後は静かであった。

われわれの側は、本会議出席予定者の名簿を明らかにし、これによって敵の疑念を晴らした。不一致はあったが、それらは些細なものだった。

(4)会談前、われわれは再三、提起する問題や会議の形態を検討し、互いに意見を交換した。会談時には、主に朝鮮側の連絡将校が発言した。わが連絡将校は朝鮮側を助け、同時に、必要不可欠な内容をこっそりと指示した。朝鮮側との関係は良好であった。

李克農　喬冠華　七月九日一一時〇〇分》

毛沢東〉(6)

七月一三日、毛沢東は個人的にスターリン宛てに交渉の状況について書き、ソ連指導者に共産主義側の代表団が取るべき行動指針について指示を要請した。

《毛沢東→スターリン》

《同志フィリポフ！

アメリカ人は、朝鮮での休戦交渉に関する二度の会談を通じて、本会議を一時的に中断させようとして、意図的に本会議への特派員参加問題を持ち出してきた。これは、時間を稼いで、世論を形成し、われわれの計画をさぐるためである。しかし、これは簡単に暴露される愚かな目論見でしかない。

双方の合意なく、いかなる特派員もマスコミ代表も一方的かつ有無を言わせぬ方法で、南開城に入ることは許されないということを、われわれは断固主張するだろう。

もし一両日中に再度アメリカ人が交渉を進めにくる場合、交渉再開後には、まず最初に議題を決め、その後、双方から同数の特派員を開城地区に派遣することを決定するのがよいとわれわれは考える。しかし、会議場には特派員たちが入ることは許されない。もし、アメリカ人があつかましくも双方の合意原則を破り、特派員抜きではやって来られないとするならば、われわれは断固、自分の意見を堅持し一歩も下がらない。

議題の問題に関する闘争に関してだが、同志南日は一回目の会談の意見表明において、軍事行動停止について三つの提案を行った。まさにそれにより、われわれの側は主導権を握った。それゆえ、さらに詳しい分析と闘争を行い、交渉再開後には、議題として以下の全内容を提議したい。

（1）議題の採択。

（2）朝鮮において砲撃停止の実施と休戦のために、何よりもまず、双方の軍事境界線を設定し、緩衝地帯を創設する。

（3）朝鮮での敵対行動の再発を予防するために、朝鮮から外国勢力は撤退する決定を行う。
（4）軍事行動の停止、休戦、および監視を実現するための具体的方策。
（5）軍事行動停止後の捕虜問題に関する方策。

以上の議題の中で、朝鮮からの全外国軍の撤退についての審議に関しては、アメリカ人の同意を取りつけることが必要である。これが満たされれば、われわれは三八度線沿いに具体的境界線を創設することを議題に組み込まず、議題が具体的問題の審議になる時まで、この問題を保留することに同意できる。また、議題の第四項目には、監視に関する全般的問題が含められているが、これはその審議の際に、その他の具体的問題を補足することを可能とするためである。

もし、アメリカ人が議題に朝鮮からの全外国軍の撤退問題を含めることを拒否するならば、先にわれわれが提案した五項目からなる議題を変更しないよう主張する。もし双方が三八度線からの自軍の引き離しについて同意するならば、その時には朝鮮からの全外国軍の撤退問題は延期することも可能である。もちろん、同志金日成は同志李克農に理解を示している。

しかし、全体の状況から考えれば、われわれは三八度線と朝鮮からの全外国軍撤退を主張する必要がある。また、これらの問題を提起する段階で、全般的意味を指摘し、問題を審議する過程で、三八度線問題に対する本質的解決をはかることが必要である。

朝鮮からの全外国軍の撤退問題に関しては、別の次元で実現することも可能である。

監視の実施については、参戦していない中立国にゆだねることが可能であり、双方の代表は交渉結果にもとづいて軍事行動の停止だけを実施しなければならない。

避難民の交換問題に関してだが、同志金日成は、検討の結果この問題は北朝鮮にとって不利で、それゆえ、これを議題に含めることはできないという結論に到達した。

以上述べた全内容は正しいだろうか。

検討後、貴下の意見を示してくれるよう願う。

現在、わが軍は以前と同じく敵と激しく交戦している。交渉がだめになる場合に備えて、敵兵力に多大な損失を与え、戦況を有利な方向に転換するため、戦闘行動を数カ月間遂行する準備をしている。

毛沢東(7)》

ジョイと南日の応酬

さらに七月一三日、毛は、交渉の進行状況に関する第三報告と、現場での交渉責任者への自分の電報をスターリンに送付した。第三報告はこのようになっている。

《李克農→毛沢東》

《同志毛沢東へ

写しを同志金日成へ

本会議の進行過程に関して、第三報告を提出する。

今日の本会議では、まず第一に、取るに足らない問題(通信と連絡の問題)が解決された。以前のとおり、三八度線問題と朝鮮からの軍の撤退問題が主な争点となっている。

以下は、米国代表団長ジョイの発言議事録を要約したものである。一九五一年七月一一日一一時〇〇分、ジョイはこのように発言した。

「私は、あなた方の側がわれわれによって提案された議題を批判していることについて言及したい。共産主義側の代表は、われわれの議題の第二項目を、この本会議で問題として設定することは適当でないと言明した。これは、捕虜収容所への国際赤十字社による公正な訪問についてである。この問題の解決を一日でも引き延ばすことは、捕虜に不必要な多大な苦痛をかけることになろう。赤十字社の活動は、国籍に関係なく、全捕虜を対象として、全捕虜の利益のために行われる。赤十字社の捕虜への援助は、人道的原則に則っており、軍事的性格を有するものではない。捕虜の交換は軍事的な問題だが、赤十字社の仕事はまったく軍事的なものではない。

一九五〇年七月、北朝鮮政府は捕虜について取り決めたジュネーヴ協定の原則が実行されるのを希望すると言明した。この協定の原則の一つは、国際赤十字社代表に捕虜収容所の訪問を許可している。北朝鮮政府は、とっくにこの原則を具体化しなければならなかったが、これを実施していない。

あなた方の代表団は、われわれによって提案された第三項目を議題に含める必要がないと言明した。この第三項目は、この本会議では朝鮮に関わる純粋な軍事問題だけを審議するというものであった。われわれ代表団は、この第三項目を議題に含めることを提案する。審議する問題の範囲を逸脱しないようにすることによって、必要な問題の解決の機会を逃すことがなくなるので、本会議において検討する問題を制限するのである。

あなた方代表者たちは、われわれによって提起された第四および第五項目は本質的な問題でないと考えている。われわれによって提案された議題の性質と編成は、根本的なものである。このため、このような形で作業することこそが、本会議の理にかなった進行を促進すると考えている。

われわれの側が提案した議題の第四項目には、特別な注意が払われなければならない。敵対行動および軍事行動の停止に関する項目を議題にするに際し、敵対行動および軍事行動が再開されない条件を確保しておくことが必要である。このような保障が必要である。もちろん、この事項には、詳しく言及できない多くの問題点が含まれている。このため、われわれは基本的な定式を示す。詳細は別にして、まず第一に双方が基本的問題に合意し、その後、基本的問題の設定に従って、詳しい審議に入るのがよい、と国連軍代表は考えている。

たとえば、このような問題の中には、緩衝地帯設置の問題がある。あなた方ははっきりした境界線と緩衝地帯の設置を提案している。われわれの方は、まず双方が境界線と緩衝地帯を創設する共通の希望があり、この問題の同意が可能であるという決定を採択する必要があると考えている。そして、双方の合意受諾後、境界線と緩衝地帯に対する見解に関する問題の審議に移行することによって、協定に到達できる。

双方が緩衝地帯設置に同意するには、この問題が基本的問題の一つとして議題に含まれなければならないとわれわれは考える。

この後の会談では、議題に従って緩衝地帯についてはっきりとした決定に到達する可能性はある。しかし、国連軍司令部代表には、軍事的意味のない、保障のない、朝鮮での軍事情勢に関係のない、東西に引かれただけの仮の境界線だけならまったく興味がないということは理解していただく必要がある。(この文言については、われわれの側の代表は、もう一度英語で繰り返すよう敵側の代表に要請した。)

われわれの側が提案した第六項目に関してだが、貴下はこの問題はまったく重要でないと言明した。もし双方から同数参加する全権が委任された休戦委員会が創設されなければ、敵対行動再発の防止は不可能である、というのが、われわれの見方である。また、休戦協定の実施を保障するのも不可能である。

われわれの側が提案した議題の第七項目である軍事監視グループに関してだが、双方から同数参加するこのグループは、軍事行動停止を監視する目と耳の役割を果たす委員会である。監視行動なくしては、軍事行動停止委員会の最重要任務は完遂されない。休戦協定もまた実行不可能である。

われわれの側から提案した第八項目に関してだが、この条項は、軍事監視グループの創設、その全権、その監視対象、および誰に報告を提出しなければならないかについて審議するということを意味している。この問題を審議し、しかるべき決定を採択しなければ、作業が遅れ、誤解が生じる可能性がある。

この問題は二義的なものとみなして、議題から除くことはできないと、われわれは考えている。外国軍の撤退に関してのあなた方の議題だが、この問題は政府の最高機関で決定されなければならないとわれわれは考えている。この本会議で審議する問題の領域を超えているからである。国連軍司令部代表は、この項目を議題に入れることに反対している。なぜなら、われわれはこの問題を審議する権限を持っていないからである。われわれの全権は国連軍司令部からのみ与えられるものである。

あなた方の代表団によって提起された二番目の項目に関してだが、われわれはこれを受け入れる用意はある。緩衝地帯の創設は必要不可欠である。しかし、われわれは軍事行動停止交渉を軍事的意味で行うためにここに来た。われわれの理解では、軍事行動停止とは、一定の条件下で双方が軍事行動停止に合意することを意味している。軍司令官間の軍事行動停止に関するこのような合意は、政治的・領土的問題について政府によって達成されるかもしれない協定に抵触してはいけない。このため、国連軍総司令官は、現在の軍事的状況の意味合いを有しない地図上の仮想線には興味を持っていない。

戦略的にも、現在の軍事状況的にも、また地形的にも、いかなる意味も有さない仮想の線引きを、軍事問題の交渉に持ち込むことはわれわれの関心事ではない」
（これを話した後、ジョイはこう続けた。「われわれだけがわれわれによって提案された議題を議事日程に入れることに同意している」。わが代表団長はもう一度最後の文言を繰り返すように要請した。すると、ジョイはすぐに前言を取り消すと表明した）

南日はこう質問した。

（1）赤十字社代表の捕虜訪問と軍事行動停止問題はどのような関係があるのか、私には、まったく理解できない。赤十字社代表の訪問と早急な本国の帰還のどちらが捕虜にとってより良いのか、どうか教えてほしい。

（2）あなた方が提案した、朝鮮に関連する問題だけを審議することを規定する第三項目に関してだが、朝鮮以外の他の問題でどのような問題が、この本会議で審議可能なのか。

（3）あなた方の議題の第四項目で言及されている敵対行動および軍事行動についてだが、いったい敵とは誰のことを意味しているのか、私にはまったく理解できない。

（4）あなた方の第五項目を検討する時、あなたは、敵対行動および軍事行動の再発をなくすことを保障する環境が存在しない限り停戦を達成するのは不可能であると述べた。これはいったい何を言っているのか。外国軍の撤退なしで軍事行動の停止を保障することがどのようにしてできるのか、われわれは知りたい。

（5）軍事行動停止委員会とか監視グループとは何であろうか。これらを正確に理解することなしには、議題の審議は難しいだろう。

（この後すぐ、一三時〇〇分まで一時間三五分間の休憩が告げられた。）

ジョイはこう話した。

「今朝、あなた方の代表団長によって提起された課題に答えたい。捕虜にとって帰還が良いのか、それとも赤十字社代表の訪問が良いのかとあなたは質問した。これは同時にできない問題だとあなたは考えているが、それは正しくはない。われわれの代表は、赤十字社代表が捕虜を訪問するということも、帰還するという提案も支持している。もしあなたが同意するならば、捕虜の本国帰還を待つ間に、明日からでも赤十字社代表が捕虜を訪問することはできる。

一九五〇年七月一三日、国連事務総長宛ての電報で、北朝鮮政府はジュネーヴ合意の原則を具体化する準備があると述べた。この原則の一つは、赤十字社代表に捕虜訪問を許可するということである。われわれはなぜあなたが自らの決定に反対し、人道的原則に反対しているのか理解できない。

あなたは、敵対行動や軍事行動とはどのようなものか説明するよう要請した。われわれの理解では、敵対行動の停止とは朝鮮でのあらゆる形態の戦闘行動の中止を意味し、軍事行動の停止とは軍部隊強化の停止（増強計画、配置転換、装備の更新、補給を含む）と軍事攻撃の威嚇の停止を意味している」

南日はジョイをこの言葉でさえぎった。

「あなたは私の問いを正しく理解していないと思う。敵対行動と軍事行動の停止はそのようなものであるとわれわれはたいへんよく理解している。私が興味を持っているのは、あなたの演説に盛り込まれた敵対行動の再発をなくすための方策と条件というのは、何を言おうとしているかである」

ジョイはこう話した。

「私はこの問題についてはのちほど返答する。軍事行動停止に関する合意一つだけでは、双方の合意にもとづいて具体化されるが、休戦期間中に双方が自軍兵力を増強することを可能にする。このため、もし軍事行動停止の方策のみを実施し、敵対行動を再発させないことを保障する条件がないならば、休戦後に再開される軍事行動はさらに激しいものとなる可能性がある。

外国軍が朝鮮から撤退しない場合、敵対行動の再発がなくなる保障が何によって可能であるか、あなたは質問した。

われわれは、この保障は以下によって可能であると考えている。

(1)軍事行動停止に関する軍事委員会としかるべき人数を有する監視グループの創設。

(2)緩衝地帯の創設。

(3)戦闘行動停止条件について、戦っている両軍司令部が同意を達成すること(戦闘行動停止に関する全権委員会を含む)。これは双方によって達成された決定の実行を保障するためである。

軍事行動停止委員会は双方の司令部の同意にもとづいて形成されなければならない。この委員会には双方から同数の代表が参加する。

委員会のメンバーは、一定地域の境界を自由に移動できる権利を有する。これは軍事行動停止についての双方の共同決定を実行するための管理を可能とするためである。委員会の活動と管理を実行しながら、双方の司令部に、軍事行動停止に違反している事実を報告しなければならない。

軍事監視グループは軍事行動停止委員会の付属機関で、双方が軍事行動停止合意を実施しているかどうか、実際的な任務を遂行する」

ジョイは続けた。

「あなた方が提案した議題にある第二項目の編成の変更について、あなた方は希望していないと私は理解した。あなた方はそれに一般的意味を付与することを欲していない」

南日は尋ねた。「あなたの意見はどういうことか」

ジョイが答えた。「一般的意味というのは、われわれの側が提案した議題の第五項目のことを言おうとしている。これは緩衝地帯の設置に関する議題である。あなた方は境界線を要求している。実際にはたいへん多くのありとあらゆる境界線が存在している」

南日が述べた。「われわれはすでにあなた方にわれわれの境界線を提案した。あなた方は何らかの境界線を提案できるか」

ジョイは返答した。「われわれは境界線を提案しない。これはすでに本質的問題に触れているからである。あなた方が提案した議題の第二項目を一般的な意味のものに修正することを望んでいないとわれわれは理解した」

南日は話した。「われわれの提案は、すでに一般的な意味のものだ」

ジョイは説明した。「あなた方によって提案された第二項目に関してだが、何らかの境界線を引くというあなた方が提案した議題に入ることは同意できない。われわれは議題の中に緩衝地帯創設問題を含めることには同意できる。この地帯の位置や境界に関する問題は、この問題の審議で本質的に解決されなければならない。私がもう一度強調しておきたいのは、現在の会議は問題の解決を目的としていないことだ。たとえば、この特定の境界線問題に関してだが、このような問題は今後の会議で審議されなければならない」

南日は話した。「三八度線はわれわれが仮想した境界線ではない。三八度線は以前から存在していた。

まさに軍事行動はこの線から始まった。このため、軍事行動停止合意も三八度線を基本とされなければならない。したがって、この項目は議題に組み込まれなければならない」

ジョイは話した。「あなた方はわれわれの提案した議題に一般的な意味を付与することを拒絶しているということが、われわれには明らかになった。私は他の意味ではこの議題を承諾できない」

李克農　一九五一年七月一二日　一時三〇分。[8]》

先に言及した、毛が朝鮮にいる交渉担当者に宛てた電報の原文は、以下であることに注意したい。

《毛沢東→李克農》

《同志李克農へ

写しを同志金日成と同志彭徳懐に

再度交渉が再開した時に特派員問題が持ち上がるならば、議題の問題が完全に合意された後に、開城地区に同数の特派員を双方が送ることにわれわれは同意できる。ただし特派員は会議場には入室できない。

特派員の数に関しては、われわれは何名の特派員を送ることができるか計算しておく必要がある。われわれの側からは、主に、前線特派員を送る必要がある。北京からは、ソ連人、ポーランド人、チェコスロヴァキア人特派員を含むグループを派遣することが可能である。

議題に関する闘争は、さらに数日間続くだろうと思う。議題が採択された時には、われわれは特派員を送ることができる。

毛沢東　一九五一年七月一二日　一四時〇〇分[9]》

中立地帯創設で合意

毛沢東の七月一三日付の「指示を与えてほしい」という要請にスターリンは以下のように返答した。

《スターリン→毛沢東》

《同志毛沢東！

貴下の七月一三日付暗号電報を受け取った。われわれは詳細に敵との交渉問題に関連するすべての事実を審議し、一致した結論に達した。七月一三日付電報で報告された貴下の観点は、まったく正しいと考える。

フィリポフ　七月一四日》[10]

スターリンの支持を得て、毛沢東は中国・北朝鮮の交渉担当者にしかるべき指示を与えた。

《(1)……リッジウェイの発言は、主に、中立地帯創設問題を設定することを追求し、下手な自分の行動（本会議での会談で特派員を参加させるという些細な問題を提起）を償おうとするものである。主導権を握るために、中立地帯創設を提案することと代表団業務員の資格で特派員を派遣することにわれわれは同意した。これにより、敵が出してきたすべての障害は取り除かれるだろう。

(2)敵代表団が交渉実施のため開城市へ来るが、これと関連して以下の問題について解決する準備に早急に着手するよう願う。

(a)中立地帯はどれくらいの面積であらねばならないか。双方の代表団の安全を確保する問題、また、中立地帯の住民を素早く退去させることが可能かどうか検討しなければならない（退去する場合に、住民が物質的損失を受けないようにしなければならない）。
(b) 軍撤退後、われわれは、秩序維持のために民間人代表をそこに置くべきかどうか。
(c) 板門店に双方の連絡将校用合同事務局を創設する問題。
（3）リッジウェイの発言への返答文をわれわれは修正した。文面は別個の電報で送付する。この返答文は本日二〇時〇〇分に北京のラジオ局に渡されるだろう。

毛沢東　五一年七月一四日　七時〇〇分》[11]

七月一五日、中国交渉団長李克農は、毛沢東に二通の注目すべき報告を送った。その原文は中国のリーダーによって、モスクワに転送された。

〈毛沢東→スターリン〉
〈同志フィリポフ！
貴下に同志李克農の第四報告を紹介するため送付する。

《李克農→毛沢東》
《同志毛沢東へ！

写しを同志金日成と同志彭徳懐に

本会議の進行についての第四報告。
本日朝三時、われわれは敵に、リッジウェイ宛ての返答文を受け取りに板門店へ六時〇〇分に自らの代表を送るよう通告した。九時四〇分、双方は会議継続のために一三時〇〇分に会うことに同意した。

会談の冒頭、アメリカ人はまず中立地帯創設問題を持ち出した。双方の意見交換後、原則的にこの問題を解決し、この問題の具体的方策を連絡将校に作成させることで一致した。その後、アメリカ人は一五分間の休憩を提案した。

会議再開後、われわれの代表団長南日は、あらかじめ準備した演説文を読み上げた（これは別電報で送付される）。その後、アメリカ人代表の発言が続いた。

敵は自分たちが提案した議題から第二項目と第三項目を除くことに同意した。しかし、三八度線に軍事境界線を創設することに関するわれわれの側の議題の第二項目に対して、敵側の代表はこう述べた。

「あなた方は、三八度線問題と緩衝地帯問題を混同している。あなた方の議題は特定の性格を持つものであり、われわれのものは一般的性格を持っている。軍はいかなる緯線にも興味を持っていないが、地政学的境界線には興味を持っている。あなたは、戦争は三八度線で始まったので、三八度線で終結されなければならないと話した。あなたの論理は、正しくない。われわれは断固として、三八度線問題を議題に含めることに反対を表明する」

敵は、明らかに、われわれから一定の譲歩を引き出す目的でこれらの言葉を使った。予定されていた休憩の時間が近づき、一五時〇〇分に会議は終了した。明日（七月一六日）九時〇〇分に、本会議は継続される。

今日の会談の雰囲気は比較的よかった。敵代表団とともに、二〇名以上の新しい特派員が来た。したがって、以前に決定された特派員数と合わせて、全体で三〇名になる。すべての特派員は、写真撮影時の秩序の乱れを除けば、礼儀正しかった。

結論として言えるのは、われわれが主導権を掌握後には、真実はわれわれの側にあるように感じる。

われわれは完全な自信を持って行動している。敵の発言を研究しており、対策を見つけようとしている。

毛沢東[12]

李克農　一九五一年七月一五日　一七時〇〇分》

李克農の二番目の報告は、以下のとおりである。

《李克農→毛沢東》

《同志毛沢東へ

写しを同志金日成と同志彭徳懐に

今日の会議で、双方の代表は開城市中心から半径五マイルに中立地帯を創設することに同意した。本会議が行われている間、この地帯は中立地帯である。この地帯には、警備のため軽装備の軍隊のみが必要数残される。

これとは別に、会議場から半径〇・五マイルの地域には、軍事的な警備隊ではなく、必要最小限の非武装警備隊のみが残される。

合意の実施を保障するため、同志解方に防衛部隊に関連する以下の方策を取るようにすでに要請した。

(a) われわれ人民軍第一三九歩兵師団と第八歩兵師団は、基本的にそのまま残留しなければならないが、迫撃砲をはじめとするそれ以上の重装備は、完全に中立地帯境界線外に移動されなければならない。

(b) 会議場から板門店までの区域内幹線道路に沿って配置されている部隊は、幹線道路から二五〇メートルの距離をおいて、隠れた監視所を整備し警備を行う。

幹線道路両側居住地区には、市民服を着用した非武装警備隊を派遣する。

(c) 日中の会議場地域では、非武装警備を行い、政府軍と共同で住民の検査を行う。夜間には、以前のとおり、武装警備隊を派遣する。

(d) 警備隊配備に関する以上の方策は、ある程度スパイ活動を活発化させるであろう。このため、警備部隊は警備強化方法を検討する課題を負うこと。

北開城地区では多くの部隊が集合しており、さらに大砲が開城から後方に下げられていることもあって、北開城地区での部隊配置が難しくなった。

第六四軍に三巨里より北の地区の一部の建物を開放する命令を下してくれるよう、同志彭徳懐に要請する。これは砲兵隊の収容を可能にするためである。

李克農　一九五一年七月一五日　一二時〇〇分[13]》

外国軍撤退問題で足踏み

一九五一年七月一七日、金日成は、交渉が足踏み状態にあり、さらにその間に敵が北朝鮮に多大な物質的損害を与え続けていることを訴えて、個人的にスターリンに相談した。金は対空防御を強化して、交渉の前進を助け、和平に近づけるよう要請した[14]。

七月一七日、毛沢東は当面の指示を李克農に知らせた。文書の写しは、いつものように、クレムリンに届けられた。

〈毛沢東→スターリン〉

〈同志フィリポフへ

一九五一年七月一七日付の同志李克農、金日成、彭徳懐へ宛てた私の電報を、貴下に送付する。

《毛沢東→李克農》

《同志李克農

写しを同志金日成と同志彭徳懐に

七月一六日付と一七日付の電報を受け取った。

われわれの代表が、自分たちの新しい議題を提示して、それは公式的なものだといったん表明したなら、それを主張し続けなければならない。とくに、朝鮮からの全外国軍の撤退が朝鮮での敵対行動再発防止を保障する必要条件になるということに注意を振り向けるべきである。

われわれにはこの項目を提案する完全な根拠がある。（さまざまな国家が、遠足ではなく、戦争を遂行するために軍隊を送った。軍事行動停止に関する本会議は、軍事行動停止問題を審議する権利をもっているが、朝鮮からの外国軍撤退問題を審議する権利は有していないのか。これを説明することが不可能なのは明らかである。このため、もし本会議が軍事行動停止問題を審議する権利を有するならば、朝鮮から外国軍撤退問題を審議する権利もあるということをわが方は主張しなければならない。）

われわれがこの項目を熱心に主張することを敵に理解させることが必要であろう。

最近、われわれは中立地帯の問題、特派員派遣の問題、さらには軍事境界線の問題、軍事行動休止条件実施機関の問題、その実施の監視問題で、一定程度譲歩した。

朝鮮からの外国軍撤退問題の審議からさらに逸脱すれば、以前どおりにわれわれは譲歩し始めるという間違った認識を敵が持つ可能性がある。このため、敵の外国軍撤退問題の審議拒否が、貴下に恐怖を呼びおこすようであってはならない。

貴下は敵の正しくない視点、すなわちこの問題の審議拒否に対して反対し続けなければならない。これと関連するいかなる問題、すなわち軍事的にも政治的にも議論に立ち入ってはいけない。

敵によって故意に設定された論理的な罠にはまらないために、貴下は朝鮮からの外国軍撤退問題が軍事行動停止を保障する必要条件であることを力説しなければならない。二〜三日で、敵に朝鮮からの外国軍撤退問題で一定の譲歩をさせるよう闘争を行わなければならない（もし、敵代表が発言しなければ、われわれはこの問題の設定の正当性を詳細に説明しなければならない）。たとえば、軍事行動停止後すぐ、朝鮮からの外国軍撤退問題を話し合う本会議招集に敵が同意する時のみ、われわれは議題項目を定式化することについて修正を検討することが可能である。もし敵がこの種の譲歩をしないならば、われわれは自分の主張を続けなければならない。

われわれは、会議の中断や、会議自体を失敗させる意向を表明してはならない。だが、敵側による会議の決裂を恐れてもならない。

双方の参戦国代表からなる軍事行動の停止条件実施組織、中立国代表からなる監視組織を創設することが適当だとわれわれは考えている。しかし、現在はこの問題に関するいかなる具体的提案も行うことは不適当である。

毛沢東⑮》

七月一九日、朝鮮からの外国軍撤退問題の交渉を議題に含めることについて、共産主義側がどのように闘争を継続しているかを、李克農は以下のように素描した。

《李克農→毛沢東》

《会議の進行についての第七報告。

会談は一〇時〇〇分に始まった。

まず、南日はジョイに、朝鮮からの外国軍撤退問題を議題に含めることに同意するかどうか尋ねた。

ジョイは答えた。「われわれが同意した議題にある四つの項目で、軍事行動停止合意の達成を保障するのに十分である。朝鮮からの外国軍撤退の問題に関してだが、われわれは新しいことは何も言うことはできない」

その後、南日はあらかじめ準備された演説文を読み上げた（別に添付）。この後、ジョイは三〇分の休息を提案した。

会談再開後、ジョイは述べた。「あなた方は、朝鮮からの外国軍撤退の問題を議題に入れるために、何の方策も講じなかった。われわれは以前の自分の立場を変えることはできない」

この後、南日は、自分の発言の本論で、朝鮮からの外国軍撤退に関する全問題を質問した。

敵側の代表は、なぜ朝鮮からの外国軍撤退に同意しないのか、軍事行動停止後に何のために朝鮮に残留するのか、これらの問題には何も答えなかった。

敵はたいへんばつが悪そうだった。

本日の南日は、うまく問題を提起した。敵側の代表がまったくわれわれの質問に答えられなかった時、敵はきまりわるい状況を逃れるためにタバコを吸い始めた。ある者は、まったくどうしようもないといったふうに頭を掻いた。会談で、われわれの代表は大胆に発言し、自分の意見の正当性を立証し、敵は消極的になった
周到に準備したので、本日の会談では以前と比較して、交渉においても発言においてもわれわれの側

は進歩した。今日の会談は二時間二〇分続いた。明日は、九時〇〇分に、本会議は継続される。

李克農　五一年七月一九日　一七時〇〇分》

会議の進行についての第七報告に添付されていた南日の発言文。

《あなた方の側が相変わらず根拠もなく、朝鮮からの外国軍撤退問題の審議を避けているのはたいへん残念である。私はあなた方がもう一度もっと真剣にこの重要問題を取り扱ってくれるよう期待する。私はもう一度、われわれの観点を説明したい。

議題問題での同意を早く達成し、本質的な問題の審議へ移行を加速するために、私は、忍耐して、もう一度朝鮮からの全外国軍撤退の問題に関するわれわれの確固たる綱領を詳細に説明したい。

われわれの本会議の目的は、朝鮮での戦争を停止するという正当性の上にある。また、われわれが軍を撤退させる目的は、朝鮮での戦争の終結であり、朝鮮での平和の復活である。この目的を達成するために、朝鮮から全外国軍を撤退させる必要がある。これによってのみ、完全に朝鮮での砲火を止め、これによってのみ朝鮮での戦争再発防止が達成できる。

朝鮮における外国軍の存在は、朝鮮戦争の主な原因であり、戦争が長引いている原因ともなっている。この主要因の除去が朝鮮での戦争再発防止を保障しうる。

これによって、まったく明らかなのは、本会議に参加しているあなた方側の代表は、一方で敵対行動と軍事行動再発を防止する保障措置を行うことを提案しておきながら、もう一方で、朝鮮での砲火の再発を防止する問題を、この本会議で審議し解決することを拒否している。この問題を拒否するのは、軍事行動をなくそうという誠意ある欲求を持っていないと考える根拠になっている。

さらに指摘する必要があるのは、あなた方からなされた朝鮮からの全外国軍撤退の問題の審議拒否の説明は、根拠のないものである、ということだ。もしわれわれの本会議が砲火をなくし休戦を達成する問題を審議し決定することを呼びかけているならば、砲火をなくし休戦を達成する目的は、戦争の終結と和平の実現にある。このため、われわれはなによりもまず、砲火の再発をなくすことを保障する根本的な問題、特に朝鮮からの全外国軍撤退の問題を審議し、解決しなければならない。

朝鮮からの全外国軍撤退の問題を審議し決定することを拒否することによって、あなた方は朝鮮での戦争終結という心からの平和的な意思を持っていないということを示した。

戦争は遠足ではないし、軍隊も観光客ではない。もし砲撃が中止され休戦が訪れても、以前どおり軍隊が駐留するのは、その目的が朝鮮の自然の美しさを観察することにあるからではないだろう。

朝鮮からの全外国軍の撤退に関する態度が平和に対する心からの意思の指標となると、われわれは断固言わざるをえない。朝鮮から砲火をなくし平和を達成する目的は、戦争の終結と朝鮮での平和の復活であらねばならないとわれわれは考えている。このため、われわれは、朝鮮からの全外国軍撤退の問題を、われわれが提案したとおり、議題内の主要問題とすることを断固主張する。これはわれわれの不変の要求である。

われわれが議題に対してなるべく早く同意を達成し、本質的な問題の審議へ移行することを加速できるよう、あなた方が真剣にこの問題を検討し自分の立場を変えてくれるようわれわれは期待する。[16]》

七月二〇日、李克農は敵側を譲歩させることに失望し、ある程度立場を和らげることを提案した。毛は、モスクワに電報を転送し、李克農よりもさらにはっきりと言明した。[17]

《毛沢東→スターリン》

《同志フィリポフ！

朝鮮からの外国軍撤退の問題で敵は譲る気はない。現段階では、この要求を放棄しようとわれわれは考えている。[18]》

スターリンは同盟者に同意した。

《スターリン→毛沢東》

《同志毛沢東！

貴下の七月二〇日付暗号電報を受け取った。外国軍の撤退を議題に入れることをこれ以上主張しないという貴下の視点は正しい、とわれわれは考える。貴下が平和愛好の姿勢を示し、その一方で米国の平和問題への不熱心さを示すのに、軍の撤退という項目は、貴下によって、交渉で十分利用し尽くされた。現在のところ損失なしにこの項目を別の時機に延期できるので、議題にこの問題を含めないことに同意する。

フィリポフ[19]》

軍事境界線と三八度線

七月二六日、敵は相変わらず、三八度線を軍事境界線とすることを拒絶している[20]と、李克農は毛沢東に知らせた。李克農は、敵の同意を求める闘争は、二、三日かかると判断した。

七月二八日、毛は李克農に指示した。

《毛沢東→李克農》

《同志李克農

七月二七日付第一一小報告と、これに添付されたジョイ発言の全文を受け取った。写しを同志金日成と同志彭徳懐に

(1) ジョイの発言は非常識で根拠のないものである。ジョイは軍事行動停止に関する交渉を行っているのではなく、あたかも戦場で戦争を叫んでいるかのようである。

貴下は、次の自分の発言で、何よりもまずジョイに、休戦をまとめるつもりがあるのか、あるいは、戦争拡大のきっかけを作ろうとしているのかを問わなければならない。その後で、貴下は、艦船と航空機なるものの陸軍の戦闘行動に対する影響とか、艦船と航空機は活動し続けるというおかしな言動に対して、鋭い批判を繰り広げることが必要である。

陸軍の戦闘行動における艦船と航空機の影響力に関してだが、この点では、大邱地域での壊滅の結果敵が撤退した去年の例や南漢江から敵が撤退した今年の例が典型的である。

陸軍の戦闘行動停止時に艦船と航空機は活動し続けるという提案に関してだが、もし敵が本当にこのような考えを有しているならば、敵はまったく心から休戦の意思を持っていないということだ。

(2) ジョイの発言から判断すれば、われわれの側は粘り強く三八度線を軍事境界線に設定することを主張しなければならないし、いかなる場合もこの立場を譲ることはできない。敵の根拠のない要求を拒否することによってのみ、われわれが譲歩に次いで譲歩するという敵の間違った見解を崩すことができる。

この項目に関しては、敵に数日議論させる可能性を与えることが必要である。そうするしか、敵がこの項目を新たに再考することはないだろう。

もし、敵がこの問題で決裂する方向に向かおうと決める場合、これを報道機関に公表すれば、敵はまったく不利な立場に陥る。

毛沢東　七月二八日　三時〇〇分[21]》

一九五一年七月三一日、李克農は交渉を前進させるのをあきらめ、毛沢東に対して、敵は交渉の成功に興味をもっていないと、愚痴をこぼした。調整によって複雑な問題の決定を行う必要性に追い込まれるのを恐れて、ワシントンは故意に交渉過程を引き延ばしていると李克農は述べた。これと関連して李克農は、対米宣伝闘争を強化すると同時に、敵への軍事的圧力を積極的にかけることを提案した。[22]

毛沢東は李克農に、交渉での行き詰まりは米国によくない方向に機能するので、急がずうろたえるなと助言した。[23]

この問題に関する毛沢東と李克農の往復書簡の全文は、以下のとおりである。

〈毛沢東→スターリン〉

〈同志フィリポフ

同志李克農から受け付け取った一九五一年七月三一日一七時付電報と五一年八月一日付電報への私の返事を、貴下に送付する。

《李克農→毛沢東》

《同志毛沢東へ

（1）議題の第二項目に関わる闘争は、すでに六日間続いている。この期間、本会議はほとんど袋小路に入った。さらに二、三日間かけても現状を変えるのは難しいと思う。議題の第二項目の同意達成が不可能であることを口実にして、敵は一時的に議題の第三項目（管理について）の審議に移るよう要求してくる可能性がある。これは第三項目の審議で、自分に有利な決定を取りつけ、その後第二項目に戻るためなので、これに対してわれわれは油断のないようにしなければならない。

（2）最近知らされた資料から明らかなように、敵は交渉を長引かせる作戦をとっている。敵が最も憂慮しているのは、朝鮮問題に関する合意達成後に、朝鮮内外の問題に関するさまざまな種類の政治問題が噴出し、アメリカ人が不利な状況に置かれることである。

七月三〇日のイギリスBBC放送の夜のラジオ報道によれば、米国防省への六〇〇億米ドルの予算配分の問題についての討論が上院で行われた。その時、マーシャル国防長官はこのように述べた。

「朝鮮での軍事行動停止交渉は、数週間継続する可能性がある。うまくいったとしても、九月初めまでに結果を出すのは困難である」

ところで、軍事行動停止交渉の過程で、アメリカ人はイギリス人を封じ込めた。本会議の敵代表の中には、一人のイギリス人もいなかった。そのうえ、ロブソン少佐がアメリカ人代表に会議の過程について尋ねた時も、ロブソン少佐は何の情報も受け取れなかった。現在敵軍が占領している位置よりも北方に軍事境界線を設けるという提案を敵が行った時、敵側の特派員たちは呆然とした。

袋小路を脱出して交渉を進めるのを助けるため、以下の方策を取るように提案する。

(a) 朝鮮の交渉に対する敵の誠意のなさを示すため、すべての情報を動員する。

(b) 世論の反応を呼ぶために、報道機関での批判を、北京と平壌で繰り広げていく必要がある。
(c) 敵航空機と艦船の残忍な行動に対する返答として必要とされる軍事行動を拡大する。
私の観点が正しいかどうか返答を要請する。
この電報の写しは同志金日成には送らなかった。

李克農　一九五一年七月三一日　一七時〇〇分》

《毛沢東→李克農》

《同志李克農

写しを同志金日成と同志彭徳懐に

貴下の一九五一年七月三一日付電報を受け取った。

軍事境界線の画定問題に関する六日間にわたる議論に関してだが、われわれの側は正しい方向性を有している。同志南日の発言はすばらしかったので、その結果、われわれは有利な条件を獲得できた。

われわれと敵によって提案されていた二つの方針をめぐる闘争があったが、敵はこれを脇におしのけて、できあがった袋小路を利用して、われわれに何らかの新方針を提案させようとしている。あるいはまた、第三項目の審議に移行することを提案させようと試みている可能性もあると思う。これは有利な立場を作り、自国内でさらなる動員を行い、内部の反対者と闘争するためである。

敵の意図に左右されることなく、われわれはまず第一に軍事境界線としての三八度線問題を主張しなければならない。もし、われわれが袋小路にあり続けるならば、これはむしろわれわれにとって有利である。なぜなら、われわれの側は三八度線を交渉実施の基礎として包み隠さず公正に境界線とすることを主張しているが、敵は包み隠さず自分の提案を広報することを恐れており、消極的に三八度線に反対する発言を行っているからである。

もし、袋小路の状況が長く続き、現在軍隊が占領している地域よりも北方地域に境界線を確定するという敵の提案が引っ込められないならば、これによって敵に反対する世論がまきおこる公算が高い。敵はこれを恐れている。

したがって、われわれは自分の主張をし続けるのみである。この場合、敵は自主的に自分の提案を放棄するか、それとも長い間のイデオロギー闘争に入るだろう。これに対する素質はわれわれの方にある。もし敵が本会議を中断する方向に行かないならば、交渉を延長していけば、とにかく転換点があるだろう。

以上から、われわれは特派員への貴下の指示に同意する。それだけでなく、貴下が双方の特派員を通じてどのようにして敵提案の不公平性を見せつけるか検討することを期待する。まさにそれが、本会議での闘争を実施していくうえで助けとなる。

北京放送は本日すでに、プロパガンダに大きな効果をもつ彭徳懐論文をラジオで報じた。

さらに、開城発の特派員記事で、敵提案の不公平性、交渉を遅延する敵の意図、和平達成への誠意のなさを強く批判する必要がある。これと同時に、われわれの提案の公平さと誠実さを見せる必要がある。特派員の情報とさまざまな論文においては、われわれの側に世論を獲得するために正しい分析を行う必要がある。

平壌でも同志金日成にこの問題を検討してもらい、われわれに協力してくれるよう要請する。

毛沢東≫

二時間余にわたる異常な沈黙

一九五一年八月一一日、李克農は再度、軍事境界線の議論に対して失意を表明した。

《李克農→毛沢東》

《同志毛沢東

写しを同志金日成と同志彭徳懐に

本会議の進行に関する第二〇報告。

今日の本会議では、ジョイが最初に発言した。

ジョイは、三八度線を軍事境界線とするわれわれの計画にはっきりと反対し、われわれの計画は何ら軍事的意味がなく根拠のないものであると非難しながら、この問題の審議中止を要求した。また、われわれの計画は自分の体面を守るためのもので、軍事会議が進行する過程で、朝鮮での政治的分裂を進めるものであるとジョイは話した。

またこれとは別に、ジョイはこう話した。「われわれは三八度線問題の審議を中止しなければならない。あなた方のあいまいな論拠をこれ以上審議する必要はなく、実際の軍事情勢にもとづいた軍事境界線の審議を始めなければならない」

われわれの代表は、「審議中止」という言葉の意味は何を意味しているのかと質問した。

ジョイはこう答えた。「われわれは軍事境界線の問題を審議し、実際の軍事的状況にもとづいて境界線を決定したい。あなた方の三八度線を軍事境界線とする提案には同意できない」

南日は、自分の発言（別に添付）で、従来どおり軍事境界線を三八度線と画定することなしにはすまされないと主張した。

あらかじめ準備された発言文を南日が読み上げた後、双方の代表は二時間の間、一言も発しなかった。これは全本会議を通していまだなかった奇妙な現象である。

一三五分もの沈黙の後、ジョイは堪えられずにこう話した。「われわれは軍事境界線としての三八度線問題を審議するために集まったのではない」

この後、袋小路から脱するために、われわれがどのような新提案を持っているか、ジョイは尋ねた。袋小路から脱出する方法は三八度線についてのわれわれの提案を採択することにある、と南日は答えた。

これと同時に、南日はあらかじめ準備した発言文を読み上げた。

双方が自己の主張を繰り広げるのを見て、ジョイは議題の第三項目の審議に入るよう提案した。われわれの代表はあらかじめ準備した返答文を読み上げた。

結局、休憩前に、ジョイは再度、われわれが新提案を提起することを考えるよう要求した。われわれの代表は、三八度線についてのわれわれの提案にはいかなる変更も行わないと言明した。

明日、この問題に対する見解の交換を続けるだろう。

本日の会議は、一二時三〇分から一六時三五分まで続いた。これは最も長い会談であった。

李克農　五一年八月一〇日　一九時一五分[24]》

毛沢東はこの日、李克農に返答した。

《毛沢東→李克農》

写しを同志金日成と同志彭徳懐に

《同志李克農へ

今年八月一〇日付の第二〇報告を受け取った。今年八月一〇日の会談結果に関して公表された敵のコミュニケでは、われわれの側が以下についての審議を「断固拒否している」とされている。

「(a) 前線を軍事境界線に画定する問題

(b) 三八度線を除く他の何らかの線を軍事境界線に画定する問題

(c) 第二項目を除く、本会議の議題のその他の問題」

さらに、敵のコミュニケではこう述べられている。

「南日将軍の二時間一一分にわたる異常な沈黙後、共産主義側はジョイの全提案を拒否した。これに対して、ジョイは再度、以下について審議したいという自分の希望を述べた。

(a) 現在前線が通る場所において軍事行動停止地域を創設する問題

(b) 提案された地域の境界線を正確にする問題。これまでこの地域は一般的な意味で指摘されたのみである」

この二項目から明白なのは、米国側は現在の前線を軍事境界線として画定する希望を表明する試みをすでに行い、この問題を正常化する可能性を提案しているが、われわれの側は三八度線以外の全問題の審議を拒否しているということを、故意に人々に印象づけようとしているということである。敵の目論見はこれである。

本日の会議で、貴下はコミュニケにある敵の目論見を暴露しなければならない。軍事境界線の画定に関しては、たとえ敵の提案がまったく根拠がないもので正しくない場合でさえも、われわれは敵のいかなる提案についても審議拒否はしない。しかし、われわれはそれを論破する権利も根拠も持っており、三八度線についてわれわれの提案を主張する。また、アメリカ人だけがいやおうなくわれわれに彼らの提案を審議するよう強いており、アメリカ人自身は三八度線についての提案を審議することを拒絶している。これは、境界線問題の解決についてのわれわれの提案を論破するだけの根拠をアメリカ人が持っていないことを示している。双方によって採択された議題と正当な審議を乱そうと、敵はわれわれの提案について審議を拒否している。八月一〇日、われわれの側の代表が説明した後のジョイの沈黙は、審議拒否を示したものである。将来、敵がこのように沈黙する場合、われわれは敵を非難し、敵の間違ったプロパガンダを暴かなければならない。

　コミュニケにおいて、敵は境界線に対する自己の立場を提示した。それで、本会議において、何のためにアメリカ人は意図的にコミュニケをだいなしにするような、歪められた、根拠のない提案をするのか、また、何のためにほぼ現在の前線を軍事境界線に確定すると書いているのか、貴下はアメリカ人に質問することが可能である。もし敵が基本的に現在の前線を軍事境界線に画定することができると認め、自分の以前の提案を放棄するならば、貴下はこの問題を検討し以下の内容を指摘することができる。敵がすでに以前の根拠のない不当な提案を放棄し、軍事境界線をほぼ現在の前線にすることを提案し、この問題の調整に傾く限り、われわれの側によって提案された三八度線が現前線の最善の調整案である。この三八度線は、基本的に双方の現在の軍事情勢に一致している。このため、われわれの側は三八度線を双方の基本的な軍事境界線として確定し、この線に重点をおきながら緩衝地帯を創設することを提案する。双方の軍は、必ずしも一〇キロ離れる必要はなく、地形的に有利な場所に駐留できる。臨津江以東三八度線以南にある国連軍は、一〇キロ後退しなくてもよい。また、臨津江以西三八度線以南にある軍は、一〇キロ後退しなければならない。臨津江以西三八度線以北にある中国・朝鮮軍もまた一〇キロ後退しなければならず、臨津江以東三八度線以北にある軍は一〇キロ退却しなければならない。このようにして、現在の前線に従って解決することが可能である。

この方策を実施すれば、われわれが譲歩していることを提示することができる。それでなくても、われわれはさらにこの数日間に敵に勝利し、敵のいくつかの提案を研究して不当な提案を批判することは可能である。これに対して、敵がどのように反応するか見守り、その後、われわれがあらかじめ準備した提案を提起するかどうか決定する。

毛沢東　八月一一日　七時〇〇分》[25]

八月一三日、李克農は北京に報告した。

《李克農→毛沢東》

《同志毛沢東へ

写しを同志金日成と同志彭徳懐に

本会議の進行に関する第二三報告。

今日の会議で、われわれが投げかけた五つの問題に対するジョイの返答は、敵提案の根拠のなさと無分別さとを再び立証した。

最初の三つの問題への返答に関してだが、緩衝地帯は現在われわれの陣地が配置されている三八度線以北に創設されなければならないと敵は考えている。

ジョイは、われわれの陣地が配置されている地域に境界線を画定したいということ、すなわち、現在われわれの陣地が配置されている地域より北方に現在の前線を押しやりたいということを、いかなる時も隠しはしなかったと公然と述べた。

ジョイは、前線に沿って南の境界線をもつ緩衝地帯を、現前線から北方に創設することを考えているとした。これは必要な縦深をもつ防御用陣地を作るためのもので、その後に境界線を確定するためのものだと、手短に公然と述べた。

最初の三つの問題に対するジョイの返答は、昔の根拠のない無分別な提案と変化がなかった。しかし、第四および第五の問題に返答をした時に、ジョイは現在の前線と現在の軍事情勢を基礎にして何らかの他の提案を審議する用意があると、うそを述べた。

まさにこれにより、ジョイはわれわれの興味を掻き立て、三八度線の提案を断念させようとした。

ジョイの発言後、南日はあらかじめ準備した自分の発言文を読み上げ、その後、双方はお互いに問題提起し、それに返答した。

われわれの側の代表はあまり強く発言せず、敵の間違った見方を変えることはできなかった。このため、明日、われわれは敵の愚かな理屈に強力な一撃を与え、綱領を守って、これによって何よりもまず敵の間違った見方を砕くつもりである。

李克農　一九五一年八月一三日》(26)

合同小委員会を設置

八月一五日、李克農は再び毛沢東に報告した。この写しは、スターリンに転送された。

〈毛沢東→スターリン〉

〈同志フィリポフ！

同志李克農から送られた今年八月一五日一六時〇〇分付第二五報告を貴下に知らせる。

写しを同志金日成と同志彭徳懐に

《同志毛沢東

《李克農→毛沢東》

本会議の進行に関する第二五報告。

（1）今日の会議で、われわれの側の代表はいつもどおり粘り強く自分の提案を主張した。航空機・艦船の優位を埋め合わせる必要性を説く敵の理屈に対して、強力な批判を再度浴びせた。また敵のばかばかしい提案にもそうした。

敵は再び自分の昔の言葉を繰り返した後、交渉実施に関する新たな形態を提案した（詳細は添付されている）。

（2）双方の側から代表一名と補佐官二名（通訳を含む）からなる合同〔小〕委員会を創ることを敵は提案した。これは議題の第二項目についての意見交換と双方代表団が袋小路から脱出するのを助けるためのものであるということだった。

（3）敵は、本会議外で議題の第二項目の同意を達成するためにこの提案を行った。われわれは敵提案に同意するつもりである。

われわれの側の代表は再び朝鮮人同志になるであろう。この委員会の業務への参加のために、南日はすでに李相朝を任命した。志願軍司令部は、同志解方と通訳一名を任命する予定である。

（4）明日の会議では、軍事境界線を三八度線に設定するというわれわれの提案に含まれている緩衝地帯問題の解決の可能性を、さらにはっきりと説明するつもりである。これはわれわれの譲歩を示すが、一方で委員会でのわれわれの側の代表の仕事を助けるだろう。
（5）公正にわれわれは行動するかどうか。
（6）貴下の迅速な指示を要請する。
李克農　本年八月一五日　一六時〇〇分》

毛沢東[27]

写しを同志金日成と同志彭徳懐に

八月一八日、李克農は再び報告した。

《李克農→毛沢東》

《同志毛沢東へ

本会議の進行に関する第二七報告。

（1）議題第二項目の審議の過程で生じた袋小路から脱出するための昨日と本日の〔合同〕小委員会の会合では、何らの進展もなかった。主にこれは敵が航空機と艦船の優位を主張し、陸上でこの補償を考慮するよう要求したことによる。最後の二日間で、敵はいかなる譲歩もしなかった。敵は以前どおりに自分の古い提案に固執し、全時間を通じて図々しくもわれわれの計画を知ろうと努めた。

われわれは、すでに一九五一年八月一一日付の指示に従い具体的提案を提出したが、敵はそれに興味を示さなかった。

敵はこう言明した。「臨津江以西の地域と三八度線地域の南側は、軍事的にわれわれにはいかなる意味ももたない。それはわれわれには必要ない。われわれの美しい馬と死んだ雌牛とを交換しない」

これは、三八度線以北地域の陣地をわれわれに与えたくないと敵が考えていることを意味している。

本日、敵はブルケの代わりに、米国極東空軍副司令官クライジを小委員会の会談に派遣した。クライジとホデスは、交渉過程で、お互いに協力している。すなわち、一人がより礼儀正しく、もう一人が乱暴にふるまうというやり方だ。

午後の小委員会の会談では、敵は自分の以前の提案である航空機と艦船の優位を補償する必要性を正当化することを再度試みた。さらに、われわれが提案している三八度線は、双方の軍事バランスを反映させることができないと敵は言明した。

さらに、敵航空機と艦船の優位性を補償することにわれわれが同意しない以上、現在の前線を軍事境界線として画定することをなぜ提案しないのかと敵は述べた。われわれにこのような提案を提起させるため、敵はこの発言を行った。
(2) もし、この後一両日中に、敵が譲歩しないならば、われわれもまた譲歩しないであろう。すなわち、第二案を提起しない。なぜなら、逆にごくわずかなものを得た敵がすべてを要求して合意達成の期限を引き延ばすからである。

李克農　八月一八日二三時〇〇分[28]》

一九五一年八月末には交渉の状況は複雑になった。毛沢東はモスクワと相談することを決めた。

《毛沢東→スターリン》

《同志フィリポフへ

同志フィリポフ！

軍事境界線問題の交渉過程で生じた袋小路から脱出できる状態にないので、敵はさまざまな挑発行為を実行した。

八月一九日、民間人の服を着た敵軍が、開城の中立地帯にあるわが方の武装警備部隊に攻撃を加えた。この結果、一人が殺され一人が負傷した。双方の代表による調査後、敵はわれわれの地域で活動している南朝鮮パルチザン部隊員によるものだと弁明した。

この後すぐ、八月二二日夜、一機の敵飛行機が開城の中立地帯に九個の爆弾を投下し、わが方の代表が居住する宿舎を射撃した。その夜、そこにはアメリカ人連絡将校が調査のためにいたが、敵は自分の行動を認めるのを断り、そこで発見された破片と、ついていた弾痕は飛行機の爆弾によるものではないと図々しくも主張した。この後、敵は、前述の内容とは矛盾して、空襲は見知らぬ飛行機によるものだと言明した。

敵が恥知らずの扇動行為をあえて行ったのは、これによってはわれわれの側が交渉中断の方向には向かわないと考えたからである。つまり、敵はわれわれに重圧をかけるためこの方策を利用した。

もちろん、南朝鮮の回し者が交渉中断を計画した可能性があるが、しかし、李承晩が自ら主導権を取って交渉が行われている開城に攻撃をしかけるのに、アメリカ人の同意なしに飛行機を送る可能性は考えられない。よって、われわれは敵の挑発行為に断固とした反撃を加える。

敵が起きたことに対して責任を取るまで、われわれは交渉の一時中止を言明した。交渉は、われわれが満足のいく回答を受け取るまで再開されないだろう。まさにこれにより、われわれは敵の熱意を奪うだろう。しかし、われわれは交渉中止を通告することで自ら主導権を取ることは欲していない。

敵は公然とは自らの挑発行為を認めないと思う。

交渉の延長は二通りの結果に終わる可能性がある。

第一は、延長が交渉の決裂をよぶ可能性である。

前線で直接的に敵軍の攻撃を受ける可能性に対して周到な準備を行う。同時に、北朝鮮東西海岸にある港を敵の上陸部隊の上陸から厳重に防御する。最近、敵の飛行機が、中国沿岸にある都市、青島、上海、杭州地区に侵入した。これもまた挑発のために行われた。

また、敵はわが沿岸地域の対空防御を偵察しようとした。これに対抗して、われわれは朝鮮に駐在する司令部と沿岸地域都市の対空防御を強化したい。次の電報では、私は貴下に朝鮮駐留中国志願軍に勤務するソ連軍事顧問の派遣計画を知らせたい。

これと同時に、貴下に火砲類の追加供給を要請するだろう。

第二の可能性は、交渉延長の結果、敵が袋小路から脱出する手段をさがし、軍事境界線問題で同意が達成される可能性である。

もし、一定の期間を経て、敵が交渉再開を希望するぐらい状況が進展するならば、われわれは交渉に入る手段を提起し、これに敵を同意させることを考える。

中立国代表が管理者と証人として交渉期間中本会議に参加することを、交渉の必要条件として要請することを、同志金日成は提案している。これは開城の中立地帯を保障する目的である。さらに、将来的に、これら代表は、軍事行動停止を実現する管理組織となりうるだろう。

貴下はこれに対してどのように見るか。これが必要かどうか、それとも何らかのより良い手段があるかどうか考えてほしい。

上記について貴下の指示を要請する。

敬具

毛沢東[29]》

しかし、モスクワは中立国の招聘《しょうへい》に同意しなかった。これは次の章に出てくる話が原因となった。ここでは、毛沢東はいつもどおりスターリンの話に耳を傾けたとだけ記述しておこう。

交渉の中断と再開

さまざまな問題に対する双方の間の克服しがたい矛盾によって、交渉は中断された。一九五一年一〇月、交渉の席に戻る試みが活発化した。一〇月一八日、毛沢東は、柔軟性を発揮する必要性とせめて小さな範囲でも反論相手に受け入れられるものを提案することを、李克農に指示した。また、中国のリーダーは、アメリカ人が交渉再開に興味を持っているという意見を述べた[30]。

一〇月二二日、李克農は報告した。

《李克農→毛沢東》

《同志毛沢東へ

写しを同志金日成と同志彭徳懐に

一九五一年一〇月二二日一四時〇〇分、敵の連絡将校は、合意の承認と相互理解の達成について書いたジョイの書簡を南日宛てに、また、本会議業務の再開日に関するキニー大佐のメモを張春山大佐宛てに届けた。

連絡将校によって達成された合意が敵によってかくも早く承認されたのは、この合意に公式文書の性格を付与するためである。これは、われわれの側が未解決の突発事件に関する問題をさらに提起してこないかと、敵が恐れているためである。

敵は、交渉再開後すぐに、議題の第二項の審議を実施することを提案した。未解決の突発事件についての問題に言及する機会をわれわれから奪うために、敵がこの提案を行った可能性がある。

われわれはジョイの書簡をあらかじめ検討した。そしてわれわれは、ジョイ提案の受け入れが交渉を進展させることに結びつかないと考えている。

書簡の中で、敵は連絡将校によって達成された合意は公式的な合意であるとしているものの、百パーセント公式的なものであるとはっきりと認めていないし、また、本会議で何も補足されないとも述べていない。

本会議再開の目的は議題の第二項の審議にあると敵は表明しているので、本会議再開後の最初の会談で、安全保障問題の審議は難しいとは主張しないだろうし、また主張できないだろう。とりわけ、もしわれわれが未解決の突発事件の問題を提起せず、すぐに連絡将校の合同機関創設問題を提起するならば、敵は第二項の審議には反対を表明しないだろうと思う。

しかし、敵がかなり神経質になって緊張していることを考慮すると、第二項問題の設定時には、われわれはあらかじめ次の展開に対する方策を考えておかなければならないし、敵が同意しない場合は、前述の問題を審議しなければならない。

もし貴下がこれに同意するならば、われわれは連絡将校が作成した合意を承認する書簡を書き、一九五一年一〇月二四日一一時〇〇分に本会議会談再開を敵に提案する。

書簡は本年一〇月二三日午前中か正午に敵に届けられる。

問題の本質に対する貴下の指示を願う。

李克農　一九五一年一〇月二二日[31]》

写しを同志金日成と同志彭徳懐に

次の日、李克農はこのように提案した。

《李克農→毛沢東》

《同志毛沢東へ

敵軍とわが軍との間で最近生じた前線での衝突を考えて、休戦ラインに関するわれわれの側の提案の第二案に、ある程度修正を加えることをわれわれは決定した。これはわれわれの案が現時点での軍事情勢を反映していることを敵に見せるためであり、また、交渉過程において転機をつくるためのものである。

（1）休戦ラインは、東海岸の巨津里を起点として西方に、瑞和里、林塘里、長坪里（楊口北西一〇キロ）、サンザカイニ、蒲里（鉄原南西一五キロ）、赤硯（車灘里南東五キロ）、馬井里（高浪浦里の南西一〇キロ）、板門店、上道里（開城南一二キロ）、小陵城里（開城南西九キロ）、延安、青丹（海州南東二三キロ）、津洞（海州南六キロ）、昌麟島（甕津の南西二二キロ）、国峰里（甕津北西一九キロ）を通過して、西海岸月川里（国峰里西一〇キロ）までである。

（2）双方の軍が撤退する地域は、緩衝地帯にかわる。緩衝地帯の非軍事的管理は、双方によって実行されるが、軍事行動停止時まで占領している側が個別に行う。

休戦ラインを引くことが予定されている領域の交換と軍事接触線の変更に関してだが、わが軍は智陵洞地点を起点として西方に青廷里―九化里―板門店境界線方面に後退し、敵は東方に高浪浦里―長湍―大龍里境界線方面に退却しなければならない。すなわち、双方は約五キロ後退し、軍が撤退した地域は緩衝地帯に含まれる。

（3）現在、三八度線から南の地域に、われわれは二四六〇平方キロメートルの領域を占領している。上記の計画に従って軍が撤退すれば、われわれは一八八〇平方キロを放棄する。三八度線北方地域に敵は、約五三六四平方キロの領域を占領している。上記の計画に従って軍が撤退すれば、敵は一九四四平方キロを放棄する。

こうすれば、双方によって放棄された地域は、ほぼ同じである。緩衝地帯の南側境界線は、敵の「カンザス」防衛線を考慮して、防衛に適さないと敵に言わせない良好な地形をもった地域を通過する。

この案はすでに審議され、われわれの代表たちの賛同を得た。

貴下の意見を請う。

李克農　一九五一年一〇月二三日[32]》

毛沢東は李克農に次のように返答した。

《毛沢東→李克農》

《同志李克農へ

写しを同志金日成と同志彭徳懐に

貴下の本年一〇月二二日一八時〇〇分、二三時〇〇分、および一〇月二三日二二時〇〇分の電報を受け取った。

同志南日のジョイ宛ての返答に、われわれは二つの文言を入れた。これは、交渉過程で生じた障害に対して敵に責任を負わせるためであり、また、合意締結と相互理解達成の問題に関するわれわれの立場を提示し、政治分野での勝利を保障するためである。

二件の突発事件は中立地帯についての合意違反であると敵はすでに認めた。敵がたくらみを企てなくても、全世界の世論の前に、すでに敵は不利な状況にある。

あらたな厳格な合意と相互理解に達するために、連絡将校合同組織創設案を本会議再開後の第一回会談で最初に提案するという貴下の提案に同意する。連絡将校合同組織は合意を実施するための機関である。二カ月前に起こった未解決の突発事件に関してだが、一時的にこの問題を棚上げすることは可能である。

しかし、敵が合意に違反した過去の全事件が完全に解決されたなどとわれわれが考えているわけではない。これによって、必要な時に敵の責任を追及するために利用できる武器を所有するということである。

休戦ラインの問題に関してだが、われわれの側は、本会議再開後の一回目の会談で、手始めに小委員会の会談でこの問題を審議するよう提案することも可能である。

小委員会もしくは本会議会談での問題審議を敵が同意するしないにかかわらず、われわれの側が主導権を取って、双方は昔の案を審議せず、境界線に関する検討可能な新案を審議するという案を提起することが可能である。

敵が以前どおり、われわれの防衛線の縦深部に境界線を主張し、双方が審議可能な境界線の新案を登用することに同意しないならば、われわれは新案の登用を急ぐ必要はなく、数日待たなければならない。もし敵がわれわれの提案に同意するならば、貴下の一〇月二三日付電報に従い、現在の前線を基本にした境界線画定の修正案を提起することが可能である。

境界線は具体的に次のような形で確定される。すなわち、敵は、臨津江以東三八度線以北に一九四四平方キロの領域を放棄し、われわれは臨津江以西三八度線以南に一八八〇平方キロを放棄する。

その後、双方の軍は形成された境界線から三キロ離れなければならず、この地域には緩衝地帯が創設されなければならない。

緩衝地帯の管理機能は、以前どおりに双方それぞれによって個々になされる。

境界線が通る具体的な地点は、ほぼ貴下の今年一〇月二三日付電報に従って画定される。

この案を基礎にして敵と闘争すれば、変化する現在の前線地域に境界線を画定するという目標は達成されるだろう。しかし、われわれはたいへんずるがしこい敵との問題を抱えている。

本会議再開後、交渉過程での一歩一歩を入念に熟慮し、詳細に検討を加えた後に貴下の提案を伝えてくれるよう期待する。その提案はわれわれの同意を得て本会議に提出可能となる。

本会議再開後の交渉に関する同志金日成のどんな意見も伝えてくれるよう要請する。

毛沢東(33)》

本会議再開後の交渉の進展

一九五一年一〇月三〇日、李克農は毛沢東に電報を打った。

《李克農→毛沢東》

写しを同志金日成と同志彭徳懐に

《同志毛沢東へ

貴下の一九五一年一〇月二九日五時〇〇分付電報を受け取った。

一九五一年一〇月二九日、小委員会の会談において、最初に双方の軍の接触線を画定し、その後に双方の案の審議に移行するということには、敵は以前と変わらず同意しなかった。敵が主張したのは、まず案件に関して決定を行い、その後に、双方の軍の接触線を確定するということであった。敵は、両軍接触線を双方が承認できるように画定するのは難しいと言明した。

午後の小委員会の会談では、われわれの側が圧力をかけて、敵に同意させた。その結果、問題は部分的に同意に至ったが、敵はこの問題を真剣に扱わなかった。明日の会談でも今日と同じようなことが繰り返される可能性、つまり、いかなる結果にも達しない可能性がある。

さらに、敵は、小委員会の作業再開に同意することと同時に、本会議は双方のいかなる要請によっても再開されうると述べた。

現在、ターナー・ジョイは汶山に帰っている。

われわれに圧力をかける目的で、敵は本会議の作業開始を提案している可能性がある。これを考えて、今年一〇月三〇日午前の会談で敵が以前のとおりに両軍接触線の問題の審議に同意しない場合、われわれは両軍接触線の画定を待たないで、現在前線が通っている場所での軍事行動停止に関してある程度の修正を加えた案を提起しようと思う。

もし、一九五一年一〇月三〇日午後までに、前線が通っている地域でのわれわれの軍事行動停止案が準備できなくても、この案の提起時間が今年一〇月三一日より遅れてはならない。

現在前線が通っている地域での軍事行動停止の修正案に関してだが、
(1)それが敵にとって容認可能なものである必要がある。すなわち、われわれの提案は最新のものであることが望ましい。
(2)両軍の後退の結果、双方によって放棄される地域の面積はほぼ同じである。つまり、これは両軍に対して公平であろう。
(3)緩衝地帯の大小は肯定的な側面と否定的側面とを含んでいる。緩衝地帯を広くすることは敵軍の玄関口が南に押しやられ、鉄原―金化地域が非武装化されることになるので、有利である。それによって、この地域におけるわれわれの陣地への脅威は一掃されるが、この場合わが軍は、同じだけの長い距離を後退しなければならない。その結果、われわれはわが軍が管理しやすい有利な陣地、たとえば、五聖山地域(金化以北)と他の有力な高台を放棄する。
緩衝地帯を広くする場合の否定的側面は、休戦後、広範囲の地域で非軍事管理行政組織が困難な状況に陥るかもしれないということだ。このため、われわれは緩衝地帯の幅を四キロとする敵提案に同意するのが適当であると考える。
(4)領域の修正がある場合、臨津江以西地域が将来の敵陣地として保持されても、われわれに損害はない。この地域は軍事的観点から見れば何の現実的価値もないからである。
(5)軍事的には、金化―鉄原地域が緩衝地帯に含まれた方が有利である。しかし、敵は、おそらく、きっぱりとこれに反対意見を述べるだろう。これに対して、われわれは、敵が放棄する地域を補償する適当な地域を有していない。
つまり、一つの方法しかない。両軍の接触線確定時に、金化(これは実現可能)と鉄原(これはおそらく難しい）を緩衝地帯に含めるか、あるいは、緩衝地帯の国境線上に置くことを粘り強く主張する。

（6）東海岸の高城地域に関してだが、われわれは敵を巨津里地域に後退させることができればよいが、残念ながら、敵に代わりに提供できる適当な地域を有していない。

したがって、開城と金城地域にある前線の突出部とこの突出部の間にある地域に関しては、われわれは敵の案に基本的に同意する。

……両軍の実際の接触線に従って、敵が南側境界線まで自軍を後退させれば、高城以南の地域で一〇一平方キロ、金城以南地域で一九三平方キロ、全体で二九四平方キロを放棄する。北部境界線までわが軍が後退すれば、姑味城里、すなわち小鵲峰南西一・五キロ地点の境界線で、われわれは二七五平方キロを放棄する。双方によって放棄される地域の差異は大きくなく、敵が撤退する地域は前線の突出部である。

（7）双方の実際の接触線は、基本的に、一九五一年一〇月二七日付二三時〇〇分付志願軍司令部の電報にあるデータに従って、確定された。

両軍の接触線の問題に関しては、まださらにある程度議論があると思うが、しかし、この問題に対する修正は大きくないだろう。

もし、われわれの提案後に、敵が以前どおり高城・金城以南の突出部地域と開城地域の交換を主張するならば、われわれは単純な軍事行動停止案を提起する。この停止案は、現在両軍の接触線が通っている所で両軍は二キロ撤退するというものである。これは高城と金城以南地域の突出部から敵軍の退却を求めないことにより、敵の不当な要求をかわすためのものである。

上記の内容を検討し、指示を与えてくれよう貴下に要請する。

《李克農　一九五一年一〇月三〇日二時〇〇分[34]》

写しを同志金日成と同志彭徳懐に

毛は自分の交渉者の提案を承認した。

《毛沢東→李克農》

《同志李克農へ

貴下の一九五一年一〇月三〇日二時〇〇分、五一年一〇月三〇日二一時二〇分付電報を受け取った。貴下の五一年一〇月三〇日二時〇〇分付電報にある内容に同意する。これは、一〇月三一日の会談において、われわれが主導権を取って、現在変化している前線での軍事行動停止案を言明するとした貴下の提案のことである。

もし、敵がこれに反対を表明し、五一年一〇月二五日に敵によって提案された案を主張するならば、われわれの側は午後の会談でこれを強く批判し、コミュニケと特派員の情報を公表する。これは、現前線での軍事行動停止と軍事境界線設定を敵が希望せず、われわれの後方深部で軍事境界線設定を敵がたくらんでいることを暴露するためである。これはわれわれの手元にある武器である。われわれが具体案を提起する一九五一年一一月一日か二日には、われわれが有利になり、われわれの案に敵を同意させることを可能とするためである。

もし敵がわれわれの提案に同意する場合、今年一一月一日の会談でわれわれの具体案を提起し、それにより、完全に主導権を握るであろう。

具体案に関してだが、われわれは貴下によって提案された六つの点と南北境界線に同意する。もし敵が開城地域と高城・金城地域の交換を主張する場合、われわれにとってより有利なのは、現在前線が通っている所での単純な軍事行動停止を主張し、両軍が二キロ撤退する南北境界線を確定することであって、領域の交換問題でさらに議論することではない。

毛沢東　一九五一年一〇月三一日一時三〇分[35]》

一一月二一日、李克農は毛沢東に知らせた。

《李克農→毛沢東》

《同志毛沢東へ　写しを同志金日成と同志彭徳懐に

小委員会の会談は一一時〇〇分に始まった。われわれの代表は最初に発言し、われわれの側の案を提起した。（発言文を添付）

敵がわれわれの案に反対する原因は、以下に集約される。

（1）われわれの案の第一項にある「両軍の事実上の接触線」の概念、「両軍の事実上の接触線を休戦ラインとして設定する原則を確立する」と述べられている内容が、明確でないこと。

敵の意見に従って、どの時期のものを軍事接触線と認めるか指摘する必要がある。すなわち、現在の両軍接触線は、三〇日間で休戦ラインとして設定されなければならない。三〇日を超える場合は、合意署名日の両軍接触線が休戦ラインとして設定されなければならない。このため、「事実上」と「修正」という言葉を含める必要はない。

（2）さらに、われわれの案の第一項では、「緩衝地帯の設定のため、両軍は休戦ラインから二キロ下がる」と述べられている。

敵は、緩衝地帯創設の原則は、緩衝地帯の南北境界線として、休戦ラインの南と北側から一定の距離を取って境界線を引くことであるとしている。これから考えれば、両軍の二キロ後退という文言を入れる必要はなく、もし、それを入れる必要があるならば、その時は後退日時を指定しなければならないとしている。

（3）われわれの案の第二項にある「双方の同意により両軍の事実上の接触線を双方の休戦ラインとする」という文言に関してだが、現在画定されつつある休戦ラインと緩衝地帯は、「一時的な休戦ラインと緩衝地帯」と呼ばれなければならないと敵は考えている。

われわれの案の第三項にある「敵対行動は継続されるだろう」という文言に関してだが、敵は当初これを二義的なものとし提案の最後に持っていくことを提起したが、その後、敵は別の節にそれを分離することを提起した。われわれの側は敵の提案にしかるべき返答をし、われわれの観点を説明した。本日の会談で、双方は合意に至らなかった。会談は明日一一時〇〇分から継続される。

李克農　一一月二一日　一七時〇〇分[36]》

一一月二一日、「中央」は以下のような電報を朝鮮民主主義人民共和国駐在大使ラズヴァーエフに送った。

《グロムイコ→ラズヴァーエフ》

《一一月二〇日、同志フィリポフの以下の訓令が同志ローシチンに渡された。

「三八度線への米軍の迅速な撤退を要求するヴィシンスキーの要求と現在の事実上の前線を休戦ライン

とする中国人同志の要求にははっきりとした差異があることがわかるように、ラズヴァーエフを通じて、毛沢東、金日成に説明すること。ヴィシンスキーは、三八度線への撤退要求を拒否する米国の立場の不当性を指摘する以外、他の方法を取ることはできない。ヴィシンスキーのこのような立場は、中国人同志にも有利である。ヴィシンスキーがアメリカ人の強欲さを暴き、一方で平和達成のため大きな譲歩をする朝鮮・中国人同志の平和愛好性と妥協を提示しているからである」

同志ローシチンは貴下と連絡が取れていないので、同志フィリポフの指示にあるように貴下を通して金日成へ説明を伝達することができない。よって、外務省は貴下に直接この命令を送付する。

受信確認のこと。

実施したかどうかすぐに打電すること。

一九五一年一一月二一日　グロムイコ[37]》

休戦合意のための具体的条件

一九五二年一月三一日、毛沢東はスターリンのために、五一年一二月から五二年一月までの交渉過程についての詳細な分析を行った。

《毛沢東→スターリン》

《同志フィリポフへ

時間が経過したが、敵が故意に交渉を遅延させている朝鮮の休戦交渉では、現在に至るまで最終的な合意には至っていない。

しかし、軍事行動停止についての基本的問題、たとえば、「非武装地帯の創設を目的とした両国間休戦ラインの設定」の問題に関しては、すでに三つの点で合意が達成された。

「砲撃中止条件および休戦条件の実施に対する監視機関の全権と機能について包含した、朝鮮での砲撃中止と休戦達成のための具体的方策の作成」に関する問題は、すでに六つの点で合意が達成された。

(文書添付)

「捕虜についての方策」問題に関して、敵は原則的に全捕虜の釈放に反対できない。この交渉を他の時間にまで長引かせることはできない。軍事行動停止後の飛行場の復旧・建設制限という無分別な要求と自発的に捕虜を解放するという要求を口実にして、敵は交渉を引き延ばそうとしている。しかし、われわれの側が敵の提案に断固反対していること、また、朝鮮戦争継続の方向へ世論を動員することが難しくなっていることから、敵衛星国と米国は、朝鮮での戦争停止の方向に向かっていると考えられる。それゆえ、最近敵は、朝鮮での飛行場の復旧・建設制限についての問題審議を脇に置いて、合意に関連する細部の問題審議に移行してきている。

敵によって提案された休戦合意文書の具体的条件によれば、この文書は最終的なものでないのは明らかである。すなわち、省略できるし審議されないことも可能であるとしながら、以前のとおり飛行場の復旧・建設を制限する条件と自発的な捕虜釈放という条件を敵は組み入れてきた。ここから明らかなのは、最終合意達成の可能性を排除しているということである。もちろん、われわれはいかなる時も合意達成をあてにしなかったし、その可能性さえも期待しないできた。

同時にわれわれは、内外の矛盾の高まりを抑えるために、以前どおりに、遅延と交渉決裂の政策を行い、国際関係を緊張させようとする米国支配層の陰謀を警戒する。しかし、われわれはその計画を破壊するために、軍事的にも政治的にも断固とした一撃を加える準備をしている。現在、双方は交渉において、すでに、詳細な問題の審議に移行した。

休戦に関する最終合意に到達するために、以下の問題に関して貴下の具体的指示が必要である。

(1) 中立国代表から成る監視機関について。

米国側は、双方が三カ国ずつ、朝鮮戦争に参戦していない軍隊を招聘することを提案している。また、招聘された各国家は、代表の資格を持つ上級将校一名（双方の中立国から全部で六名）を中立国監視機関創設のために指名するという提案をしている。

われわれは、この方策に同意するつもりで、米国が招聘する三カ国の代表らと平等に問題を審議すると同時に拒否権も持てるようにし、ソ連、ポーランド、チェコスロヴァキアに代表派遣を要請する。

(2) 前述の各中立国代表に代わって、監視機関の会談に参加できる副代表一名を指名しなければならないだろう。すべての代表たちは自国の民間人から顧問補佐官を連れてくることができる。招聘された全中立国は、議事録の保管、文書の伝達、通訳を行う事務局を作るために、行政官を必要人数提供する。

(3) 中立国監視機関の機能は以下である。

(a) 双方の合意が遵守されているかどうか実際に管理し監視する。すなわち、休戦合意への署名および効力開始後に、兵士、戦闘機、装甲車、戦車、装備、弾薬が、双方で合意された後方揚陸地点を通して外部から朝鮮に持ち込まれていないか、また、双方の総司令部におけるスタッフの交代が、合意された条件で行われ、同じ人数になっているかどうか監視する。

(b) 非武装地帯外からの何者かによって、休戦合意に抵触する突発事件が発生した場所を報告する。また、実際の監視を行う。

双方あるいは片方の軍事休戦委員会の請願によって、監視機関は、査察・監視のために早急に中立監視グループを派遣する。また、軍事休戦委員会へ調査結果を報告する。

（4）米国側はまた、第三条A項で言及された役割を行うと同時に、双方が朝鮮戦争に参戦している陸・海・空軍部隊の配置場所について正確な情報を提出しなければならないとする提案を行っている。また、部隊配置は変更してはならず、軍が集結してはならないということも提案している。われわれは、これが達成された合意条件の中にはないため、同意できないと考えている。

（5）中立国監視機関に、中立監視グループを設ける。このグループは、少なくとも四名の中級将校（少佐～大佐）によって構成される。この四名は、双方から招聘された中立国代表メンバーから二名ずつで構成される。必要な場合、監視グループにはさらに下部グループを設けることができ、これは双方から一名ずつの二名の代表によって構成される。

米国側は四〇の中立グループを設けることを提案している。これは多すぎるとわれわれは考えている。もし双方が自陣で五カ所後方地点を開放するという合意が達成されるならば、監視機関がその責任を果たすのに、一六の中立監視グループで十分であろう。この一六のうち、一〇グループは、相互合意した揚陸地点に継続して駐在し、六グループは突発事件が発生した場所に派遣される予備として使用することが可能である。

（6）中立国監視機関および付属グループと休戦委員会は一カ所に駐在しなければならない。中立監視グループが査察と監視を行う時、全種類の装備と弾薬の「構成と特質」を検査する権利は有していない。

中立監視グループの業務結果の報告に関してだが、公式的報告はこのグループの多数によって承認されなければならないとわれわれは考えている。多数によって承認されていない、あるいは特定の人物からの報告は、公式文書にはならない。これらは参考資料として使用することはできる。
（7）中立国監視機関および付属グループへの物資供給は、参戦国双方によって保障されなければならない。監視機関が休戦の合意に違反しているかもしれない場所に向かうために、双方は交通手段を提供しなければならない。
以上の全七点は、双方の非武装地帯外での後方地域において中立国が監視を行う問題に関する内容である。

われわれの観点が正しいかどうか、何か補足が必要かどうか、貴下が検討してくれるよう要請する。もし貴下がわれわれの意見に同意するならば、ポーランドおよびチェコスロヴァキア側の指導者同志に、これについてあらかじめ伝達する必要があるかどうか検討してほしい。

貴下の返事を願う。

備考。二つの議題に関して達成された合意文書は別の電報で貴下に送られる。

敬具
毛沢東(38)》

一九五二年二月三日、スターリンは毛沢東に返答した。
〈スターリン《スターリン→毛沢東》→クラソフスキー〉
〈北京　クラソフスキー
毛沢東に以下の返答を伝達すること。
《同志毛沢東
休戦問題の交渉に関する貴下の一月三一日付電報を受け取った。

われわれは貴下が予定している計画と交渉進行に関する評価に同意する。貴下が断固たる立場を取ることによって、すでに肯定的な結果が生みだされた。さらに敵に譲歩を迫らなければならない。

ポーランドとチェコスロヴァキアの指導者同志は、むろん監視委員会代表になることを引き受けて、承諾してくれると思う。

敬具[39]

フィリポフ》

第13章　スターリン、戦争継続を主張

●要約

同盟国間の相互の対立はますます激しさを加えた。中でもスターリンは停戦を願う中朝に対し、抗戦することを指示し続けた。これには米国の国力を弱めようとするソ連の利害があった。

●年譜（1952年1月～53年2月）

52年1月18日　韓国、海洋主権宣言。李承晩ラインを設定
2月15日　第一次日韓会談（～4月25日）
2月24日　西側一〇カ国、対共産圏輸出禁止協定調印
2月26日　イギリス、原爆保有を公表
3月6日　吉田茂首相、「自衛のための戦力は違憲でない」と国会で答弁
3月8日　GHQ（連合国軍総司令部）、兵器製造許可を指令
52年3月29日　東京・小河内村で山村工作隊二三人検挙
4月1日　琉球中央政府発足
4月21日　GHQ、公職追放令廃止
4月28日　対日講和条約・日米安保条約発効、日本は独立を回復。日華（国民政府）平和条約に調印
5月1日　皇居前広場で血のメーデー事件

52年5月26日　米英仏・西独がボン協定、西独は独立を回復
6月1日　第一次日中民間貿易協定に署名（北京）
6月2日　北朝鮮、ポーランドと貿易協定調印
6月24日　大阪・吹田市で朝鮮戦争二周年記念集会、「人民電車」を動かし警官と衝突（吹田事件）
6月25日　北朝鮮、東独と借款協定締結
8月17日　周恩来訪ソ、スターリンと会談（20日）
9月1日　彭徳懐・金日成・朴憲永訪ソ、周とともにスターリンと会談（4日）
9月15日　中ソ、長春鉄道返還、旅順海軍基地の共同使用、租借期限延長に関する交換公文を発表
52年9月18日　国連安保理でソ連が日本の国連加盟に拒否権
10月8日　朝鮮休戦会談、捕虜問題で合意できず、無期休会
10月15日　日本政府、警察予備隊を保安隊に改組
11月1日　米、水爆実験に成功
12月7日　国連総会、中国代表権問題棚上げ（以後、棚上げ続く）
12月15日　金日成、朴憲永ら南朝鮮労働党（南労党）系幹部を批判
53年1月20日　アイゼンハワー米大統領就任
2月2日　アイゼンハワー、台湾の中立化解除を表明

朝鮮戦争は共産主義陣営に有利

朝鮮戦争に関するソ連の資料からは、スターリンが朝鮮での戦争を継続することに関心があったことがうかがえる。すでに一九五〇年一二月七日、ソ連共産党中央委員会政治局は、国連総会ソ連代表部に

対し、朝鮮での和平回復への方針を否定する指示を確認した。

《グロムイコ→ヴィシンスキー》

《ニューヨーク　ヴィシンスキー宛て
第八二六号、貴下の主張する朝鮮での軍事行動の停止は、現状のもとでは正しくないと考える。米軍が敗北をこうむっており、米国側が時間を稼ぎ、米軍の完全な敗北をのがれるよう、軍事行動の停止を主張しているからである。

ソ連代表部の提案は、次のことを含むべきである。

朝鮮からすべての軍隊を即座に撤退すべきである。

朝鮮問題の解決は朝鮮民族に任せるべきである。

貴下の前文は問題ない。

上級機関《インスタンツイヤ》の委託による。

グロムイコ[1]》

これ以降スターリンは、戦線での状況がいかようであろうとも、戦争の継続を主張した。理由は、ソ連指導者にとって朝鮮戦争が共産圏に有利であるからであった。というのも、世界の舞台でも国内でもワシントン政府の立場に損害を与えるからであった。
一九五一年六月五日、スターリンは、毛沢東の立場に一見同調したように見えながら、実際には中国に対し悪夢のような問題を押しつけた。
《スターリン→毛沢東》
《私は貴下の意見に同調するが、朝鮮戦争の完遂を急ぐ必要はない。なぜなら、戦争継続によって中国

軍は現代戦の技術を習得し、第二に、米国のトルーマン政権を弱体化させ、英米の戦争の威信を低下させるからである。(2)》

一九五一年七月二〇日、毛はスターリンに対し次のような朝鮮情勢の分析を送った。そこからは中国指導部の和平達成に向けた関心を見てとることができる。

《毛沢東→スターリン》

《同志フィリポフ

朝鮮での軍事行動の停止に関する交渉再開から五回の会議を経て、わが方と、敵の代表者とは、日程について三点の合意に達した。

(1) 朝鮮半島での敵対行動停止の基本的条件として、緩衝地帯構築のために双方の軍事的境界線を定める。

(2) 朝鮮での停戦実施と和平達成の具体的手段として、停戦と休戦の確立のための条件履行を監視する機関を創設するため、その権限と機能とを定める。

(3) 捕虜関連での施策。

すべての外国軍隊の朝鮮からの撤退に関して、敵は日程に含めることに断固として反対している。というのも、軍事行動停止の問題の交渉に含まれる問題ではないからで、和平交渉が解決する暁までは延期されなければならない、と考えている。

わが方の代表は、敵のこの結論と論拠に幾度となく論駁したが、しかし敵は依然として譲歩する様子を見せていない。ケナンとマリクとの交渉、現交渉の行方、朝鮮半島と極東の問題から見て、敵は、さらなる戦争の進行で損失を出すことと時間の停滞を避けるとの判断から、朝鮮半島のみの軍事行動の停止に関心を示しているにすぎない。朝鮮からの外国軍隊の撤退問題といった他の問題では、敵は、現在のような緊張状態を続けることを期待している。自国で強制的動員を続け、対外的膨張を続けることの方がいいからである。

いわゆる和平交渉とは空疎な言葉である。もし敵が、軍事行動停止後のすべての問題を国連審議に持ち出すならば、われわれとしてはこれに応じるわけにいかない。たとえ和平会議が開かれたとしても敵は闘争のさなかに外国軍隊の撤退問題を出すことが考えられ、他の問題は解決されない。

もし朝鮮で停戦が現実に生じるなら、若干の時間を経た後、敵が軍隊の一部を自発的に引くことはありうる。しかし軍事行動停止の合意が、朝鮮半島からの外国軍隊の部分的撤兵の項目を含めたとしても、まもなくこの項目の実施には、以前と同様の問題が生じよう。

しかし現在、敵は極東で緊張状態を持続するうえでの政治的基盤を欠いているため、彼らはこのように出てくることはない。このため、われわれは朝鮮からの外国軍隊撤退の問題を新たに再検討しなければならないことは明らかである。以前われわれは、南北朝鮮を別個に維持するために、三八度線での軍事行動の停止を提起し、合意した。その主たる理由は、われわれの軍事力はいま、敵を北朝鮮から追い出すことができるだけであり、南朝鮮から追い出すには不十分だからだ。

戦争が長引く場合、敵はより多くの損害をこうむり、しかしその場合はわれらの財政をも痛打し、国防を強化することは困難となるだろう。もし、たとえば六～八カ月のように時間が長引けば、敵を南朝鮮からも追い出すことはできる。その場合、依然としてわれわれは危機という代償を払うことになる。しかしこの可能性は今は存在していない。

もし交渉が決裂すれば、われわれはさらに数カ月戦うつもりである。もし三八度線問題で決裂があった場合、敵を三八度線から漸次、南へ追い出す可能性を得るわけで、そのとき軍事行動停止の再度の交渉を始める。主導権はわれわれが握っている。

もし朝鮮からの外国軍隊の撤退問題で交渉が決裂した場合、数カ月戦った後、再開した交渉で敵はこの項目を再び拒否する可能性がある。その場合、この問題を会議において軍事行動停止の項目に入れなければ、われわれはいっそう不利な状況に陥る。もし新しい交渉もまた決裂すれば、外国軍隊の朝鮮からの撤退のためには、さらに長期戦を覚悟しなければならない。つまり現在の状況のもとでもかなえられていない、外国軍隊を南朝鮮から追放することを実際に解決しなければならない。

このような状況分析から、この複雑な問題に関して、解決へ向けた新たな見解を表明することが必要と考える。つまり外国軍隊の撤退問題を軍事行動停止への必要条件としては提起しない、ということである。長期の軍事行動を遂行してこの問題を解決しようとすればするほど、その過程では望む結果を得ることができなくなる。

同志マリクは、三八度線から双方の軍隊が後退することが朝鮮半島での紛争の平和解決の第一歩となるとし、外国軍隊の撤退は、戦闘行動停止の後で議論することができるとした。

もし今すぐには合意しないとしても、将来はこの問題を軍事行動停止の会議の議題に含めるのだとしたら、まずはこのことで合意に達し、この問題の解決を、台湾からの米軍撤兵や、日本との単独講和や日本の再軍備同様、われわれが有する武器として使った方がいい。

もし貴下がこの私の問題提起や視点が正しいと考えるなら、貴下の回答受領後、金日成との合意のもとで、新しい指示を交渉中のわが代表者に伝える。もし貴下がこれに反対するなら、貴下の観点を知ら

ボリシェビキ的挨拶をもって

敬具

毛沢東[3]》

せ、新しい指示を与えてほしい。

一九五一年八月、毛沢東は新たに停戦をほのめかす自分の交渉者、李克農の電報をスターリンに送った。

〈毛沢東→スターリン〉

〈同志フィリポフ

八月一二日四時に、同志李克農から受け取った電文をお知らせする。

《李克農→毛沢東》

《同志毛沢東

（1）八月一一日七時付の電報を拝受した。

（2）昨日の会議で敵の誤った見解はいっそう先鋭になった。敵は、圧力をかけることで三八度線問題の審議をあきらめさせうると考えている。敵はすでに四度も、現在の戦線と戦況とを基礎に、軍事境界線と緩衝地帯の問題を提起している。

この目的は、宣伝戦での敗北を回避し、自己の提案を変更しうるものだとひそかに伝えることにある。このことを考慮し、本日の会議では、三八度線問題の審議を拒否するという彼らの見解は根拠がないという一撃を与えることを目的にした。そしてこの根拠なき提案を撤回する意思があるかどうかを知ろうとした。

本日の会議で敵側は、敵の意向を知ろうとしたわれわれの発言に少し関心を示した。しかし午後の会議では、敵の代表は、たいへん不公正にも、交渉の行き詰まりの責任をわが方になすりつけようとした。

わが方の明日の発言は貴下の指示に従うことになる。その目的とは敵の不公正さを打ち砕き、その欺瞞的方法を暴露し、そして同時に、敵に、より明確に自己の立場を明らかにするよう仕向けることである。

発言の主要目的は、敵が根拠なき提案を撤回しないと、会議には進展は望めないということを示すことである。以前の提案を撤回することがあってはじめて、三八度線地域における緩衝地帯と軍事境界線の提案を変更するという、われわれの意図を表明することができると考える。

(3) 会議再開後、敵の誤った見解はさらに深まり、敵は、われわれの方が和平を望んでおり、したがってより多く譲歩すべきだと説得してきた。これらは予期できることであった。

しかし会議の進行と、会議以外の全般的情勢とから、敵に三八度線問題での提案をのませることは不可能である。この数日間敵は、一方で圧力をかけ、そのことでわれわれが最初に譲歩することを迫るが、他方では会議が決裂する可能性に対して準備をするだろう。

したがって三八度線問題の取り扱いについて明確な指示が必要と考える。

もしわれらの最終目的が三八度線を軍事境界線とするという原則に立って闘争を行うことであり、わが方が若干の変更をするのみであるとするなら、交渉決裂を覚悟し、これに備えなければならない。

そうでない場合には、われわれはなんらかの明確な妥協案を持たなければならない。わが方の過去の提案は、残念ながら現在の状況では何らの進展も見通せず、現実には五一年七月一七日の貴下の指示に含まれていた時間稼ぎをもくろむ敵への譲歩案も、多くの時間を稼ぐことは不可能である。

(4) われわれ(李克農、鄧華、解方、喬冠華)は、敵の最終目的は、現在の前線での軍事行動の停止であると推測する。この点では、敵は若干の変更なら許すかもしれない。

したがって、三八度線をめぐって闘争し、交渉を決裂させるべきか、それとも交渉決裂を避けながら、戦闘行動停止の闘争を行い、現在最前線となっているところでの戦闘行動停止の問題を研究すべきか、決断すべきである。

手元にある限られた資料によって国際情勢全般と、わが国の要望と、そして現在朝鮮は戦争を継続できないという事情を検討してみると、われわれはいま三八度線のために闘争して会議を決裂させるよりも、現在の前線が走っているところで戦闘行動を停止することを考えた方がいいと考える。

その際、現在戦闘行動が続く前線が走っているところでの戦闘行動停止をめぐる提案の審議では、敵から若干の譲歩を引き出すことが可能であることを考慮する必要がある。

こうして三〜五年、力を蓄えるための時間が確保できる。

もちろん、敵が現在示しているように、一歩たりとも根拠なき提案から下りないのなら、その際には唯一、分裂という道を選択すべきである。

手持ちの資料が乏しいため、状況を皮相的にしか研究してないのではと恐れる。できるだけ速やかに貴下の指示をお願いする。

李克農　一九五一年八月一五日四時》

毛沢東〉(4)

しかし一九五一年八月二八日、ソ連共産党中央委員会政治局は朝鮮問題で明確な決定を採択する。それは敵の方が、より平和を求めているという内容のテーゼであった。

戦争終結を急ぐことはない

〈(280) 毛沢東の八月二七日付電報 (第四七二九号)
添付された同志フィリポフの毛沢東への回答を了承する。
中央委員会書記
北京　クラソフスキー宛て
同志毛沢東に手渡すこと。

《スターリン→毛沢東》

《同志毛沢東
八月二七日付書簡を受領した。

開城での交渉の今日的状況の評価と、中朝関係への圧力の目的で米国側が挑発した事件に関して、米国側に満足のいく回答を求めることが必要だという貴下の方針に賛成する。以前と同様、このことについてわれわれは、米国側の方がより交渉継続を望んでいるということから出発する。

貴下のイニシアティブにより、現在の交渉段階において監督官・監視員の資格で中立国の代表者を会談に招くということは、利益にはならない。この提案の否定的側面は、中朝の側の方が米国側よりも和平合意の早期締結を望んでいると、米国側が評価するだろうことである。もしこの意見に貴下が同意するなら、金日成にもこのことを伝えるべきである。

フィリポフ(5)》

八月三〇日、毛沢東はスターリンに返答した。

《毛沢東→スターリン》

《同志フィリポフ

一九五一年八月二九日の電報を受領した。

交渉の現段階で、われわれが音頭をとって中立国の代表を監督官・監視員として招くという提案は合目的的ではない。このことに関して金日成に伝えた。

毛沢東(6)》

一九五一年秋、クレムリンは、中朝の同盟者や朝鮮民主主義人民共和国駐在ソ連大使にわずかなりといえども平和主義的兆候が見えたときには説教し、きつい言葉でたしなめることを続けた。

一一月一四日、毛沢東はスターリンに、詳細な手紙を送った。そこでは戦争が長引き、交渉が袋小路に入ったことを嘆いて、できるだけ速やかに和平を達成させるよう、より柔軟な交渉戦術を求めた。毛沢東は、必要ならば中国は戦い続ける準備があると示唆しながらも、スターリンの指示を求めた。

《毛沢東→スターリン》

《同志フィリポフ

朝鮮での戦闘行動停止交渉の再開後、この二カ月間の前線での大損害と、米国内部や海外での戦闘停止要求の高まりとから、米国が和平を受け入れる条件が高まっている。しかし同時に、内外情勢を考慮して米国政府は、国際環境を緊張状態に置こうと試み、そのために積極的に偵察を行い、交渉過程をもてあそび長引かせようとしている。

交渉の主要問題は、休戦ラインを画定することだ。わが軍の後方深くに休戦ラインを引く代わりに、敵は、若干修正してであるが、現在の戦線をもとに画定し、開城を緩衝地帯に含めようとしている。

現在敵は、戦闘行動停止の調印時に、両軍の実際の接触ラインでの画定を要求している。ただし開城は緩衝地帯に含まれていない。われわれは、現在の前線に沿って戦闘行動を停止し、両軍の実際の接触ラインを休戦ラインとし、すべての議題の合意が達成された暁には、修正することを主張している。現在、敵とはこの問題で論争中であるが、論争はまもなく終わろう。

現在戦闘が続いているところで戦闘行動を停止し、境界線としての三八度線問題を別に置いておき、すべての外国軍隊は政治会議開催以前に朝鮮から撤退するというわが方の提案だが、これは現在進行中の交渉が戦闘行動停止交渉であるだけでなく、敵はいかなる場合でも三八度線以北の東部山岳地帯と、三八度線以南の西部低地地帯とを交換することはないという理由から提案された。それは、敵が東部山岳地帯の放棄を拒否する場合、われわれにも国防上都合がいい山岳地帯が手に入るということからもなされた。三八度線以南の西部沿岸平野だが、東部より人口も多く、おまけに農産物に富み、さらに開城は、ソウル奪取のための砦となる。

同志金日成も、今年六月北京の交渉で平和条件を論じた際、同様の意見であった。今回も彼の合意のもとでなされた。交渉中の監視問題の審議では、戦闘行動停止の機関を作る必要が認められ、そこには双方から代表が入って、軍事行動停止の条件を履行する監視の実施と、緩衝地帯での監視のためにそれは設けられる。

しかし敵は、必ずや双方の後方での監視を確立することを求めてこよう。というのも、双方が増援部隊や軍事資材を投入するのを制限するためである。

われわれは、双方の一、二の国境地点で監視を確立することをもくろんでいるが、貴下の指示に従って監視の役割を中立国家にゆだねる。つまり直接戦争に関与していない国家である。この課題には三カ国、つまりソ連、ポーランド、インドを招請することが望ましい。

米国が当初渋ることはありうる。その場合は、スウェーデンとラテンアメリカの一カ国の代表を提案する。

捕虜交換問題については、一対一の交換ではなく、双方の全捕虜の交換を提案する。この点では合意達成は困難ではないだろう。

関係国政府代表者からなる最高レベルでの会議招集では、三案があろう。

（1）現在交渉を行っている両国の政府代表者会議（米国がこの案を提案してくる）

（2）英米中ソ四カ国に、南北朝鮮の代表が参加した会議

（3）七カ国代表者会議、英米中ソ、インド、エジプト、それに南北朝鮮の代表

貴下にお願いするのは、国際状況に鑑みて、この三つの案から最もふさわしいものを指示してくれるか、自身の案を提示していただきたい、ということである。以上述べてきたことからして、われわれは本年中に戦闘行動を停止するよう努力する。同時に、敵が交渉を長引かせるか、決裂させる場合に対しても必要な準備を行う。交渉がさらに半年か一年遅延することを考えて、朝鮮での軍事行動の場で、人的・物的資源の節約を開始した。現在われわれが占拠している陣地を確保し、敵に人的大損害を与えるべく、長期的な積極防御の戦術を取っているのは、戦いに勝利するためである。

朝鮮での戦争遂行のため、国内では軍の再編に着手し、統治機関を簡素化し、倹約体制を導入し、生産を拡大し、抗米援朝〔アメリカ帝国主義に反対して朝鮮を支援する〕のさらなるキャンペーンを強める。また、朝鮮での戦いを今後も遂行することを保障するために、国内では財政と物価の安定を確保し、さ

らに国家建設、とりわけ国防力の建設を強化する。本年度は、抗米援朝闘争のため、中国政府の財政支出は五〇年と比較して六割増加させる。全財政の三二％は直接、朝鮮半島での軍事行動のために支出される（ソ連政府が供与する軍事借款は加算されない）。

このようにして、もし今年倹約体制が実施されないと次年度の予算はさらにいっそう膨張し、財政に影響を及ぼさざるをえず、大幅な物価の上昇を招き、その結果、前線でも、後方の建設の分野でも困難が生じる。もちろん、交渉による和平達成はわれわれに有利ではあるけれども、われわれは交渉の遅延を恐れない。このように行動することで勝利できる。これと同時に、さまざまな国内施策を実施でき、安定を確保し、政治経済の領域でのさらなる発展を期待できる。

上述のことに関して指示を請う。

毛沢東(7)》

モスクワはこの毛沢東の手紙に、いつになく長い間答えなかった。結局、数週間が経過し、北京はこういった書簡が送付されており、その返事を求めてクレムリンからの反応を待っていると伝えた。

《ローシチン→スターリン》

《北京時間で一一月一九日一八時、周恩来に招かれ、毛沢東が同志フィリポフ宛てに朝鮮半島での交渉の問題に関して送った電報に対する返事をいただきたいという、毛沢東の同志フィリポフへの要請を伝達された。この電報は一一月一四日にクラソフスキーを経由して「中央」に送られたものである。周恩来は電報を私に見せた。付け加えて言うには、同志フィリポフの返事を待つため、朝鮮での米国代表部との交渉は二度延期されたとのことである。

ローシチン(8)》

五一年一一月一九日

その日一一月一九日に、ソ連共産党中央委員会政治局は直ちに朝鮮問題に関する一連の決定を行う。主たる考え方は、戦争終結を急ぐことはない、というものであった。これは敵にいっそう利益となるというものである。一一月一九日、スターリンは電報で以下のように答えた。

〈421〉毛沢東主席の休戦協定交渉問題に関する電報

朝鮮における休戦問題に関する毛沢東の電報に対する同志フィリポフの回答として、以下に添付した草案を採択する。

中央委員会書記

北京　クラソフスキー宛て

同志毛沢東に伝えること。

《スターリン→毛沢東》

《朝鮮における休戦会談の提起に関する貴下の電報を拝受した。

貴下の現段階での交渉の全般的評価に同意する。

交渉の全過程は、最近、米国側が交渉を遅延させているものの、にもかかわらず、彼らの方がそれが急速に解決されることをよりいっそう必要としている。これは全般的な国際情勢からくるものだ。

中朝側が、交渉で柔軟な戦術を行使しつつ、焦らず、交渉を急速に終結させることに利益があることを敵にさし示す、確固とした方針を貫いていることは正しいと考える。

われわれは境界線を画定し、一、二の国境地点に監視機関を設けることは正しいと考える。また監視機能を遂行する委員会の構成に関して、貴下に同意する。

捕虜交換に関する貴下の立場は正しく、敵は反論しづらいだろう。

休戦協定の締結後、朝鮮問題をさらに解決するための会議招集の考えられる案としては、現在南北朝鮮の代表が参加して交渉を行っている双方の政治代表の会議が最も望ましいように思われる。

フィリポフ(9)》

ラズヴァーエフ大使を譴責

当時、ソ連邦共産党中央委員会政治局は、ソ連の北朝鮮大使ラズヴァーエフに対し、北朝鮮指導部の平和への主導性に関連して不満を表明した。

〈422〉ラズヴァーエフ大使宛ての電報

中央委員会書記

北朝鮮　大使　ラズヴァーエフ宛て

《グロムイコ→ラズヴァーエフ》

《貴下の電報には、朝鮮民主主義人民共和国政府が国連総会と安保理事会に対し朝鮮問題の解決を加速させるようにとの要求があった。だがこれが誰の主導で出てきたのかがわからない。そして同様に、中国の友人がこの主導性にどう対応しているのかも、貴下の電報からは伝わってこない。

朝鮮民主主義人民共和国政府の国連総会と安保理への呼びかけは、貴下の電報では、朝鮮での軍事行動の即時停止と、前線からの軍隊の撤退、二キロの非武装地帯の創設、朝鮮での戦争を引き延ばしている者の責任追及というものだが、これは現在の状況、つまり米国の威嚇のもとでは中国側の弱さの表れとみられ、政治的に不利である。

したがって、呼びかけのテキストがない以上、朝鮮の友人を指導している中国の同志の考えや動機がわからない。貴下が朝鮮の友人に対し、前述の問題について説明があるまで呼びかけに関する問題の決定はひとまずしないでおくよう忠告することが必要だと考える。

貴下の詳細な情報を求める。

受領を確認されたい。

グロムイコ[10]》

一一月二〇日にはラズヴァーエフ大使に対してよりきびしい譴責が与えられた。

《グロムイコ→ラズヴァーエフ》

《北朝鮮　ソ連大使へ

朝鮮での平和的解決を加速するという朝鮮の友人の国連への呼びかけに関して、貴下の行動は許し難いことだと、注意を与える。

国連総会と安保理に対し朝鮮の友人が呼びかけた意図とは、つまり朝鮮での軍事行動のすみやかな停止、前線からの軍隊の引き揚げ、三キロの非武装地帯の創設、朝鮮での戦争を引き延ばしている者の責任追及、といったことだ。だが、これらを貴下は一一月一八日になってようやく伝えてきたにすぎない。

しかもヴィシンスキーの発言内容にこの呼びかけが矛盾していないかと問い合わせただけであった。

この朝鮮の友人の前述の要求や、そして誰の主導でこのような国連への要求が出されたのかは、いっさい知らされていない。したがってわれわれは貴下に照会した。

朝鮮の友人による前述の要求を書いたのは誰かとの電報に回答しないまま、貴下は同日、つまり一一月一九日、朴憲永がラジオで声明を行った放送テキストがあると知らせてきただけである。のみならず、朝鮮の友人による前述の要求に関するわれわれの照会に対し、貴下は、自己の主導でこのような問題を提起したと言ってきただけである。軍隊の三八度線からの引き揚げという同志ヴィシンスキーの提案と、開城での境界線の画定という議題とが矛盾していないかという再三の照会にも、問題を提起しただけだと答えた。呼びかけに関しても、貴下は、一一月一九日に知らせる、と言ってきただけである。

こうして、一一月一九日付の第一三五三号電報や同日の第一三五六号電報では、朝鮮の友人が呼びかけの説明をすると言っているが、この時期に至るまで、われわれからの指示を得ていないと言い、貴下への照会にいまだに回答がない。結果的に朝鮮の友人は、われわれとの合意なしに呼びかけを行ったことになる。

このように、貴下はあまりに軽率に行動した。貴下は、国連への呼びかけの問題と、前述の中国の友人による要求とが合致しているか、朝鮮の友人に問い合わせる努力もしなかった。朝鮮側がすでに公表したあと、このことを知らせるようにという依頼があって初めて説明したにすぎない。

今後、このことに留意されたい。

グロムイコ[11]》

一九五二年一月一六日、北朝鮮の朴憲永外相は中国司令員の彭徳懐を訪問した。彭徳懐は毛沢東への電報でこう報告している。

《彭徳懐→毛沢東》

《(1) 本年一月一六日、朝鮮外相朴憲永が来訪した。会談中彼は、朝鮮の全人民が平和を求めており、戦争継続を求めていないと語った。

もしソ連と中国とが戦争継続を有利と考えるなら、労働党中央委員会はどのような困難も克服し、自己の立場を維持する、と。

そこで私は、公正と合理性にもとづいた平和的解決は中国にも有利である、同時に、現在の軍事状況がわれわれに有利であり、米国には困難が増していると説明した。したがって休戦の合意は達成されよう。しかし軍事的にはわれわれは、将来の軍事行動継続のために自己の勢力を積極的に準備しよう、と述べた。別れ際、朴憲永外相は、全般的情勢について私の観点に賛同しつつ、この訪問は単なる個人的面談にすぎず、彼の意見は労働党中央委員会や朝鮮政府のものではなく、まったく個人的意見であると言った。

(2) 一九五一年朝鮮政府は、農業税として穀物で六五万トンを徴収したが、これは収穫に比較してあまりに多い。いま人口の一〇%が飢餓に苦しんでいる。農業人口の多数は、四～五月までしか食べさせることができない。

もし緊急支援がなければ、春の播種や収穫の刈り取りもできない。

わが政府が、朝鮮政府に穀物三万トンを提供するという噂がある。これは本当かどうかは知らない。もしそうでないとしたら、三月には、農民が春の農作業に従事すべく、二万トンの穀物をちょうどいい時期に提供する必要がある。

(3) わが財政が逼迫しているのは事実だが、一九五二年に一兆六〇〇〇億元(つまり約二億三七〇〇万ルーブリ)の金を朝鮮支援に支出する計画が必要である。果たしてこの総額を削減できようか。総予算にできるだけ早く計上していただきたい。[12]》

毛沢東は彭徳懐に返事をした。

《毛沢東→彭徳懐》

貴下の電報を受領した。朝鮮への支援に関していえば、一九五二年度財政に一兆五〇〇〇億元（約二億二二〇〇万ルーブリ）を支出計画に含めたが、これは一九五一年に中国が朝鮮に提供した商業借款の総額、朝鮮の鉄道の緊急復旧と満州にいる朝鮮族市民の生計維持のために支出される総額をやや上回っている。

もし朝鮮での軍事行動が停止されるなら、朝鮮支援の支出は増額されよう。

今年一月末、朝鮮の商業相、張時雨が一九五二年の商品調達交渉のため北京に滞在した。交渉の結果、われわれが提供する商品総額は七〇〇〇億元に達することになった（つまり一億三〇〇〇万ルーブリである）。

朝鮮側はこの代償として何も提供しない。というのも、この総額は商業借款であるからである。予約申請されている食糧品に関しては、供給はこの申請にもとづいて二～三月に実施されよう。毎月、五〇〇〇トンの米と、五〇〇〇トンの粟（米と粟で計四万トン）、それに毎月二〇〇トンの豆油である。そのほか、二月には三三〇万平方メートルの綿織物を提供する。交渉は近日中に終わろう。貴下の現場での観察からして、朝鮮での軍事行動が終わった場合、朝鮮で何を第一に復旧させるべきだろうか。中国人民志願軍は、幹線道路と農業の復旧のための仕事で労働力の支援を与えることができるだろう。このほか何が必要だろうか。

この問題を研究のうえ、貴下の意見をお聞かせ願いたい。

毛沢東[13]》

ソ連共産党中央委員会政治局は、一九五二年三月七日、共産主義陣営が和平達成に焦っているという印象を与えたラズヴァーエフ大使に譴責を与えた。

《(3) —ラズヴァーエフ大使の第一八八—九〇号電報への回答について

同志ラズヴァーエフ・ソ連大使への指示案を承認する。(添付)

中央委員会書記

グロムイコ

北朝鮮大使宛て

一八八—九〇 金日成のインタビューを公表するという貴下の提案は受け入れられないと考える。

同志スターリン

在朝鮮ソ連大使の同志ラズヴァーエフは、板門店での休戦交渉について金日成へのタス通信社のインタビューを公表することを助言しようとしている(電報一八八号)。

同志ラズヴァーエフの提示しているインタビュー案では、三つの問題にふれている。米国側の休戦交渉の遅延、休戦条件履行の監視のため中立機関へのソ連の参加、米国側が休戦交渉を決裂させた場合の朝鮮側の立場、である。

ソ連外務省の意見では、同志ラズヴァーエフの提案は受け入れがたい。このようなインタビューが公表されることは、中朝側が焦り神経質になっていると解釈される可能性がある。さらに第三問への回答に含まれている威嚇の要素は、中朝側が停戦交渉の過程を複雑化させる志向があると非難するために利用されかねない。

決定案は添付する。検討を請う。

（グロムイコ）[14]》

毛沢東と金日成の共通認識

一九五二年七月、毛沢東と金日成との間で注目に値するやりとりが生じた。

《毛沢東→金日成》

《同志金日成へ

写しを同志李克農に

われわれが同志李克農の電報を送ったあとの本年七月一四日一八時、貴下の電報を受け取った。

貴下の手紙を二日間検討した結果、わが同志たちは、敵が凶暴な爆撃を行っている現在、敵の提案は挑発的かつ欺瞞的性格のものであると一致して考えている。それは譲歩といった性格のものでなく、味方に大変不利なものである。

この問題の肯定面、否定面を見てみよう。

もし敵の提案を採用しないとしても、朝鮮人民および中国志願軍がいっそう損失をこうむるという、ただ一つの害があるだけである。しかしいったん戦争が始まった以上、中国人民は朝鮮を支援しており、朝鮮人民は全世界での平和擁護の最前線に立っている。

朝鮮人民の犠牲という代償を払って、三八度線地域の陣地が強化され、北朝鮮と中国東北部が守られている。

中朝人民、特にその軍隊は、アメリカ帝国主義との闘争で、鍛えられ、経験を積んだ。加えて、中朝人民は闘争の過程で力を蓄え、全世界の平和愛好人民の侵略戦争に反対する闘争、全世界の平和擁護の闘争を鼓舞している。アメリカ帝国主義の主要な軍事力を東方につなぎ止め、間断なき損失を与えている。その間、世界の平和の支柱であるソ連邦は、自己の建設を強化し、全世界人民の革命運動の発展に影響を与えることができる。それは新たな世界大戦を遅らせることになる。

このような偉大な動きがあることは、朝鮮人民が孤立していないということである。

第一に、中国人民は朝鮮人民が困難にうち勝つのを保障している。それゆえ、朝鮮において状況を速やかに解決する必要がある問題については、われわれに遠慮なく言ってほしい。

もしわれわれが貴下の問題を解決する力がなければ、貴下とともにフィリポフにこれら問題解決への支援を仰ごう。

敵の提案受け入れについては、大いに有害である。

第一に、敵の爆撃のさなかに彼らの挑発的かつ欺瞞的な提案を受け入れると、政治的にも、軍事的関係においても不利な状況に追い込まれる。

敵は必ずや、わが方の弱さをさらなる圧力として使い、これは敵からの新しい挑発を招く。不利な状況下で、敵への圧力をかけるわれわれは、いっそう成功しなければ、さらに不利な状況に至り、前述の肯定的な点の影響も失われる。それは不成功への道であって、すべてのゲームに敗れることになる。

それゆえ、現段階で敵の提案をのむことは、敵にいっそう野心を抱かせることになり、わが方の威信にとって有害だ。

もしわが方が敵の提案を受け入れないという決意を示して、敵が交渉を決裂させるという事態に備えるなら、敵はよもや交渉決裂という愚を犯すまい。

交渉のいっそうの長期化過程で、わが方が自己の観点を主張するなら、敵は新たな譲歩を迫られよう。もし敵が譲歩せず、交渉を決裂させるなら、戦争の過程で、現状を変えるような解決策を敵が見いださないよう、軍事行動を継続しなければならない。

われわれは同志フィリポフにこの提案と、わが方の選択した方針を伝え、意見を求めることにしよう。彼の意見を聞いた後、結果を貴下に知らせる。

敬具

本年七月一五日三時　毛沢東》

《金日成→毛沢東》

《同志毛沢東
貴下の本年七月一五日三時付電報を拝受した。
入念に研究し審議した結果、同一の結論に達した。現在の状況に関する貴下の分析は正しいと考える。同時に現段階に鑑みて、わが方に必要な援助の問題を躊躇すべきでないという貴下の知らせにたいへん感謝している。われわれは軍事行動を活発化させ、敵との長期戦に備えることが必要だ。もしわれわれが軍事行動を控え、受動的な防衛に甘んじるなら、敵はわれわれの力を信じず、われわれに圧力を加えるため、仮借ない爆撃を続行しよう。
したがって次の施策をさっそく、実施しなければならない。
(1)少なくとも一〇個連隊の高射砲部隊を強化する。
(2)わが方の空軍を強化する。
(a)　朝鮮地域でのわが軍の航空戦指導強化のため、空軍司令部を強化する。

(b) 航空部隊の行動範囲は、現在の鴨緑江沿いの空路に限ることはできない。少なくとも平壌との境まで延長し、首都や重要産業目標の防空を全面的に強化すべきである。

(c) すでに準備ができた夜間爆撃航空隊を敵地の深奥まで送る必要がある。そして敵の多くの飛行場、倉庫、兵舎や他の軍事施設を爆撃すべきである。

(3) 陸軍部隊の軍事行動は、敵への圧力となるように、局地的性格の攻撃を若干の戦線で試みるべきである。

以上の意見を勘案し、われわれへの支援の決定をお願いする。

貴下への最高の敬意を込めて

金日成[15]》

一九五二年七月一六日二一時

スターリン・周恩来会談——モスクワ、52年8月

一九五二年八月二〇日の中国の首相周恩来との会談で、スターリンは、朝鮮での紛争継続への関心をあらわにした。会話は以下のようであった。

《周恩来首相は朝鮮情勢を手短に説明した。一九五二年五月まで朝鮮では機動戦ばかりで、陣地戦はなかった。五二年五月から戦線は膠着し、戦争は陣地戦となった。兵力は均衡している。敵もまた攻撃作戦を仕掛けられなかった。一定の均衡がおとずれた。同様にわれわれも攻勢をかけられなかった。敵は一五～二〇キロの深さにわたって陣地を固めたが、われわれもまた陣地を構築し、地下での活動を続行している。敵もこの陣地を破壊できない。戦線は二〇〇キロにわたって防備を固めている。右翼も左翼もよく固められた。

毛沢東は三つの問いを提起した。第一の問いは、敵方を撃退できるか。われわれはできると確信する。第二の問いは、われわれは確保した地点を維持できるか。今年の経過からして、これらの陣地を確保、強化できることが示された。第三の問いは、われわれは攻撃作戦ができるか、敵を攻撃できるかである。以前は七日以上の攻撃作戦はできないと思われた。今やわれわれは十分強化され、さらなる作戦を行い、爆撃を持ちこたえ、地下に潜れる準備がある。

スターリンは、彼らは攻撃作戦ができるかと質問した。

周恩来は、個別の陣地なら攻略可能だが、全般的攻勢を遂行することは難しいと説明した。それだけでなく、戦争は陣地戦となったので、米軍司令部は和平を先延ばしし、和解には関心がない。

スターリンは語った。明らかにアメリカ人は中国人捕虜を自分のところに残しておくことを望んでいる。これは、捕虜を帰還させることに関心がないということだ。彼らは、これを蔣介石のもとに送ることを考える可能性すらある。

周恩来は、蔣介石は捕虜のなかに自分たちの工作員を有している、と確認した。

スターリンは指摘した。アメリカ人は捕虜の問題を、国際法を破って自己の裁量で決めようとしている。しかし、国際法ではすべての戦う側は、犯罪で有罪となった者を除いて、捕虜として帰還させなければならない、と定めている。毛沢東は捕虜問題で、譲歩すべきか、それとも自分の立場を守るか、どのように考えているのか。

周恩来はこの問題で朝鮮の同志とのあいだに意見の相違があることを、手短に指摘した。アメリカ人は八万三〇〇〇人の捕虜の帰還に同意し、朝鮮側はこれに同意する準備がある。しかし朝鮮側はアメリカ人が巧妙なゲームを仕掛けていることを考慮していない。というのは八万三〇〇〇人中六四〇〇人が中国人で、残りは朝鮮人であることだ。実際はさらに一万三六〇〇人の中国志願軍兵士を帰還させなければいけないのに、アメリカ人はこれを拒んでいながら、朝鮮人を七万六〇〇〇人帰還させようとしている。こうして米国は挑発的ゲームを行い、中国人と朝鮮人との間にくさびを打ち込んでいる。

スターリンは、何人の朝鮮人捕虜がいるのかと聞いた。

周恩来は九万六六〇〇人であると答えた。帰還すべき中国人および朝鮮人捕虜の数の問題は原則的な問題であると強調した。中国政府は二万人の中国人を含め、全部で一一万六〇〇〇人の捕虜の帰還を要求している。しかし、もしアメリカ人が少なめの帰還に同意するなら、これには反対せず、残りの捕虜について交渉を継続することにする。

スターリンは、これは正しいと確認した。

周恩来は、毛沢東がこの問題を分析して、すべての捕虜を帰還させるべきと考えていることを伝えた。朝鮮人は、戦争継続は不利だと考えている。なぜなら論争になっている捕虜の数よりも多くの損失が、毎日出ているからだといった。しかしながら停戦は米国に不利だ。毛沢東が考えるには、戦争継続はわれわれに有利である、なぜなら米国の第三次世界大戦への準備を妨害するからだ。

スターリンは、毛沢東は正しい、と語った。この戦争はアメリカ人をいらだたせている。北朝鮮は、この戦争で失う人的犠牲以外にはなにも敗北していない。アメリカ人には、この戦争は自分たちに不利であり、やめるべきだということがわかっている。特にわが軍が中国にとどまると説明されてからはそうである。持ちこたえ、忍耐することが必要だ。もちろん朝鮮人を理解しなければならない、多くの犠牲が出ているからだ。だが、これは偉大なことだと説明しなければならない。朝鮮戦争はアメリカ人の弱さを示した。二四カ国軍による朝鮮での戦争は長くは続けられない。目的は達成されず、成功を確信できないからだ。朝鮮人を支援し、持ちこたえさせなければならない。

朝鮮の穀物問題はどうなっているか、問題だ。彼らをいっそう支援しなければならない。

周恩来が言うには、朝鮮ではこの面で困難が生じている。中国政府は、ソ連が朝鮮人を支援したことは理解している。中国は朝鮮人を支援し、金日成に対し、彼らが依頼する食糧と医療の支援なら問題なくするけれども、ただ武器供与はできない。

スターリンは言った。朝鮮に武器だって供与できる。朝鮮にとって必要なら、われわれは何も出し渋らない。

周恩来は、米国との交渉で譲歩することはできない、と改めて言った。

スターリンは、もし米国側が若干譲歩するなら、交渉で解決できなかった問題は継続にして、合意することもできる、と注意した。

周恩来は、この発言を支持しつつ、もし米国が平和を求めないなら、あと一年でも戦う準備があると付け加えた。

スターリンは、それは正しいと言った。

周恩来は、同志スターリンの発言の正しさを強調しながら、戦争はアメリカ人をいらだたせていて、米国は世界大戦の準備ができていないと言った。さらに加えて、この戦争で中国は前衛的役割を演じて戦争の進展をくい止めている。朝鮮でアメリカ人を一五～二〇年つなぎ止めておけばその場合、米国は第三次世界大戦を開始することはできない。

スターリンはこれを支持しつつ、一言付け加えた。アメリカ人は大戦争はできない、ことに朝鮮戦争の後では、と。彼らの力とは空軍力、原爆である。イギリスは米国がするからといって戦わない。米国はちっぽけな朝鮮に勝てない。アメリカ人に対しては毅然としていることが重要だ。米国がこの戦争で負けないかぎり、中国の同志は台湾を永遠に得ることはできない、と知るべきだ。アメリカ人はこの点では商人だ。個々のアメリカ兵士は、投機分子で、商売に関係している。ドイツ人は二〇日でフランスを征服したが、アメリカ人は二年も戦ってちっぽけな朝鮮を処理できない。

どんな力が残っているのか。スターリンは、アメリカ人の主要武器とは、ストッキング、タバコ、その他販売用の商品だ、と冗談めかして言った。彼らは全世界を手玉にとろうとしたが、ちっぽけな朝鮮も処理できない。アメリカ人は戦えない。朝鮮戦争後は大戦を戦う能力を失った。彼らは原爆、空爆に期待している。しかしこれでは戦争に勝てない。歩兵が必要だが、これは数が少なくて弱い。ちっぽけな朝鮮と戦うだけで、米国は泣いている。もし大戦が始まったらどうか。そのときは全米が泣くだろう。

周恩来は、もし米国がたとえわずかでも、何らかの譲歩をすれば、これに応じるべきだ、と言った。もしアメリカ人が全捕虜の解放に同意せず、少ない数を提案しても、その提案に乗ることだ。そして残りの捕虜はどこか、たとえばインドのような中立国の仲介で解決するか、解決するまでその国の領域に移すことは可能だ。

スターリンは、アメリカ人の捕虜は何人いるのか、と聞いた。

周恩来は、北朝鮮と中国に一万二〇〇〇人いるが、そのうち七四〇〇人は南朝鮮人だ、と答えた。

スターリンは、周恩来の提案による解決を除外しなかった。他方で、アメリカ人に対し、一定の中国・朝鮮人捕虜を抑留するなら、捕虜問題の最終解決までは、同比率の南朝鮮・アメリカ人捕虜を抑留する、と表明することは可能だと言った。

このことをアメリカ人への圧力として試み、公表することができる。もし米国側がこれを拒否したら、彼らは中国人を蔣介石に送るつもりだと表明すればいい。もしこの提案が成功しないとして、仲裁に持ち込めばいい。重要なことは停戦を提案することだ。

周恩来は言った。休戦協定を結ぶとは現実に戦いをやめることだ。捕虜については三つのケースが考えられる。第一に、朝鮮と中国人の捕虜と同比率のアメリカ、南朝鮮人を抑留すると言って、行き詰まる場合。第二に、中立国の仲裁にかける場合。第三に、休戦協定に署名するが、捕虜は分け、この問題は別個に議論する場合。

そののち周は、軍事援助の問題に戻り、朝鮮の同志に一〇個の高射砲連隊を与えるよう依頼した。中国側にとってこれは可能ではなく、ソ連政府と話をしてみると、朝鮮側に語ったと言った。

スターリンは、金日成はわれわれには五個連隊を望んだが、彼らに約束した以上を与えよう、中国は五個連隊与えられるのか、と聞いた。

周恩来は繰り返し、その可能性はない、そうだとしたらニュースだと言った。

スターリンは、金日成にこの問題を説明させる必要があるとした。以前約束したのとは別に、一〇個連隊という周の依頼については、考えると言った。

周恩来は、朝鮮側は、南朝鮮への爆撃の可否について意見を求めている、これが正しいかどうか彼らに確信がないからだ、と言った。

スターリンは、空軍は国家のものであり、中国志願軍は国家の飛行機を利用すべきでないと言った。

周恩来は、朝鮮の同志は新しい攻勢をかけるべきか、と言っているが、中国政府は、戦略的攻勢ならすべきでないと答えた、と報告した。

スターリンは、休戦交渉の期間中は、戦略上も、戦術的にも攻勢をかけるべきではないと言った。どのような攻撃も行うべきでない、と。

周恩来は、毛沢東の依頼を引用しつつ、モスクワに金日成と彭徳懐を招待したらどうかと質問した。

スターリンは、彼らとは喜んで話すが、彼らは遠い、おまけにわれわれが招待するのはうまくない、と言った。もし彼らがこの問題を持ち出すなら、それを喜んで受けるが。

周恩来は、彭徳懐なら喜んで来るだろう、金日成については知らない、何ならこのことで話してみたらどうだろうか、と言った。

スターリンは、賛成だと言った。

周恩来は、中国政府は、板門店での交渉が延びることは目的にかなっていると考える、と繰り返した。中国政府は、戦争が二〜三年延びても、それに対して準備がある。だが再び、飛行機、大砲、弾丸の援助を求められても、中国自身がこの問題を扱えない以上、援助はできないと繰り返した。

スターリンは、できることはしようと言った。

朝鮮人の士気はどうか、喪失感はないかと聞いた。

周恩来は、特に鴨緑江の発電所の爆撃以降、朝鮮人の間では崩壊が著しい。これが朝鮮の同志の士気に影響し、より早い和平の達成に向かわせている、と言った。

スターリンは、アメリカ人の戦術は脅しだと言った。しかし中国人は脅かされなかった。果たしてアメリカ人は朝鮮人も脅やかしてないといえるだろうか、と聞いた。

周恩来は、基本的にはそのとおりだと答えた。

スターリンは、そのとおりなら悪くないと言った。

周恩来は、朝鮮の同志に動揺があるのは事実だ、沈着といえるわけではない、朝鮮指導部の一部にはパニックの雰囲気すら観察される、と言った。

スターリンは、この雰囲気は、金日成から毛沢東への電報で知っている、と答えた。

周恩来は、これを確認した…》[16]

アイゼンハワーの登場と中朝の窮状

一九五二年一一月二日、スターリンの指導部は当面の決定を採択した。それは、モスクワが、朝鮮戦争の平和的解決を模索することにほとんど関心がなく、まるでそっぽを向いているかのような印象を与えるものだった。

《(9) ―朝鮮問題に関するソ米交渉の報道への反論について

朝鮮問題に関するソ米交渉の報道へのタスの反論案について確認する。(添付)

ソ連共産党中央委員会幹部会ビューロー〔党政治局が五二年に改称〕

同志スターリン宛て

ソ連共産党中央委員会幹部会付属対外関係常任委員会の依頼により、以下報告する。

一〇月二四日、国連総会第一委員会の政治協議でアチソンは、朝鮮問題に関する米国や他国の代表のソ連代表に対するニューヨークでの非公式な申し入れはまったく成果がなかった、と声明した。

一〇月二六日AFP(フランス通信社)は、国連本部から次のように伝えた。

「一〇月二五日夜、米国国連代表部は、ここ数カ月間ニューヨークにおいて朝鮮問題に関する非公式な米ソ会談が行われてきた、と表明した。この表明は、一〇月二四日の国連総会の政治協議での国務長官ディーン・アチソンの声明と関連してなされた。アチソンは、休戦協定の交渉での隘路打開の試みは板門店でも行われた、と指摘した。

彼らの言明からすると、非公式会談はニューヨークにおいて本年春から夏にかけ、二、三度行われたが、はかばかしい結果は出なかった。米国は同時に、もしこの交渉が朝鮮戦争の解決に役立つのであれば、外交プロトコールの問題に関係なく、交渉再開の可能性について、どのような提案でも検討する用意がある、と彼らは表明した」

同様の報道を、AP通信社やUP通信社も一〇月二六日に行った。一〇月二六日付の英紙デイリー・ヘラルドにも報じられた。

一〇月二七日、UP通信は、国連米国代表部の見解をこう伝えた。「米国とソ連圏の代表者との、公式または非公式の朝鮮問題に関する直接、間接の協議再開あるいは組織化という噂は、まったく根拠がない」

一〇月二七日米国国連代表部が表明したところによると、米ソの朝鮮問題に関する交渉が一九五二年に行われたとのことだが、この報道には反論するほどの内容はない。ソ連外務省は、タス通信の報道によって反論するのが適切と考える。この案は同封される。検討を請う。

プーシキン[17]》

一九五二年一二月一七日、毛沢東は中国と朝鮮の同志が身をもって体験している困難について訴えた、きわめて詳しい前線の状況の分析をモスクワに送った。その中で毛は、軍事的勝利を得るにはソ連の兵器がなくては不可能だとして、援助を要請している。

《毛沢東→スターリン》

《朝鮮での軍事行動停止交渉の中断と関連して、また、前線での米軍の損失が思ったほどには至っていないこともあって、米軍が軍事行動停止へと動くよう、中国側の軍事行動を一定期間（たとえば一年間）活発化する。

現在アイゼンハワーは、彼が政権についてから着手した軍事行動を準備中である。朝鮮での軍事行動だけの観点から、敵が、わが後方、つまり東部と、西部沿岸地域で上陸作戦を試みる可能性が予想される。前線でわが方に攻勢をかけることよりも可能性があるだろう。前線も、深部もよく増強され、武装されているからだ。すべての兆候が示すところでは、現在敵は李承晩の傀儡軍の強化拡大をはかっており、敵の海軍は北朝鮮の海域で作戦行動を行っている。また、敵の諜報員は東西の沿岸地域で積極的に情報収集を急いでいる。

敵の総軍事力は、一九個師団、四個旅団、七個の独立連隊、そのうち米軍は七個師団、四個旅団（英、トルコなどを含む）、李承晩政府軍は一二個師団、七個独立連隊である。現在、前線には一四個師団、四個旅団、五個独立連隊が展開中である。

もし敵が、東西沿岸地域で上陸作戦を試みるとなると、南朝鮮軍の後方地域から四、五個師団を、日本と米国から四個師団を動員するだろう。こうするだけで敵は大規模な上陸作戦を組織化できる。そうでない場合には、力不足からわれわれのすぐ背後に、戦術的意義しかない陽動的な性格の上陸作戦を試みるだけだろう。戦術的上陸地点としては、東部沿岸地域の清津と、西側では甕津半島と夢金浦だろう。

戦略的上陸となると、東部では元山と咸興であり、西部沿岸では鎮南浦、新安州、そして鉄山が位置する半島だろう。

西側沿岸部への戦略的意義を有する上陸作戦はわれわれにとってより大きな脅威となる。そこはわれわれの交通の要衝だからである。

来年春にも敵は上陸作戦を始めるかもしれない。早ければ、来年二月にも始める可能性がある。上陸作戦を行うのを支援して、敵は、中国大陸に陽動的軍事行動を試みるかもしれない。たとえば、安東地区にある軍用飛行場への爆撃、中国の対岸の台湾にある蔣介石一派の軍事行動、ビルマのリ・ニ軍への支援であり、中国国境での軍事行動へのテコ入れである。

しかし朝鮮での戦争こそ、依然として死命を制する課題である。もし、朝鮮における後方である東部および西部沿岸地域を守ることができ、敵の上陸作戦をくじくことができれば、また同時に戦術的意味をもつ攻撃と結合させることで前線で敵に多くの人的損害を与えれば、朝鮮での軍事的状況は安定し、われわれにとって有利な形で事態は推移しよう。

以上の課題をいかにして遂行するかに関連して、現在の軍事情勢、その特性について報告することを許されたい。

昨年秋の敵の秋期攻勢をうち破って以後、朝鮮半島での軍事情勢は比較的安定してきた。わが軍はこの間、前線と沿岸地域の防御施設の強化につとめ、敵の空軍と成功裏に戦い、本年九月には、秋に予想されうる敵の攻勢を失敗させるべく、鉄道輸送と幹線道路を復旧させ、まさにこのことで軍の間断なき補給を確保した。

わが軍は戦術的性格の先制攻撃を行い、この結果五八の拠点が解放された。

九～一一月には、一一万人の敵の兵員を殺傷させたが、この中には、米兵四万名以上も含まれる。

一〇月半ばには、敵は二個師団以上の兵力をもって金化地区の四キロ北方にある三平方キロの土地で、二つの拠点に対し連続的な攻撃を試みた。作戦は一一月末まで続いたが、敵は二万名が死傷し、毎日二万から、時には三〇万発の砲弾を使用した。しかも、連日戦車や飛行機が戦闘に投入された。しかし結局、われわれは陣地を守り、敵は寸土も得られなかった。

このような激烈な陣地戦を展開したので、わが方も敵も砲撃を集中させた。敵の一中隊を撃滅するには、平均三〇門以上の火砲を集中し、約一万発の砲弾を費消した。

ここ三カ月だけで、二四〇万発の砲弾を費やした。

わが軍がこの秋期の戦闘で勝利したのは、兵士と指揮官の英雄的精神だけでなく、よく強化された諸施設、正しい戦闘指揮系統、間断なき補給があったからだ。しかしより重要な勝利の要因は、実際には、強力な砲撃と正確な射撃にあった。

わが方の火砲と敵の火砲とを比較すると、敵はさまざまな口径の一万四〇〇〇門の大砲を保有し、人民志願軍と朝鮮人民軍はさまざまな口径の一万三〇〇〇門の大砲を保有している。しかしわが方は、多くが軽迫撃砲とロケット砲であるのに対し、敵は、ほとんど半数がわれわれを上回る性能だ。榴弾砲や戦車砲はわが方よりはるかに多い。われわれの大きな難点は、弾薬の不足、特にソ連製のそれである。人民志願軍の部隊は約二〇〇〇門のソ連製の大砲を持っている。

今年、人民志願軍はさまざまな口径の砲弾一一二万発を受領したが、朝鮮戦線での消費はきわめて多く、もはや多くの種類のソ連製弾薬のストックがない。

最近、人民志願軍司令部は、ソ連製の大砲を装備した数個の榴弾砲師団に第一線から退去するよう命じた。この決定は、敵が大規模な冬期攻勢に出ないだろうという推測にもとづいてなされた。もし敵がわれわれの実態を察知し、早々に攻勢に出れば、われわれは困難な状況に陥ることになる。

このため、この電報で貴下に要請するが、ソ連製弾薬を至急供給してほしいというのが最も緊急な要求である。

われわれが予測しているより早く開始されるかもしれない敵の上陸作戦と攻勢を撃退すべく、現在われわれはさまざまな対策を講じている。

現在朝鮮戦線には、人民志願軍の一六個軍が存在し、四個榴弾砲師団、四個戦車連隊、五個カチューシャ・ロケット砲連隊がある。最前線には人民志願軍の七個軍と、朝鮮人民軍の三個軍団がある。残りの人民志願軍は、朝鮮人民軍とともに、朝鮮の東部および西部沿岸地帯の第二戦線に展開している。

軍事力強化のために、一九五三年一月、われわれは朝鮮に四個歩兵軍、一個榴弾砲連隊、五個戦車連隊、二個カチューシャ・ロケット砲連隊を中国から送ることを決定した。また五個師団を平壌北方の西部沿岸部に駐留させることにした。また中国・朝鮮軍の補給用の輸送路が通っている狭隘な地域の安全確保のため、海岸線や鉄道線路に沿って梯形に配置した新しい縦深陣地をつくることも決定した。これと同時に、東部、西部沿岸部の他の重要な拠点に梯形にも配置した新しい縦深陣地をつくる必要がある。

後方の沿岸部において軍事行動が発生したことにより、前線での通常の軍の補給に影響しないように、新しい鉄道路線の建設と既存の鉄道路線が抱えている状態は改善された。そしてさらに新しい幹線道路の建設と既存の幹線道路を拡張する決定を下した。それらは、食糧と弾薬の備蓄を最大限ふやすための前線への輸送と配給を改善するためである。

人民志願軍の人員補充のために、全国で新しい動員を開始し、来年には人民志願軍に二五万名を補充したいと考えている。

来年は軍事費をできるだけ増額し、軍需工業生産を拡大する必要がある。したがって、一九五三年の建設部門は、最重要な建設に限り、延期できるような建設は削減される。

戦争を維持するために苦労している朝鮮の同志に配慮して、鉄道と幹線道路建設と陣地構築は、完全に中国側の負担とする。今後三年間、毎年六〇〇〇万米ドル相当の商品、生産物を無償で供給し、また朝鮮の負担を軽減するため、大量の戦争孤児、被害を受けた難民、労働者、職員を受け入れることを、われわれは決定した。

現在最も困難な課題は、一九五三年に、朝鮮戦線で必要なソ連モデルの兵器、特にさまざまな口径のソ連モデルの弾薬を生産できないことである。ようやく春になって、若干のソ連モデルの兵器・弾薬の生産が可能になるが、それでも量は足りない。

このように極度に切迫した状況なので、貴下とソ連政府に対し、一九五三年の朝鮮戦線用の軍需物資と、一九五三年の軍需生産用資材の商取引の形での供給の申請をかなえてくれるよう切にお願いする。

最初の申請は一九五二年九月六日に、同志周恩来を通じて同志モロトフに、第二の申請は、現在モスクワにいる対外貿易相の葉季荘を通じて、ソ連対外貿易省に提出された。

これら電報に、必要な軍需物資を至急にお願いする旨を添付する。

添付したリストに沿って検討し、この軍需物資を供給してくれることを期待する。

われわれの申請に沿って前述の大砲類を供給してくれるなら、一九五二年九月六日付の大砲の装備の申請からそれらを除外するようお願いする。

二〇個歩兵師団用の大砲生産と弾薬生産に関しては、一九五三年に提供される武器と軍需品を、以前合意された計画に従って生産し、変更されないようお願いする。

上述のことを検討し、貴下の考えを知らせてほしい。

敬具

毛沢東(18)》

一九五二年一二月二七日、モスクワの返事はこうであった。

《スターリン→毛沢東》

《同志毛沢東

一二月一七日付電報拝受した。

米軍が一九五三年春に攻勢をかける可能性があるという貴下の判断は、トルーマン政府指導下の朝鮮にある米軍司令部の計画に沿ったものだ。この計画はアイゼンハワー政府によって、朝鮮での緊迫した状態を小さくするよう変更される可能性が高い。にもかかわらず、事態の悪化に備え、米国側が攻勢をかける可能性があることを正しく考慮している。

われわれはあなた方からの一九五三年の軍需品の申請と、緊急に必要な軍需品の申請を検討した。

貴下の請願する装備・弾薬と他の軍需品の量は、一九五三年にわれわれが持ちうる能力を超えている。その際、われわれは、一九五三年に二〇個歩兵師団用の武器、弾薬、その他の物資を供給するという点から出発する。つまり二〇個師団に対して、約八〇万発の砲弾、一三二〇門のさまざまなシステムの大砲、その他の装備である。

貴下が電報で説明している状況を考慮しても、この年の年末までに切れめなく発送される、決定済みの二〇個師団用の武器・弾薬を超えて提供することは困難である。つまり一二月一七日付貴下の申請の約四分の一となる。

貴下が電報で言及している葉季荘対外貿易相によって出された軍需生産用の資材の申請に対しては、現在対外貿易省で検討中である。[19]》

第14章 モスクワ、朝鮮政策を変更
同盟国は満足を隠さず

●要約

結局、スターリンが一九五三年三月に死去するまで、ソ連は朝鮮戦争を継続する政策を取り続けた。彼の死後、後継者は休戦に同意し、七月に米・国連軍と中朝軍は休戦合意したが、とりわけ中朝の犠牲は多大なものであった。

●年譜（1953年3月～12月）

53年3月5日　スターリン死去。後任首相マレンコフ（6日）。東京証券市場が暴落（スターリン暴落）

4月11日　朝鮮休戦会談で傷病捕虜の交換協定調印（5月3日交換完了）

6月2日　チトー・ユーゴスラヴィア大統領が訪ソ。両国両党共同宣言（20日）

53年6月17日　東ベルリンで反ソ・反政府暴動、ソ連軍が鎮圧

7月10日　ベリヤ・ソ連副首相兼内相解任、党から除名（12月23日処刑）

7月27日　朝鮮戦争休戦協定に調印（板門店）

53年8月6日　李承燁《イサンヨプ》ら南労党系一二名に反革命罪で有罪判決、一〇名に死刑
8月8日　ソ連、水爆保有を公表
8月25日　許哥而・北朝鮮副首相が自殺と発表
9月1日　金日成、訪ソ（〜29日）。ソ朝共同声明（19日）
9月12日　ソ連共産党第一書記にフルシチョフ
53年10月1日　米韓相互防衛条約調印
10月26日　米・中朝の朝鮮政治会談予備会談始まる
10月29日　第二次日中民間貿易協定に署名（北京）
11月10日　金日成、訪中。中朝共同声明（23日）

スターリンの死で戦争終結へ

スターリンの死の直後、ソ連は朝鮮政策を即座に変えた。戦争終結への方針が確立した。朝鮮・中国という同盟国はこの新方針に直ちに合意しただけでなく、満足すら隠さなかった。毛沢東は、自己の独自性を表明するために、中国はあと少しは戦うべきだと一、二度は言ったが。

一九五三年三月一九日、ソ連の閣僚会議は、朝鮮問題で原則的に新しい政策を採択、北京と平壌には次の声明が送られた。

《外務省の問題》

ソ連閣僚会議の決定

（1）ソ連政府は同志毛沢東、および同志金日成宛ての以下の書簡を承認する（付録一参照）。

この書簡は、同志毛沢東には、同志周恩来と同志クズネツォフを通じ、同志金日成には同志マリクを通じて、手渡される。同志マリクは直ちに平壌に向け出発すること。

（2）国連総会ソ連代表部への指令を承認する（付録二を参照）。

付録一

ソ連政府は、現情勢下の朝鮮戦争を、これまでの期間のすべての事件を考慮しつつ、全面的に見直した。この結果ソ連政府は、この問題で、最近まで続けられてきた方針を今後も継続することは正しくないと結論づけた。現在の政治的時点の要請、つまり全世界において平和を恒常化することに関心があり、朝鮮での可能な限り速やかな戦争終結を希求するソ連、中国、朝鮮の諸国民の利益にこのことが照応していないからである。

朝鮮戦争の過程で侵略者が何をしたかについては、詳細に言う必要はないだろう。全世界の善良な人々の目には、朝鮮での侵略的な英米ブロック、とくに米国の侵略的勢力の行動が暴露されつつある。つまり、自己の侵略的、帝国主義的意思を諸国民に押しつけるべく新しい戦争を準備し、戦争拡大施策を続けている。それは、世界支配の意思を反映しており、諸国民を自己の帝国主義的目的のために従属させようとしている。

ソ連政府は、国際秩序の重要な要素として、今までこのように考えてきたし、今後も同様に考える。けれどもそれは現条件下で、朝鮮戦争における問題に関して、これまで続けられてきた方針を機械的に継続することも、主導的な役割を発揮する試みをしないことも意味しない。中朝人民の根本的利益と、世界の他の平和愛好国民の利益に従って、敵側の主導的な役割をも利用して、中国と朝鮮での戦争を終わらせる必要がある。

以上のことに関連して、また朝鮮戦争と関係した最近の具体的事実を考慮しながら、以下の政策を緊急に実施する必要がある。つまり、

(1)金日成と彭徳懐とは、二月二二日付のクラーク将軍による、傷病捕虜の交換という呼びかけに対し、前向きに応える必要がある。

(2)金日成と彭徳懐との回答が公表され次第、北京では、中華人民共和国の権威ある代表者(望むらくは同志周恩来)が声明を出し、傷病捕虜の交換に肯定的態度を強調し、すべての捕虜問題を解決する、つまり、朝鮮での戦闘停止、および休戦協定の締結とを保証すると声明すべきである。

(3)北京での前述の声明と並行して、平壌でも朝鮮民主主義人民共和国金日成首相が、前述の中国政府代表の表明を完全に支持し、かつ正当であると表明すべきである。

(4)平壌と北京で前述の表明がなされた後、モスクワでもソ連外相が、北京と平壌の声明への完全な支持を表明することは目的にかなっている。

(5)以上の四つの施策に立脚して、ニューヨークの国連総会でソ連代表団は、これらへのしかるべき支持と、上に述べた新しい政治方針を推進するための必要な措置を取るべきである。

先に述べたことに加えて、次の説明が必要であると考える。

第一、クラーク将軍への回答

金日成と彭徳懐のクラーク将軍への回答として、傷病捕虜の交換を行うという提案に完全に同意すると述べることに賛成である。この際、ジュネーヴ協定第一〇九条の条文にのっとったこの問題への肯定的回答である、ということを指示する必要がある。

クラーク将軍への回答には、傷病捕虜の交換が、捕虜に関するすべての問題を成功裏に解決し、さらに戦闘停止と休戦協定締結という問題をも成功裏に解決するという、最高に重要な意味が示されている。これに関連して板門店において双方の首席代表者による休戦協定に関する交渉を再開することを提案する。

上述の交渉日には、双方の将校間での連絡回路を作ることを提案せよ。

ジュネーヴ協定の第一〇九条によれば、病気または負傷した捕虜の交換交渉の過程では、「軍事行動の展開中には一人の傷病捕虜も、自己の意思に反して送還されてはならない」と規定されている。前述の捕虜に関しては、彼らの祖国帰還を妨害するどのような手段も取ってはならないということを、米国司令部に確認させる必要がある。

傷病捕虜の帰還に協力するために、ポーランド、チェコスロヴァキア、スウェーデンおよびスイスの代表からなる委員会を作ることを提案すること。

傷病捕虜の交換では、この問題について肯定的解決に努力するだけでなく、すべての捕虜問題の解決、すなわち、軍事行動の停止と休戦合意達成への障害を取り除くという課題からも出発すべきである。このために、ジュネーヴ協定一〇九条、特に第二項を利用すべきである。つまり「長期間拘留された、健康な軍事捕虜を中立国に送還、拘留すること」という項目である。

交渉では、送還を求めているすべての捕虜は即座に送還することとし、そうでない残りの者は公正な本国送還のため、中立国に送ることを提案する。この捕虜に関しては、一九五二年一〇月一六日付のクラーク将軍宛ての書簡で（これは朝鮮問題に関するインド提案に沿っているが）、民族と居住地の分類を行うべきだと要求した。

捕虜は分類後には直ちに本国に帰る権利が保障される。これは関係国の協力によって容易になろう。

第二、北京での声明について

この声明では、クラーク将軍が提起した問題について、中華人民共和国政府が朝鮮民主主義人民共和国政府とともに討議したといった方が目的に合致する。そして中華人民共和国政府も朝鮮民主主義人民共和国政府もともに、同一の結論に達したというべきである。それは、傷病捕虜の交換問題であって、板門店の各代表に対し、クラーク将軍との交渉に入ることを指示する。この問題は一九四九年のジュネーヴ協定第一〇九条にのっとっており、また捕虜問題全体に関しての肯定的決定の成果によるものである。声明は、開城と板門店での交渉で双方に、捕虜問題以外はすべての問題に合意するよう指示した。

こうして双方の軍司令部は合意に達し、「朝鮮での、軍司令部の指揮下にあるすべての軍隊は、朝鮮においてあらゆる種類の軍事行動を完全に停止するという命令に従う。この中には全部隊、各成員、陸軍、海軍、空軍を含み、この命令は休戦協定締結署名の一二時間後に発効し、かつ、前述の命令の履行を保障する」。

さらに、以下の重要な休戦協定の条件が合意された。

(1) 軍事境界線の設定。これは休戦協定が発効した日に、戦う双方の軍が接触するラインに沿ってつくられなければならない。つまり前線に沿って「双方の軍隊は二キロずつ後退して、非武装地帯を形成する(休戦協定合意案第一条)」。

(2) 休戦協定軍事委員会の創設。委員会は一〇名の高級将校によって創設される。つまり、このうち五名は国連軍総司令官が、五名は朝鮮人民軍と中国志願軍の各司令部が任命する(第一九条)。委員会は捕虜帰還委員会の活動を含む休戦協定の遵守を監視し、予想される休戦協定違反の交渉による解決を図らなければならない(第二四、二五条)。

(3)中立国からなる休戦協定監視委員会の創設。国連軍総司令官によって任命されるスウェーデン、スイス代表と、朝鮮人民軍最高司令官、人民志願軍司令官が任命するポーランド、チェコスロヴァキア代表とからなる(第三六、三七条)。

委員会は、これらの国家の代表者からなる監視団を作ることができる(第四〇条)。

中立国委員会は、休戦協定合意が実施されるよう監視業務を遂行する(第四一条)。

……その他、双方の司令官は、「双方の関係国政府は、休戦協定の署名・発効後三カ月以内に、双方のより上級レベルでの政治会議を招集する。朝鮮からのすべての外国軍隊の撤退と、朝鮮問題の平和的解決などの問題を話し合うために行う(第六〇条)」ことを合意した。

同様に、捕虜送還の問題をのぞいて、捕虜に関する協定案のかなりの条項が合意された。中華人民共和国政府(朝鮮民主主義人民共和国政府)は、平和の維持と発展の政策を追求しつつ、朝鮮問題の平和的解決を達成すべく、そして即時停戦に向けて努力し、捕虜問題全体の解決をもすすめている。中華人民共和国政府(朝鮮民主主義人民共和国政府)は現在、戦闘停止と休戦協定締結のための唯一の障害となっている、この問題での意見の相違を取り除くためにしかるべき処置を講じる用意がある。この目的のため、中華人民共和国政府(朝鮮民主主義人民共和国政府)は、本国帰還を求めるすべての捕虜が直ちに本国に送還されるよう、また残りの捕虜も、彼らの本国帰還問題の公正な解決を保障するために、中立国に引き渡されるよう提案する。

北京の声明でも、次のことを述べるべきである。

朝鮮での戦争終結に向けたわれわれの新しい第一歩は、ほかの重要な問題、なによりも朝鮮と中国の国連での権利回復といった重要で緊急な国際問題と同様、前向きに解決するようにしなければならない。

第三、平壌声明について

金日成の声明では、上述の中華人民共和国の政府声明が、中朝両政府によって共同で作成されたものであり、朝鮮民主主義人民共和国政府は、北京政府声明に含まれた、政治情勢の評価や具体的結論・命題を支持している、といった方がいいと考える。その際、単に完全支持を強調するだけでなく、中華人民共和国政府声明の公正さをも強調すること。

第四、モスクワ声明について

われわれはモスクワでもソ連外務省が意見を表明することは目的にかなっていると考える。それは、以上のように北京と平壌で述べられた声明に直ちに続かなくてはならない。モスクワ声明の意義は、朝鮮戦争に関して、ソ連、中華人民共和国、朝鮮民主主義人民共和国の完全な連帯と一致を全世界に強調することにあると考える。

第五、ニューヨークの国連総会におけるソ連代表団について

国連総会のソ連代表団は、朝鮮戦争に関連して、前述の政治計画に完全に沿って行動しなければならない。これと関連して、ただ国連総会の場だけが、ポーランドの決議案「新世界大戦の危険を防止することについて」を審議することができるという理解が必要である。ソ連代表団は、この案の朝鮮戦争に関する部分について、相応の変更を行ってかまわない。またソ連代表団やポーランド、チェコスロヴァキアの代表団の発言も必要である。

第六、補遺として

もちろん現段階でソ連政府、中華人民共和国政府、朝鮮民主主義人民共和国政府が行おうとしている

行動や施策をすべて予想することはできない。しかし、すでにわれわれの政府の間でこの問題の基本方針について完全な合意ができた以上、残りの部分については物事が進行する中で合意できると、完全に期待できよう。

付録二

国連総会のソ連代表団への指令

（1）国連総会ソ連代表（同志ヴィシンスキー）に対し、まもなく行われる朝鮮問題に関するポーランド代表の提案の審議に当たっては、中華人民共和国と朝鮮民主主義人民共和国の最新の提案を断固支持するよう一任する。

捕虜交換問題に関して、ソ連が、希望するすべての捕虜の本国送還という、国際法上広く認められた原則と、一九四九年のジュネーヴ協定の規定に完全にかなった立場にあることを表明しつつ、ソ連代表は以下のことを表明すべきである。ソ連は朝鮮で戦っている双方に対し、陸、海、空における急速かつ完全な軍事行動の停止を再三助言してきたし、これからもするだろう。

一九五一年六月、開城で始まった朝鮮における戦闘停止と休戦協定締結に向けた交戦国同士による交渉はソ連のイニシアティブによるものである。この交渉では、捕虜の本国帰還問題以外、すべての問題で合意に達した。ソ連は、この問題に関して中華人民共和国、朝鮮民主主義人民共和国の取っている立場が公正であり、かつ国際法の原則、国際慣行、および一九四九年のジュネーヴ協定の規定に完全に合致していると考える。この立場をソ連政府は完全に支持する。

捕虜の交換問題は、朝鮮における交戦国同士の交渉において唯一解決できなかった問題である。中華人民共和国政府、朝鮮民主主義人民共和国政府はこの問題で、自ら解決手段を取り、朝鮮での停戦と休戦協定締結への道の最後の障害を取り除く用意があると表明している。

ソ連政府はこの問題での中華人民共和国、および朝鮮民主主義人民共和国の高邁な主導権を歓迎する。ソ連は、傷病捕虜交換の交渉における合意達成と、捕虜問題全般の解決を目指す交渉再開の提案を熱烈に支持する。つまるところ、これは朝鮮における戦闘停止と休戦協定の締結に結びつこう。

国連総会においてソ連代表団はポーランド代表団と協議して、新しい世界大戦という脅威回避に関するポーランドの決議案を提出するに際し、朝鮮問題に関する次の部分で修正をはかるべきである。つまり、古いテキストのb項目（全捕虜の本国帰還）に代えて、次の点をテキストに入れること。

「(b) 双方が傷病捕虜の交換問題の合意達成と、朝鮮における戦争終結の障害を取り除く努力をすることによって、捕虜に関するすべての問題での合意達成のためにあらゆる努力を行っていることを考慮に入れ、直ちに双方が休戦交渉を再開すべきである」[1]》

金日成は興奮して、新方針を歓迎

三月二九日朝、ソ連の特別代表クズネツォフとフェドレンコは、モスクワの新方針を金日成に伝えた。北朝鮮指導者のこの情報への反応について、特別代表は以下のようにクレムリンに報告した。

《クズネツォフ、フェドレンコ→モスクワ》

《われわれのコメントを聞いて、金日成は大いに興奮した。彼は、良いニュースを聞いてたいへん嬉しい、この文書をさらに研究したのち、再度会う機会を与えてくれないか、と言った[2]。》

三月二九日の二回目の会談で、「金日成は、ソ連邦の朝鮮問題に関する提案に完全に同意するし、この提案が速やかに実施されるべきであると思う」と語った。[3]

北朝鮮指導者はさらに、「朝鮮戦争の終結と和平達成の主導権を取るべき時期が来た。これ以上戦争を長引かすことは、中華人民共和国と朝鮮民主主義人民共和国の利益にも、全民主主義陣営の利益にもならない」と強調した。[4]

金日成は、朝鮮の前線でも後方でも大きな損失が生じており、「本国に送還する捕虜の数について米国側と議論すること」は割に合わないと言った。[5]

一九五三年六月三日、ソ連外相モロトフは、米国のボーレン大使を引見した。ソ連外相は、ソ連政府が「極東での平和の強化を望んでおり、平和が確立されることを期待する」と述べた。[6] モロトフは、ソ連政府が、「板門店での交渉を成功させる筋道が確立されたことに満足」の意を表した。

中国はソウル政府の和平妨害を警戒

一九五三年七月三日、中華人民共和国の代表は、中国駐在ソ連代理大使に対し、朝鮮での和平交渉の状況に関する分析を手渡した。この文書からは、中華人民共和国の指導部が交渉の成功に強い関心を持っており、クレムリンとは違って、米国も同じ目的を追求していると考えていることがわかる。妨害しているのはソウル政府だ、というのである。

《七月三日午前三時三〇分、外務次官〔外交部副部長〕伍修権が周恩来の依頼で大使館を訪れ、六月二九日付のクラーク将軍の書簡への金日成と彭徳懐の回答案を手渡した。そこには、休戦協定交渉の現状と、クラーク書簡に関連して立てられた施策に対する中華人民共和国政府の評価を述べた覚書もあっ

た。》
以下、その覚書の全文を引用する。

《休戦協定交渉の現状と、クラーク書簡に関連した施策について

交渉の状況

この一二日間、李承晩は捕虜を解放しつつ、休戦協定反対のキャンペーンを繰り広げた。他方米国は、朝鮮戦争の行き詰まりもあって、李承晩に対し休戦協定反対キャンペーンを和らげ、妥協に至るよう説得している。

李承晩をなだめるため、アメリカ人は暫定協定を結ぼうと試みている。これによって、休戦協定に署名することが可能となり、米国は、現在の困難な状況から抜け出ることができよう。しかし李承晩は、アメリカ人を自己の計画に引きずりこもうと本腰を入れている。彼は暫定協定を結ぶことには不満であり、政治協議の期限を三カ月に限定し、これが終わったら戦闘を再開することを要求している。つまり会議で拒否権を与えるよう主張している。これは米国側の戦闘停止に持ち込む決意とは矛盾している。このため、米国と李承晩との二日間の交渉は行き詰まった。アメリカ人は李承晩に対し圧力を加えようとしている。

上述の状況下の六月二九日、クラーク将軍は突然、金日成と彭徳懐の書簡に回答した。この回答の目的は、第一に、李承晩に対する譲歩は限界に達しており、米国はこれ以上の譲歩はできないとして、李の反抗を無視しても休戦協定を結ぼうとしていることを李に示すためであり、第二に、クラークがわれわれにどこまで保証できるかを示すため、である。休戦協定に署名することは、彼が李承晩と交渉する

うえでの立場を有利にする（休戦協定後は李承晩政権への武器供給を制限することは容易だろう）。そして二万七〇〇〇名の捕虜問題を取り下げるだろう。そして第三に、米国が停戦を望んでいることを世界に示すためである。

李承晩は、米国の弱さをみて譲歩に応じないかもしれない。しかし、朝鮮戦争で主要な役割を担っているのは米国であって、彼らは自己の利益に必要とあらば李承晩に圧力をかけるだろう。米国と李承晩との間には休戦協定問題で深刻な意見の対立がある。それでも朝鮮問題での休戦協定の成立を語ることは可能である。同時に、李承晩は、休戦協定成立後も小規模な挑発を続けるだろう。

対抗手段

以上の状況から出発して、南朝鮮に対する錯綜した内外の意見の不一致からくる米国の政策の動揺を考えつつ、以下の方針で臨むことにする。

休戦協定の成立に指導的役割を維持しつつ、休戦協定問題では米国と同一の視点に立って李承晩を孤立させることで、李に一撃を加える。米国が李に圧力をかけるようにさせるため、米国側の内外の意見の対立を激化させるべきである。この方針から、以下の手段を取ること。

（1）七月五日に金日成と彭徳懐によるクラークへの回答を準備し、発送すること。書簡では交渉再開には合意しつつ、米国側をやり玉にあげ、米国が行っている不法行為を放任する政策の予想される結果を示すこと。

回答書簡のテキストを添付。

（2）李承晩傀儡軍への攻撃を準備し打撃を与えることで協定合意に持ちこみ、戦線を南部へと押し戻すこと。交渉再開後は、敵に対し、李承晩のせいで協定の調印が遅れた、状況が変わったため、また解決は現実の状況にもとづかなければならないという合意からして、境界線を再度修正すべきだ、というべきである。

敵側は、李承晩との複雑な相互関係もあって、今でもこの提案に乗る可能性がある。もっとも敵は、同様に譲歩には応ぜず、宣伝の罠に頼るかもしれない。この場合でも、最終的には適当な時機を選んで譲歩に応じ、一九五三年六月一七日に合意された境界線で決める用意がある。

(3) 七月五日以降の再開後、会議代表団は敵側に対し、停戦合意を実現するため、以下の問題を提起すべく準備をすること。

(1) 境界線の修正。

(2) 李承晩が休戦協定に参加するか、これと関連して休戦協定合意に応じて非武装地帯から適時に軍を撤退させるかどうか。

(3) 李承晩一味が軍事休戦協定委員会の合同監視団に参加するかどうか。

(4) 米国側に二万七〇〇〇名の捕虜の帰還問題に責任を負わせること。もし米国側がこの責任を回避したら、われわれは政治会議でこの問題を審議する権利を保有する。

(5) 赤十字の合同グループが捕虜に質問を行い、代表がその真相解明の活動を行う時の安全の保障。

(6) 本国帰還を要求している捕虜は強制的に抑留されないこと。

(7) 直接本国に送還されない捕虜の問題を解決するための「中立国委員会による本国帰還問題での権利」の実施を確保すべく、この委員会の人間と軍の安全を保障する問題。

(8) 中立国監視委員会の活動開始の時期。

(9) 休戦協定の発効。

（4）代表団会議の開始と並んで、本部職員と通訳は休戦協定合意の調印の準備を行うこと。合意の調印が行われることになる建物の建設を再開すること。

（5）合意の調印は、いちおう七月一五日に予定されることになる。中立国の監視委員会のポーランドとチェコスロヴァキアの代表、副代表、二〇名の監視団員、そして最初の段階の作業に必要となる最少限の人員は、北京にほぼ七月一〇日に到着するものと思われる。このことを敵側にも会議代表団が伝える準備をせよ。

「国連軍総司令官クラーク将軍へ

一九五三年六月二九日の回答で、李承晩一味が朝鮮人民軍捕虜を捕虜収容所から無理やり釈放したこととこれらの捕虜の強制的な抑留とは、重大で残念な事故だったと貴下は認めている。そのとおりである。しかし、貴下の説明と、この事件で貴下が取った措置は、満足できるものとは言い難い。

明白な事実とは、国連軍がこの事件の責任から逃れられない、ということである。南朝鮮政府と軍とはこのような事件を以前から準備していた。だが、国連軍麾下の南朝鮮警備隊の行動には有効な手段を講じようとはしなかった。われわれは六月一九日の書簡で、この問題に貴下がよりいっそう注意するよう喚起した。しかしいぜんとして南朝鮮の警備隊は捕虜を無理やり収容所から釈放することを続行している。この結果李承晩一味が強制的に抑留している捕虜は全部で二万七〇〇〇名以上にのぼり、このうち中国人民志願軍は五〇〇〇名以上である。あなた方の代表であるハリソン将軍の六月一八日付書簡、および貴下の六月二九日の回答では、「脱走した」捕虜の送還に向けて措置が取られている、と語っている。しかし同時にこの書簡には、これら捕虜の送還が完全には不可能だとも書いてある。事実上、貴下の側の憲兵は、逃亡捕虜についていかなる措置も取らないよう命じられている。のみならず、この捕虜を強制的に李承晩の軍の養成センターに移管するのを黙認している。この間、国連軍が軍事問題で取った立場は、少なくとも李承晩一味の放縦を許すものであり、これによって捕虜協定を乱暴にも決裂させ、休戦協定の合意達成を妨害するにいたっている。

貴下は、休戦協定の協議より前に戦場から捕虜を解放したわが軍の人道的行為と、南朝鮮警備隊による、捕虜協定締結後に収容所を出るよう強制するという破壊的行動とを比較することを試みている。これはまったく現実にそぐわない。捕虜の「脱走」に関しては、どのような状況であろうとも貴国に完全な責任がある。われわれは貴下に警告しなければならないが、李承晩一味は、直接本国に帰還しない八五〇〇名の朝鮮人民軍の捕虜を意図的に釈放し、強制的に抑留するといまだに叫びつづけている。李承晩一味は、蔣介石の代理人としめし合わせて人民志願軍の捕虜に捕虜収容所から出るよう強制し、そのことで、すでに合意された捕虜協定を最終的にだめにしようとしている。

貴下の書簡には、休戦協定の実行を保障するため、必要な場所で、軍ができる限りの軍事的予防措置を取ることを保障している。われわれもこれは必要だと考える。しかしあなた方は、双方の代表によって合意された休戦協定が、南朝鮮政府と軍隊とによっても遵守される保障を、確実には行えないともいっている。これに加えて李承晩一味は、「軍事手段によって朝鮮を統一する」といまだに言っている。この声明ひとつをとっても、三年前に誰が侵略を始めたかがわかろうというものだ。もし国連軍が、李承晩軍を大目に見て、朝鮮問題の平和解決に水をかけるあらゆる種類の犯罪的行為の実行を許しつづけるならば、朝鮮における休戦協定締結後も、依然として、いつでも朝鮮民主主義人民共和国に対する軍事侵略を勃発させることができる。

それゆえわれわれは、あなた方が、南朝鮮政府と軍とが休戦協定とこれに関連した合意を守るよう、効果的な手段を取らなければならないと考える。その時初めて、朝鮮での休戦協定には違反がないことになる。

上述のことから、貴下の回答は十分に満足のいくものではない。しかしながら貴下は、速やかな休戦協定の締結へ向けて努力を傾注するとの願望を表明している。また貴下がこれを約束していることを考慮に入れて、われわれは双方の代表が会見の日程を定め、休戦協定の合意および調印に先行する、各種の準備的措置にかかわる諸問題の実際的遂行について合意することとした。会見の日程は双方の代表団による公式ルートで固められる。

朝鮮人民軍最高司令官　金日成将軍
中国人民志願軍司令員　彭徳懐

一九五三年七月五日」

この書簡を手渡しつつ、周恩来の依頼で伍修権は、口頭で以下のように伝えた。

中華人民共和国政府の考えでは、李承晩の最近の挑発行動は、一方で、米国からより多くの援助を得たいという意向にもとづくものであり、他方では、朝鮮における中国人民志願軍と中国全般への恐怖にもとづくものだ。まさにそれゆえに、南朝鮮は米国と相互防衛条約の締結を主張している。

もし米国がこの要求に応じないなら南朝鮮軍は最後まで戦うよう命令するだろう、と李承晩が言うのは空語である。中華人民共和国政府は、米国が限定的な援助しか与えないと考える。米国は、もし李承晩への大規模な支援を行えば、彼は容易ならぬ冒険的活動に出て、それに米国を巻き込むことになると考える。しかし米国は、極東での大規模な冒険に巻き込まれるという展望を持っていない。この点では米国は李承晩とは明確に異なる。

また李承晩と米国とは、将来の政治会議の実施方針でも意見を異にしている。李承晩は、もし会議が彼の要求を受け入れないならば、会議を見捨てて、北朝鮮に大規模な攻勢をかけ、鴨緑江まで、つまり中朝国境にまでいくと考えている。他方米国が考えているのは、政治会議が停止されるとしたら、それは中朝の代表が会議の席において、中朝が武器で達成できなかったことを得ようとすることが明白となった場合のみ、ということである。以上述べてきたことからして、中華人民共和国政府は、平和のためには休戦協定に調印することが必要だと考えている（この場合、伍修権は冗談めかして、われわれと米国とが李承晩に対して一緒にやっているという逆説的状態がつくられる、と言った）。

伍修権はさらに、中華人民共和国政府の意見では、李承晩は小規模な挑発やいやがらせをすることはできるけれども、大規模なことを実行することはできないと語った。

結論として、伍修権は、中華人民共和国政府はクラークへの回答に関して、覚書、および自分が口頭で述べた判断に対して、ソ連政府からの意見とコメントを待っていると語った。

ワシコフ[7]》

一九五三年七月三日

対米評価をめぐり中ソが論争

モスクワは五三年七月三日の北京の分析に直ちに反応した。ソ連政府は、ただソウルだけが和平のプロセスを引き延ばしているという見方には反対し、李承晩の背後には米国の支配層がいると指摘した。

《……ソ連政府は、休戦協定交渉の全過程からして、中朝の側の戦術は無条件に成功したことを物語っている、と考える。中朝側は、自己の平和的意思を全世界に示し、自己の国益に従いつつ、合意の基盤を見いだし、交渉を行う用意があることを示した。

米国の支配層は政策の上で孤立しており、休戦協定の交渉の遅れと朝鮮戦争の継続はいまや米国の責任に帰すべきものだ。

（3）最近の李承晩とその挑発活動は、交渉を複雑化し、戦争を長引かすものであるが、彼固有の政策ではない。最近の李承晩一味やその周りで騒ぐ連中は、米国の支配層の明確な意図を体現し、米国独占資本の最も侵略的部分の言いなりになっている。

中朝の側の成功した戦術のおかげで、休戦協定合意の締結へのあらゆる障害は除去された。このことが米国の対外政策だけでなく、内政をも困難な状況におとしいれた。というのも国際状況の緊張や朝鮮戦争等々といったことを引き合いに出す根拠がなくなったからである。このようにして形成された状況下で、米国の支配層は戦争熱や高額の軍事発注といった空気を維持するのに大きな政治的困難が生じた。それゆえ米国の支配層は李承晩やその取り巻きたちを操り、米国（米国だけではないが）の不安に満ちた半軍事的な政治環境を維持し、どうにかして休戦協定締結への移行を引き延ばそうとしている。

しかし、米国でも他の多くの国においても世論の圧力が強まったため、朝鮮での戦闘停止を長く引き延ばすことには成功しないだろう。もっともこのことは、李承晩周辺でのあらゆる種類のばか騒ぎの続行を不可能にするものではなく、おそらく朝鮮における休戦協定締結を引き延ばす新しい試みなのだろう。

モロトフ(8)》

モスクワと北京との間で相手側の意図をめぐる論争はさらに続いた。一九五三年七月、ソ連指導部は、戦場での行き詰まりのみが、米国を交渉に誘い込むと主張した。毛はこれに反対した。ソ連大使はこの点について、北京から中華人民共和国指導部の見解を伝えた。

《ソ連共産党の挨拶を聞いて、毛沢東は中国共産党中央委員会からソ連共産党中央委員会への深い感謝の意を伝えた。

毛沢東は、敵が休戦協定に行かざるをえなかったのは、単に軍事だけでなく、政治的、経済的要因がある、と指摘した。

軍事面では、今年、敵は陸上で攻勢に出られなかったどころか、前線をしっかりと維持し、防衛することもできなかった。中国軍は陣地戦を学んだだけでなく、前線で突破口を開いた。

政治面で敵が休戦協定の合意を余儀なくされた政治的要因としては、帝国主義陣営内の軍事的矛盾と、戦争に反対する世界の世論が著しく活発化していることを挙げた。経済的理由に関しては、米国の独占資本が、戦争の最初の二年間は軍需発注と調達で巨大な利益を上げたが、その後、休戦協定の交渉が終結に近づき、朝鮮における戦争をやめるという運動が強まった結果、その利益も急激に落ちこんだからだ、と表明した。

毛沢東は軍事面に立ち返って、こう述べた。もし純軍事的側面のみからいえば、あと一年戦争を継続して、漢江に沿ってより有利な境界線を占領することを目指し、アメリカ人をたたくことは悪くない。それ以上南進すると、朝鮮の東部と西部の沿岸で部隊を東西に長々と展開する危険を冒すことになる。その場合、中朝軍の背後に、米国が上陸する危険性がかなり高まるだろう。[9]》

休戦協定には金日成、彭徳懐も署名

米国の政策評価ではかなり異なっても、モスクワと北京とは、それにもかかわらず、朝鮮半島での恒久平和を確立するという点では一致していた。この点と関連して、板門店では金日成が休戦協定の調印に参加するかという議論が注目された。クレムリンは李承晩の挑発があるからと反対だった。北京は、それほど大事な文書への署名が壊れては困ると、参加を主張した。結局モスクワは譲歩せず、それなら板門店での式典には彭徳懐もいなくてよいと表明した。

ソ連指導部も休戦協定を壊すことはできないと、気にしだした。中華人民共和国には次の至急電が着いた。

《北京　ソ連大使

一三五六、周恩来を訪問し、以下の内容を伝えること。

「ソ連政府は、板門店での休戦協定の文書の交換には金日成と彭徳懐が参加しないという中華人民共和国政府の意見に賛成する。米国側には、合意文書の交換に際しては、誰が全権代表となるかについては、それぞれの側が自分の判断によって問題を解決すればよいことである、と指摘する必要がある。

しかし、中朝側のこのような立場を考慮して、米国側が、板門店で誰が一方を代表するか決まっていないとして、休戦協定の文書の調印を渋る可能性がある。その場合は、ソ連政府の意見だが、中朝側は金日成と彭徳懐とが代表することに同意してもかまわない。金日成、彭徳懐の板門店行きには、必要な警戒措置を取るのはもちろんであるが」

このソ連政府の回答は、同志金日成にも伝える。

周恩来総理との会見結果について電報で連絡せよ。[10]》

一九五三年七月二七日一〇時、板門店の「平和の家」で朝鮮における休戦協定が締結された。休戦協定の署名は中朝を代表して南日と、米国のハリソン将軍が国連軍を代表して、それぞれ行った。協定には、式典に参加しなかった金日成と彭徳懐、クラーク将軍も署名した。三年にわたる流血の紛争に、こうして終止符が打たれた。

あとがき

本書で述べてきた朝鮮戦争に関する文書にもとづいた分析からも明らかなように、この戦争は、二つのイデオロギーおよび政治体制による、和解しがたく容赦なき対決の結果であった。モスクワとワシントンによって率いられファシスト軍国主義的侵略者を敵とした陣営のまとまりも、戦場での砲撃を止めることはできなかった。双方とも同盟国としての義務や感情を忘れたかのようであった。双方の陣営の間では、イデオロギーを隠れ蓑にしながら、国の安全保障の要求や、大国的野心とが緊密に絡み合った闘いが繰り広げられた。

双方の陣営には、熱核戦争の大破局が生じるような正面衝突は回避するという、それなりの慎重さが見られた。同時に支配者の中には、地球的な破局は回避しながらも、自己の影響力を世界に拡大できると感じとった場合、こうした危険に賭ける者が出てきた。

このような状況が朝鮮で生じたのである。そこでは地元共産主義者や、その反共産主義の対立者は、それぞれモスクワとワシントンの庇護者の祝福と支持とを求めつつ、力を試そうという願望に燃えていた。結局スターリンは、北朝鮮の共産主義者に「革命を完遂する」チャンスを与えようという結論に達した。というのも米国は、彼の見るところでは、内戦に関与しないだろうと考えたからだった。

しかしソ連指導者の見通しは外れた。この誤算の対価は、何百万人もの兵士や平和な住民の命だった。三年間吹き荒れた朝鮮戦争は、その他にもアジア太平洋地域、そして全世界の全般的情勢に長期にわたるマイナスの影響をもたらした。それは、相対立する軍事ブロックの形成を促し、新しい政治＝イデオロギーの闘いを煽り立て、一つの超大国は民主主義を「トロイの木馬」のように仮借なく押しつけ、もう一方は第三世界における民族解放運動と社会的政治的発展といった激しい対抗手段に出ることで、「冷たい戦争」が深刻化する一因となった。こうして当の朝鮮半島は、今日に至るまで、地球上の「ホット・スポット」として残されている。

朝鮮戦争は、ソ連を含めた多くの国の利益にもマイナスの影響を与えた。この戦争のためモスクワとワシントンとの関係は決定的にだめになった。戦争は中ソの同盟にも軋轢《あつれき》を生み出した。北京は、クレムリンが自らはこの大殺戮から身をひきつつ、中国を朝鮮半島で戦わせ、しかもソ連製武器の代金を徴収したことに怒った。双方の苛立ちは朝鮮戦争の他の側面にも及んだ。

この紛争のために、モスクワとソウルの関係正常化の扉はぴたりと閉ざされ、ソ連は戦後、朝鮮南部とアジア太平洋地域の他の最重要地点で米国の軍事的プレゼンスに耐えねばならなかった。そして、長い年月にわたってアジアの他の大部分の国々との正常な互恵の関係を確立する可能性が失われつづけた。米国は単にモスクワの行動の自由を奪っただけでなく、東方においてソ連の国家安全保障にとっての脅威を創り出すこととなった。

クレムリンは北朝鮮の体制との関係を保ったが、政治、経済、および戦略的関係において、しだいに重荷となってきた。ソ連が転換を図るあいだも、朝鮮民主主義人民共和国は、モスクワの国際的威信を(平壌と結びついていたことから)傷つけ、ソ連の資源を枯渇させ、各国とのソ連国境での緊張を高めさせながら、スターリン・モデルにしがみつきつづけた。

朝鮮戦争は、中国にいっそう悪い結果をもたらした。中国は国際的にきびしい孤立状態に置かれ、何十もの国家が承認を拒否し、国連にも加盟できなかった。中国は米国の基地に取り囲まれ、ワシントンは台湾という中国領土を、中華人民共和国をねらう米国の「不沈空母」へと変えた。北京にはソ連に頼るしか選択がなくなり、「弟分」の役割に甘んじざるをえなかった。この不釣り合いな同盟こそ、中ソ対立を呼び起こし、ひいては中国共産党の内政外交を急進的方向へと追いやった。

朝鮮民主主義人民共和国の現在の惨めな姿こそ、朝鮮戦争の遺産の論理的帰結である。逆に米国はアジア太平洋において軍事的政治的覇権を確保するために、今日までこの紛争を利用してきた。

願わくはここに記述したオリジナル文書にもとづいた朝鮮戦争の歴史が、過去の悲劇的誤りがアジア太平洋地域で二一世紀に繰り返されることへの警告として、幾分なりとも役立つことを願っている。

主な登場人物

《ソ連（ソビエト社会主義共和国連邦）／ロシア》

イグナチェフ、A・M

平壌駐在のソ連参事官、公使

1948年9月の朝鮮民主主義人民共和国創設からソ連の北朝鮮政策に重要な役割を演じる。同共和国の内政外交に積極的に関与。〔第二五軍政治部長、45年からソ連の北への援助管理組織であるソ連市民管理部長、50年爆撃で死亡〕

ヴィシンスキー、A・Ia（1883—1954）

ソ連政治家

1923～39年、検事、次席検事を経て検事総長。39年アカデミー会員。39年からソ連共産党中央委員会委員。39～44年ソ連人民委員会議副議長。40～49年外務省高級官僚。49～53年ソ連外相。

ヴォルコゴーノフ、D・A（1928—95）

ソ連軍人、歴史哲学博士・教授

1986年陸軍大将。84年からソ連陸海軍政治総局次長。88～91年、ロシア政府および大統領府の各種委員会議長。歴史・哲学・政治問題の著作多数。

クズネツォフ、V・V（1901—90）

ソ連政治家

1940～43年ソ連国家計画委員会副議長。44年から全ソ労働組合中央評議会議長。53年から外交問題にたずさわり、ソ連共産党中央委員会政治局員補。77～85年ソ連邦最高会議幹部会議長。

クルデュコフ、I・F（1911—77）

ソ連外交官

1939～40年、41～44年、46～48年中国駐在顧問官。52～53年中国駐在ソ連大使。55～58年ソ連外務省極東部長、59～62年オーストラリア駐在大使。68～73年ウガンダ大使。多くの国際会議、会談に参加。

グロムイコ、A・A（1909—89）

ソ連政治家

1943〜46年、駐米大使、46〜49年外務次官、同時に46〜48年国連安保理常任代表。49〜52年、53〜57年第一外務次官、52〜53年イギリス大使、57〜85年ソ連外相。83〜85年閣僚会議第一副議長。85〜88年最高会議幹部会議長。73〜88年ソ連共産党中央委員会政治局員。

コロトコフ、G

ロシアの学者

1950年2月までに金日成の手元には南朝鮮進攻、より正確には、南朝鮮に予防的警告的打撃をあたえるという計画があったという観点を主張。50年2月に金日成がモスクワを訪問、そこでこの案がスターリンの完全な承認を得た、という。コロトコフの主張するところでは、この案の原典はモスクワと平壌との非公開文書館に各一部ずつ存在する。この学者によれば、金日成の第三回の訪問は、三日間、七名の最高位の朝鮮軍人が同行した。その折、金は南朝鮮解放の計画実現に支持を得た。平壌に金日成が戻ったのは50年3月1日である。

コワリョフ、I・V（1901―93）

ソ連政治家、軍人

大祖国戦争〔第二次世界大戦〕期には交通相、G・K・ジューコフ将軍の高い評価を得る。経済問題に関するソ連専門家グループの指導者。中国共産党中央委員会でのソ連共産党中央委員会代表。中国東北部の鉄道再建で大いに活動する。中華人民共和国建設後は中国を離れ、1950年代、ソ連国家機関、特に交通問題に従事。

ザハロフ、M・V（1898―1972）

ソ連軍人、元帥。別名マトヴェーエフ〔別掲〕

大祖国戦争〔第二次世界大戦〕期にカリーニングラード、ステップ、第二ウクライナ、ザバイカル戦線の参謀長。1945〜49年、63〜64年参謀本部軍大学校長。49〜52年参謀本部長代理。57〜60年ドイツ駐在ソ連軍総司令官。60〜63年、64〜71年参謀本部長。国防第一次官。59年元帥。二度、ソ連邦英雄（45、71年）。

シトゥイコフ、T・F（1907―64）

ソ連共産党活動家、政治家。陸軍大将。平壌駐在ソ連大使

1946〜47年、朝鮮問題に関する米ソ共同委員会のソ連代表。48〜51年朝鮮民主主義人民共和国駐在ソ連大使、A・ジダーノフの女婿として金日成の登用、朝鮮での戦争開始を含め、ソ連の朝鮮半島政策に関与。52年本国召還、降格。53年スターリン死後、外交に復

帰（59～60年ハンガリー駐在大使）。

朝鮮戦争時、スターリンと朴憲永との仲介にあたる。金日成と会った後、ワシリエフ、ポストニコフ両大将に対し、「戦争開始に最適な季節は7月である。しかし天候上の理由で、戦争は6月に繰り上げた方がいい」と主張。50年6月20日22時、シトゥイコフはモスクワに、20時頃北朝鮮軍は「南の政府が秘密指令で、北への侵攻を指示した」と伝えた、と報告。しかしその後のモスクワへの報告では、その指示はあまりに広く伝わっているので疑わしい、と語っていた。〔レニングラード州党委員会書記から第一極東戦線軍事評議会、沿海軍管区軍事評議会を経て、大使〕

シャブシン、Ｉ・Ａ

ソ連外交官、ソウル副総領事

朝鮮でのソ連外交展開に指導的役割を演じた。

シュテメンコ、Ｓ・Ｍ（１９０７―76）

ソ連軍人、上級大将

大祖国戦争〔第二次世界大戦〕期、１９４３年からソ連軍参謀本部作戦局長、46年から参謀本部長代理、48～52年参謀本部長。62年から陸軍参謀本部長、64年から参謀本部長代理、68年から、参謀本部第一代理、ワルシャワ条約機構統一軍参謀長。

スターリン（ジュガシビリ）、ヨシフ・ヴィッサリオノヴィチ（１８７８〔公式には１８７９〕―１９５３）ソ連国家指導者

１９１７年まで共産主義運動参加者。12年からロシア社会民主労働党中央委員会委員、ロシア局員。17年「プラウダ」編集委員、ロシア共産党（ボリシェビキ）中央委員会委員、軍事革命センター委員。17～22年民族人民委員。同時に19～22年国家統制委員会委員・労農監督人民委員、18年からは軍事革命委員会委員。22～53年ソ連共産党書記長。

チスチャコフ、Ｉ・Ｍ

ソ連第二五軍司令官（１９４５年8月から47年3月まで朝鮮に駐留）

１９４５年8月24日、チスチャコフ将軍は「１９４５年8月26日20時までに日本軍の平壌での権力は解体され、地方人民権力が樹立される。すべての日本行政官は、指導者も含め捕虜となる」と語った。さらに彼は、全住民を武装させ、新権力樹立をめざし、その上に単一朝鮮民族政府を作る、と話した。チスチャコフは、三八度線については、米国とソ連との間の単なる仮想境界線で、いかなる政治的意味も持たせるべきでない、とした。

デレヴャンコ、K・N

ソ連中将、中国駐在ソ連政府代表

対日関係、およびソ連のアジア政策における主導的専門家の一人。ソ連の極東政策に大きな役割を果たした。1950年5月末、毛沢東と金日成とが朝鮮戦争の問題で最終的合意に達したあと、デレヴャンコは、約五〇名からなる機関職員ともども、即座に日本からソ連に戻った。

トゥンキン、G・I

平壌のソ連外交代表団代表〔臨時代理大使〕

1949年9月12～13日、グロムイコの指示でトゥンキンは、金日成と朴憲永とに会う。北朝鮮の指導部による提案の分析を行ったあと、このソ連外交官は、朝鮮戦争が南と北との内戦となって現出すると見た。トゥンキンは、「状況は北にとって戦争を始めるのに最も適していない時期」とみなした。というのも、北側は、彼の説明では、十分に強力な常備軍を有していなかったからである。同様に、戦争が長期戦の様相を帯びれば、北の状況はさらに悪化すると見た。この場合米国は李承晩を積極的に支持することが考えられる。トゥンキンは、中国での国民党の敗北後、米国は南側に立って参戦、南側をあらゆる手段を講じて敗北から救い出すだろうと予測した。

フェドレンコ、N・T（1913—）

ソ連外交官、学者

1943～68年外交活動。中国大使館（40～48、50～52年）勤務、外務次官（55～58年）、日本大使（58～62年）、国連安保理常任代表（63～68年）。

プーシキン、G・M（1909—63）

ソ連外交官、大使

1937年から外交畑を歩む。42～44年、中国・新疆ウイグル自治区ウルムチで総領事。44～48年、ソ連統制委員会政治顧問、ソ連ハンガリー公使、48～49年は、大使。49～52年東ドイツ駐在ソ連外交使節団長。52～53年、59～63年ソ連外務次官。53～54年は、外務省中近東局長、ヨーロッパ第三局長、54～58年東独大使。

ブルガーニン、N・A（1895—1975）

ソ連軍人、政治家

1937年からロシア共和国人民委員会議議長。38年からソ連邦人民委員会議副議長。44年から国家防衛委員会委員。47年から閣僚会議副議長、同時に47～48年軍事力相、53～55年国防相。55～58年ソ連閣僚会議議長。その後経済畑に従事。

プロトニコフ、G・K

朝鮮戦争参加者。朝鮮戦争の軍事外交史に関する多くの著作、インタビュー記録の著者
ベローフ、P・A（1897―1962）
ソ連軍人、大将
朝鮮戦争時、朝鮮民主主義人民共和国、中華人民共和国の空軍部隊を指揮。
マトヴェーエフ
M・V・ザハロフの仮称〔↓ザハロフ〕
マリク、Ia・A（1906―80）
ソ連外交官、大使
1937年から外交官として活動。39～42年日本駐在ソ連全権代表部参事官（41年から全権代表部は大使館に改名）、42～45年は日本大使、45～46年、ソ連の日本政治顧問、46～53年と60～80年、ソ連外務次官。53～60年駐英ソ連大使。
メレツコフ、K・A（1897―1968）
ソ連軍人、元帥（1944年）
1940年8月から参謀本部長。41年1月からソ連国防人民委員部次官。大祖国戦争期、多くの戦線の指揮官。
モロトフ、V・M（スクリャービン）（1890―1986）
ソ連政治家
1917年ペトログラード〔サンクトペテルブルグ〕軍事革命委員会委員、20～21年ウクライナ共産党中央委員会書記、21～30年全連邦共産党（ボリシェビキ）中央委員会書記、同時に28～31年モスクワ委員会書記、30～41年人民委員会議議長（首相）、37年まで国防労働委員会議長、41年副議長、42～57年国防国家会議第一副議長、39～49年と53～56年ソ連外相（外務人民委員）、57年からモンゴル大使、60～62年国際原子力機関ソ連常任代表。
ユージン、P・F（1899―1968）
ソ連外交官、学者〔哲学〕
1953年から科学アカデミー会員、53～59年中華人民共和国駐在のソ連大使。〔党中央委員〕
ユマシェフ、I・S（1895―1972）
ソ連提督
1947～51年海軍総司令官、海軍相。51～57年海軍士官学校校長。
ラズヴァーエフ、V・N
ソ連外交官
1950～53年朝鮮民主主義人民共和国駐在臨時全権大使。朝鮮半島問題に関する平和協議の国際交渉・協

議に参加。

レドフスキー、A・M（1914—）
ソ連外交官
1942〜66年ソ連外務省、中国駐在ソ連大使館勤務（42〜46年、48〜50年）、北京総領事（46〜47年）、奉天総領事（50〜52年）、ビルマ〔ミャンマー〕大使（59〜66年）。

ローシチン、N・B（1901—60）
ソ連外交官、大使
1948年から外交畑を歩む。48〜52年中国駐在大使（49年からは中華人民共和国）、53年からソ連外務省東南アジア部長、53年から60年まで国防省で責任ある職務。

ロマネンコ、A・A
ソ連第二五軍副司令官
北朝鮮の国内政治および対外関係に大きな影響を及ぼす。1946年7月、金日成・朴憲永のモスクワ訪問に同行、スターリンとの会見に立ち会う。

ワシリエフ
ソ連軍人、少将
1950年ソ連邦英雄。朝鮮人民軍付軍事顧問団長。南進の具体化に積極的に参加。

ワシレフスキー、A・M（1895—1977）
ソ連軍人、元帥
1942年6月から参謀本部長。45年から白ロシア第三戦線指揮官、その後日本関東軍を敗北させたソ連極東軍総司令官。46年から参謀本部長。48〜53年ソ連軍事力相（陸軍相）、53〜57年国防第一次官。二度ソ連邦英雄（44、45年）。

《米国（アメリカ合衆国）》

アイゼンハワー、ドワイト・デーヴィッド（1890—1969）
傑出した米国軍人、政治家
1944年将軍。43年12月から連合国軍最高司令官、50〜52年NATO（北大西洋条約機構）軍最高司令官、53〜61年第三四代大統領（共和党選出）。

カーク、アラン・グドリッジ（1888—1963）
駐ソ米国全権大使（1949〜52年）

クラーク、ウエイン・マーク（1896—）
米国将軍
第二次世界大戦時に北アフリカ、イタリアの第五軍、イタリアでの第一五軍を指揮、オーストリア占領軍司令部、1952〜53年（ホワイトハウスによるマッカーサー解任後）国連軍司令官。54年に『ドナウ川から鴨緑江まで』を執筆。

ケナン、ジョージ・フロスト（１９０４―）

米国外交官

１９５６年から評論家。52年３～10月ソ連大使。敵対的発言によってソ連側の要求で職を離れる。61～63年ユーゴスラヴィア大使。米国の代表的ソ連学者の一人。60年代半ばから対ソ現実主義をたびたび主張した。

ジョイ、ターナー・チャールズ（１８９５―１９５６）米国軍人

１９４４～45年、何度か海戦に参加。朝鮮戦争時、極東海軍司令官、休戦協定に国連軍代表、52～54年海軍士官学校校長。

トルーマン、ハリー（１８８４―１９７２）

米国政治家

１９４５年１～４月副大統領、45～53年第三三代大統領（民主党選出）。

ハリマン、ウィリアム・アヴェレル（１８９１―１９８６）米国政治家、外交官

１９４３～46年ソ連大使。50～69年、各種外交・行政ポストに就く。

ボーレン、チャールズ（１９０４―７４）

米国外交官

１９２９年からチェコスロヴァキア大使館（29～31年）、フランス大使館（31～34年）、ソ連大使館（34～36、37～40、43～44年）、日本大使館（41～42年）各勤務、国務省（36～37、42～43、44～49、51～53、68～69年）、49～51年フランス公使、53～57年ソ連大使、57～59年フィリピン大使、62～67年フランス大使。

マーシャル、ジョージ・ケトレット（１８８０―１９５９）米国軍人、政治家

１９４４年元帥、39～45年陸軍参謀総長、47～49年国務長官、50～51年国防長官。マーシャル計画の主導者。ノーベル平和賞受賞（53年）。

マッカーサー、ダグラス（１８８０―１９６４）

米国の偉大な政治家、軍人

第二次世界大戦時、米極東司令官（１９４１～42年）、南西太平洋軍総司令官（42～51年）、同時に45年から日本占領軍司令官。49年米太平洋軍を指揮。50～51年朝鮮半島の戦争で国連軍を指揮。中国領への戦争拡大論者で、このためその職を解任される。

ムチオ、ジョン（１９００―89）

初代の駐韓国全権大使。１９４９～52年ソウル駐在

リッジウェイ、マシュー・バンカー（1895―1993）米国軍人

第二次世界大戦時、空挺部隊を指揮。朝鮮戦争時、第八軍と国連軍〔最高司令官〕を指揮、中将。1952〜53年NATO軍最高司令官、53〜55年陸軍参謀総長、55年退役。

《インド》

ネルー、ジャワハルラル（1889―1964）

インド国民会議派の政治家

1947年までイギリス植民地主義に対するインド民族解放闘争の推進者。47年から首相。非同盟運動の主導者の一人。

《中国（中華人民共和国〔中華民国を含むが、「党」は中国共産党をさす〕）》

王稼祥（1906―74）

中国の党・国家指導者

1940年代中国共産党中央委員会宣伝部長。49〜58年、中国の駐ソ連大使。56年党中央委員、書記に選出。外務次官〔外交部副部長〕、中央委員会対外連絡部長。文化大革命で迫害、抑圧されるが、73年復権する。

解方

中国の軍人

紅軍で政治活動に従事、1940年代は東北部にあった。人民志願軍参謀長、開城での交渉では志願軍を代表。朝鮮戦争後は軍事教育活動に従事。

喬冠華（1913―93）

中国の党活動家、政治家

1930年代末、周恩来とともに国民党政府の共産党代表。46〜49年香港で新華社代表。49年以降、外務省〔外交部〕で大臣補佐などをつとめる。64年から外務次官〔副部長〕。70年代外相。

高崗（1891―1955）

中国の党・国家指導者

1930年代中国西北部に中国共産党の基盤をつくる。45〜54年党中央委員。国民党との闘争期に、中国東北部で軍事政治活動を行う。49年以降は中国東北政府を指導。53年北京での工作に専念（中央人民政府計画委主席）、毛沢東との意見の相違による反党的分裂活動を非難される。55年〔54年か――訳者〕、中国の報道によると自殺した。

伍修権（1908—97）
中国の党・政治・社会活動家
1930年代紅軍で軍事政治活動に従事。45～49年、東北軍区参謀長。49年10月から外務省〔外交部〕。中ソ国家間交渉を担当。55～58年ユーゴスラヴィア大使。56年から党中央委員。59年以降、中国の各種対外代表をつとめた。晩年は中露友好協会会長。回想記が二冊ある。

沙河夫（1906—72）
中国政治家
抗日戦期、『新華日報』編集長、周恩来の秘書。1949年10月から外務次官〔外交部副部長〕、アジア・アフリカ問題担当、61～62年ラオス問題のジュネーヴ会談に参加、文化大革命で批判を浴びる。

周恩来（1898—1976）
中華人民共和国国務院総理、中国共産党指導者
1920年代初頭から中国共産党の軍事政治活動に従事、長征に参加。抗日戦争時、国民党政府での共産党代表、46年以後の国民党との交渉を担当した。49～76年中華人民共和国国務院〔当初は政務院〕総理、49～58年外相、国際舞台で人民共和国の地位強化に功績、国際会議に代表として参加（54年ジュネーヴ、55年バンドン会議）、70年代に中国外交を再定位し、米国、日本との関係改善に重要な役割を演じる。

朱徳（1887—1976）
中国政治家、軍人
1922年から中国共産党員。30年代、中国紅軍を指揮、長征期には紅軍総司令、37～45年、八路軍、46～54年は、人民解放軍総司令、54～59年国家副主席、55年元帥と最高勲位授与、56年からは中国共産党中央委員会副主席、59年4月から全人代常務委員長。

徐向前（1902—90）
中国軍人、政治家
1920年代末から中国共産党員。30年代から、朱徳とともに紅軍第四軍を指揮、抗日戦では八路軍を指揮、45年から党中央委員、46～49年の国民党との闘争では、戦線を指導、軍を組織。49～54年、総参謀長。55年元帥。文化大革命時批判されるが弾圧はされなかった。文革後軍事面での高官となる。85年から中央軍事委員会副主席。

蔣介石（1887—1975）
中国政治家、軍人
中国国民党の指導者で、1949年に打倒された。37～45年の抗日戦争期、軍を指導。46～49年の共産党と

の闘争で敗北、台湾に脱出。台北は中華民国政府（国民政府）の臨時首都となる。蔣介石は総統となった。

鄧華（1910—80）
中国の党・国家指導者
1930年代中国紅軍の軍事政治活動に従事。彭徳懐の配下にあった。40年代は林彪のもとで国民党からの中国中南部解放に従事。51～53年人民志願軍副司令員、大将となる。

彭徳懐（1898—1974）
中国の党・国家指導者
1920年代末から30年代、中国紅軍のさまざまな組織を指導、長征に参加。抗日戦時、共産党武装勢力の副司令官。国民党軍との内戦で西北野戦軍を指揮。45～59年党中央委員。50年10月から54年9月まで朝鮮における人民志願軍司令官〔司令員〕。54～59年国防相。文革時投獄され、74年死去。

毛沢東（1893—1976）
中国革命の指導者、中国共産党指導者（1935—76）〔党主席〕
1920年代宣伝活動に従事、農民蜂起を組織。30年代、国民党に対抗する共産主義的軍事作戦を指導、抗日パルチザン戦争の戦術と戦略とを編み出す。46～49年、朱徳、林彪とともに国民党との内戦で共産党勢力の軍事部門を指導。49～54年中華人民共和国中央人民政府主席、54～59年国家主席。

葉季荘（1893—1967）
中国の党・国家指導者
1920年代中国共産党入党。長征に参加。45～49年、中国東北人民政府で働く。49～52年商業相、52～65年対外貿易相、56年党中央委員。50～60年代前半、中国の対外経済問題に従事。

李克農（1907—62）
中国の党・国家指導者
1926年から中国共産党員。30年代紅軍の政治諜報活動に参加、49年から外務次官〔外交部副部長〕。51～53年朝鮮戦争休戦交渉において中国代表団を指導。55年将軍職で人民解放軍副総参謀長。56年党中央委員。

劉少奇（1898—1969）
中国の党・国家指導者
1920年代労働組合運動で政治活動開始。30年代国民党の支配地域で共産党活動を指導。長征に参加。45年から党中央委員。56年から中国共産党中央政治局常務委員会委員。59年、毛沢東に代わって国家主席となる。文化大革命で「資本主義の道を歩む」実権派として抑圧され、69年獄死。80年名誉回復。

林彪（1907―71）

中国の党・国家指導者

紅軍創始者の一人で、長征に参加。抗日戦、国民党との内戦で共産党軍を指揮。1949～53年、湖南の行政を指導。50年から党政治局委員、59年から国防相。文革時には毛沢東の後継者といわれた。中国の公式発表によると、71年毛沢東を排除する陰謀を企て、モンゴル上空での飛行機事故により死亡。

《南北朝鮮（大韓民国・朝鮮民主主義人民共和国）》

許哥而（ホ・ガイ）（1908―53）

ソ連および北朝鮮の政治家、国家指導者

ソ連で党と政府の高官となった。1945年解放朝鮮に派遣され、北朝鮮指導部で第三位の地位を占める（党政治局員、書記など）。51年末から金日成と闘争、漸次権力を失った。53年、公式情報によると自殺した。

金科奉（キム・ドゥボン）（1890―?）

北朝鮮の政治家、国家指導者

1946年に金日成率いる北の共産党と、金科奉率いる新民党が合同し、北朝鮮労働党を組織、同委員長となる〔48年最高人民会議常任委員会委員長〕。

金雄（キム・ウン）

北朝鮮の政治・軍事指導者。朝鮮戦争時、朝鮮人民軍副総参謀長

金策（キム・チェク）（1903―51）

北朝鮮の政治家、国家指導者

1948年から北朝鮮労働党中央委員会政治委員会委員。朝鮮戦争時、軍事委員会委員として前線を指揮。北朝鮮では民族英雄。〔北朝鮮副首相〕

金日成（キム・イルソン）（1912―94）

半世紀にわたる北朝鮮の指導者

日本の植民地主義者との闘争で、一時ソ連領に滞在、ソ連指導部の意向で北朝鮮の最高指導者となる。1960年には「偉大なる指導者、民族の太陽、そして強力な共和国の元帥」。現在の北朝鮮指導者、金正日は金日成の長男で、自己の権力強化のため個人崇拝を利用している。

姜健（カン・ゴン）

北朝鮮の軍指導者、朝鮮戦争時の軍最高幹部〔47～50年総参謀長。50年死去〕

洪命憙（ホン・ミョンヒ）（1887―1968）

反日本植民地主義の顕著な活動家

朝鮮独立を目指した、共産主義者と民族主義者の統一組織の創始者の一人。朝鮮戦争時、朝鮮民主主義人民共和国の指導者の一人〔副首相〕。

崔庸健（チェ・ヨンゴン）（１９００—76）

北朝鮮の著名な政治家、国家指導者、軍人

１９４６〜５５年、北朝鮮民主党委員長。48〜57年、民族保衛相〔53〜57年副首相〕。57〜72年、朝鮮民主主義人民共和国最高人民会議常任委員会委員長。72年以降は朝鮮民主主義人民共和国副主席。

文日（ムン・イル）

金日成の個人秘書。ロシア語と朝鮮語の通訳

朴憲永（パク・ホニョン）（１９００〜55）

南朝鮮における共産党活動指導者

１９５０年代はじめ〔48年〜〕朝鮮民主主義人民共和国外相〔兼副首相〕。朴こそ、北朝鮮による南進の最も積極的な支持者だった。のちに日本と米国のスパイとして銃殺刑が宣告された。

李承晩（イ・スンマン）（１８７５—１９６５）

韓国初代大統領

日本の植民地主義から解放されたあと、１９４８〜60年初代大統領。亡命中米国で教育を受ける。南朝鮮における米軍の駐留を支持した。李承晩大統領任期中に朝鮮戦争が生じ、朝鮮の南北分割を固定化する役割を演じた。60年の反独裁蜂起〔四・一九学生革命〕で権力を失った。

64-72.

(17) ソ連共産党中央委員会幹部会第2会議速記録抄録第BP2/19号（1952年11月3日付）．フォンド3，目録65，文書830，リスト31-34.

(18) ソ連軍参謀本部第2総局第26499号暗号電報（1952年12月17日付）．フォンド45，目録1，文書343，リスト105-114.

(19) 毛沢東へのスターリンからの電報（1952年12月27日付）．フォンド45，目録1，文書343，リスト115-116.

第14章 モスクワ、朝鮮政策を変更 同盟国は満足を隠さず

(1) ソ連閣僚会議決定（1953年3月19日付第858-372号極秘）．フォンド3，目録65，文書830，リスト60-71.

(2) ソ連外務省第8265号暗号電報（1953年3月29日付）．フォンド3，目録65，文書830，リスト97.

(3) 同上．リスト98-99.

(4) 同上．

(5) 同上．

(6) ボーレン米国大使との会見（1953年5月28日）．V. モロトフの日誌より．フォンド3，目録65，文書830，リスト132-133.

(7) ソ連外務省第17286号暗号電報（1953年7月3日付）．フォンド3，目録65，文書830，リスト136-147.

(8) ソ連外務省第13464号暗号電報（1953年7月4日付）．フォンド3，目録65，文書830，リスト148-150.

(9) ソ連外務省第1396号暗号電報（1953年7月29日付）．フォンド3，目録65，文書830，リスト187-189.

(10) ソ連共産党中央委員会幹部会第19会議速記録抄録第P19/9号（1953年7月24日付）．フォンド3，目録65，文書830，リスト168.

ォンド45，目録1，文書342，リスト73-77.

(39) ソ連軍参謀本部第2総局第709号暗号電報（1952年2月3日付）．フォンド45，目録1，文書342，リスト78.

第13章　スターリン、戦争継続を主張

(1) ソ連共産党中央委員会政治局第79会議速記録抄録第P79/189号（1950年12月7日付決定）．フォンド3，目録65，文書828，リスト23-24.

(2) ソ連軍参謀本部第2総局第3410号暗号電報（1951年6月5日付）．フォンド45，目録1，文書339，リスト17-18.

(3) ソ連軍参謀本部第2総局第22054号暗号電報（1951年7月21日付）．フォンド45，目録1，文書340，リスト88-91.

(4) ソ連軍参謀本部第2総局第22834号暗号電報（1951年8月13日付）．フォンド45，目録1，文書341，リスト56-58.

(5) ソ連共産党中央委員会政治局第83会議速記録抄録第P83/280号（1951年8月28日付決定）．フォンド3，目録65，文書829，リスト4-5.

(6) 第23397号暗号電報（1951年8月30日付）．フォンド45，目録1，文書341，リスト97.

(7) ソ連軍参謀本部第2総局第25902号暗号電報（1951年11月14日付）．フォンド45，目録1，文書342，リスト16-19.

(8) ソ連外務省第8601号暗号電報（1951年11月19日付）．フォンド45，目録1，文書342，リスト22.

(9) ソ連共産党中央委員会政治局第84会議速記録抄録（1950年11月19日付決定）．フォンド3，目録65，文書828，リスト42-43.

(10) ソ連共産党中央委員会政治局第84会議速記録抄録第P84/422号（1950年11月19日付決定）．フォンド3，目録65，文書829，リスト44-45.

(11) ソ連共産党中央委員会第334/ag号文書（1951年11月20日付）．フォンド3，目録65，文書829，リスト46-48.

(12) ソ連軍参謀本部第2総局第16293号暗号電報（1952年2月8日付）．フォンド45，目録1，文書342，リスト81-83.

(13) 同上.

(14) ソ連共産党中央委員会政治局第86会議速記録抄録第P86/33号（1952年3月7日付決定）．フォンド3，目録65，文書830，リスト1-2.

(15) ソ連軍参謀本部第2総局第21646号暗号電報（1952年7月18日付）．フォンド45，目録1，文書343，リスト72-75.

(16) スターリンと周恩来の会談記録．フォンド45，目録1，文書329，リスト

(20) ソ連軍参謀本部第2総局第22209号暗号電報（1951年7月26日付）．フォンド45，目録1，文書340，リスト98-99.

(21) ソ連軍参謀本部第2総局第22265号暗号電報（1951年7月28日付）．フォンド45，目録1，文書340，リスト114-115.

(22) ソ連軍参謀本部第2総局第22446号暗号電報（1951年8月2日付）．フォンド45，目録1，文書341，リスト3-4.

(23) 同上．リスト5-8.

(24) ソ連軍参謀本部第2総局第22767号暗号電報（1951年8月11日付）．フォンド45，目録1，文書341，リスト37-39.

(25) ソ連軍参謀本部第2総局第22787号暗号電報（1951年8月13日付）．フォンド45，目録1，文書341，リスト45-47.

(26) ソ連軍参謀本部第2総局第22963号暗号電報（1951年8月13日付）．フォンド45，目録1，文書341，リスト59-60.

(27) ソ連軍参謀本部第2総局第22985号暗号電報（1951年8月17日付）．フォンド45，目録1，文書341，リスト75-76.

(28) ソ連軍参謀本部第2総局第23048号暗号電報（1951年8月20日付）．フォンド45，目録1，文書340，リスト84-85.

(29) ソ連軍参謀本部第2総局第23256号暗号電報（1951年8月27日付）．フォンド45，目録1，文書340，リスト86-88.

(30) フォンド45，目録1，文書340，リスト139-140.

(31) ソ連軍参謀本部第2総局第25226号暗号電報（1951年10月25日付）．フォンド45，目録1，文書341，リスト152-153.

(32) ソ連軍参謀本部第2総局第25231号暗号電報（1951年10月25日付）．フォンド45，目録1，文書341，リスト150-151.

(33) ソ連軍参謀本部第2総局第25224号暗号電報（1951年10月25日付）．フォンド45，目録1，文書341，リスト147-149.

(34) ソ連軍参謀本部第2総局第25474号暗号電報（1951年11月1日付）．フォンド3-75，目録1，文書342，リスト3-7.

(35) ソ連軍参謀本部第2総局第25465号暗号電報（1951年11月1日付）．フォンド3-75，目録1，文書342，リスト1-2.

(36) ソ連軍参謀本部第2総局第26214号暗号電報（1951年11月22日付）．フォンド3-75，目録1，文書342，リスト32-33.

(37) ソ連外務省第26044号暗号電報（1951年11月21日付）．フォンド45，目録1，文書348，リスト44-45.

(38) ソ連軍参謀本部第2総局第16008号暗号電報（1952年1月31日付）．フ

ンド45，目録1，文書339，リスト8-10.

(4) ソ連軍参謀本部第2総局第21404号暗号電報（1951年7月3日付）．フォンド45，目録1，文書339，リスト6-7.

(5) ソ連軍参謀本部第2総局第3950号暗号電報（1951年7月3日付）．フォンド45，目録1，文書339，リスト11.

(6) ソ連軍参謀本部第2総局第21632号暗号電報（1951年7月10日付）．フォンド45，目録1，文書339，リスト22-24.

(7) ソ連軍参謀本部第2総局第21756号暗号電報（1951年7月13日付）．フォンド45，目録1，文書340，リスト43-45.

(8) ソ連軍参謀本部第2総局第21726号暗号電報（1951年7月13日付）．フォンド45，目録1，文書339，リスト35-42.

(9) ソ連軍参謀本部第2総局第21757号暗号電報（1951年7月13日付）．フォンド45，目録1，文書340，リスト46.

(10) ソ連軍参謀本部第2総局第4153号暗号電報（1951年7月14日付）．フォンド45，目録1，文書340，リスト48.

(11) ソ連軍参謀本部第8局第21813号暗号電報（1951年7月14日付）．毛沢東が朝鮮へ送った電報をスターリン用にコピーしたもの．フォンド45，目録1，文書340，リスト51-52.

(12) ソ連軍参謀本部第2総局第21840号暗号電報（1951年7月15日付）．フォンド45，目録1，文書340，リスト54-55.

(13) ソ連軍参謀本部第2総局第21890号暗号電報（1951年7月15日付）．フォンド45，目録1，文書340，リスト62-63.

(14) ソ連軍参謀本部第2総局第502597/sh号暗号電報（1951年7月17日付）．フォンド45，目録1，文書348，リスト102-103.

(15) ソ連軍参謀本部第2総局第21960号暗号電報（1951年7月18日付）．フォンド45，目録1，文書340，リスト68-70.

(16) ソ連軍参謀本部第2総局第22053号暗号電報（1951年7月21日付）．フォンド45，目録1，文書340，リスト85-87.

(17) ソ連軍参謀本部第2総局第22073号暗号電報（1951年7月20日付）．毛沢東への李克農からの至急電のコピーをスターリンが受けとったもの．フォンド45，目録1，文書340，リスト92.

(18) ソ連軍参謀本部第2総局第21439号暗号電報（1951年7月20日付）．フォンド45，目録1，文書340，リスト95-96.

(19) ソ連軍参謀本部第2総局第4277号暗号電報（1951年7月21日付）．フォンド45，目録1，文書340，リスト92.

への毛沢東からの1951年7月18日付電報を参照（ソ連軍参謀本部第2総局第4251号および第21646号暗号電報による）．フォンド45，目録1，文書340，リスト48，68-70.

(17) ソ連軍参謀本部第2総局第22764号暗号電報（1951年8月11日付）．フォンド45，目録1，文書341，リスト32-36.

(18) ソ連軍参謀本部第2総局第4757号暗号電報（1951年8月17日付）．フォンド45，目録1，文書340，リスト82.

(19) ソ連軍参謀本部第2総局第23703号暗号電報（1951年9月8日付）．フォンド45，目録1，文書341，リスト98-99.

(20) 毛沢東へのスターリンからの電報（1951年9月10日付）．フォンド45，目録1，文書341，リスト109.

(21) ソ連軍参謀本部第2総局第24110号暗号電報（1951年9月20日付）．フォンド45，目録1，文書341，リスト125-127.

(22) ソ連軍参謀本部第2総局第5542号暗号電報（1951年9月26日付）．フォンド45，目録1，文書341，リスト128-129.

(23) ソ連軍参謀本部第2総局第24547号暗号電報（1951年10月4日付）．フォンド1，目録1，文書340，リスト134-135.

(24) ソ連軍参謀本部第2総局第2332号暗号電報（1951年10月7日付）．フォンド45，目録1，文書341，リスト136-137.

(25) ソ連軍参謀本部第2総局第25187号暗号電報（1951年10月24日付）．フォンド45，目録1，文書341，リスト141-143.

(26) ソ連軍参謀本部第8局第102522号暗号文（1951年11月13日付）．フォンド1，目録1，文書342，リスト8-9.

(27) ソ連軍参謀本部第8局第503396/sh号暗号電報（1951年11月15日付）．フォンド45，目録1，文書348，リスト43.

(28) ソ連軍参謀本部第2総局第6648号暗号電報（1951年11月14日付）．フォンド45，目録1，文書342，リスト10-11.

第12章　休戦交渉
モスクワ・北京・平壌の策略

(1) ソ連軍参謀本部第8局第501869/sh号暗号電報（1951年7月1日付）．フォンド45，目録1，文書340，リスト3-4.

(2) ソ連軍参謀本部第8局第101529号暗号文（1951年7月2日付）．フォンド45，目録1，文書340，リスト5.

(3) ソ連軍参謀本部第2総局第21405号暗号電報（1951年7月3日付）．フォ

(18) スターリンへの毛沢東からの電報，彭徳懐からの1951年6月1日付電報添付．ソ連軍参謀本部第2総局第20406号暗号電報（1951年6月4日付）．フォンド45，目録1，文書339，リスト4-6.

第11章 交渉の時が来た

(1) ソ連軍参謀本部第2総局第20448号暗号電報（1951年6月5日付）．フォンド45，目録1，文書339，リスト23.
(2) ソ連軍参謀本部第2総局第3410号暗号電報（1951年6月5日付）．フォンド45，目録1，文書339，リスト24-25.
(3) ソ連軍参謀本部第2総局第20662号暗号電報（1951年6月9日付）．フォンド45，目録1，文書339，リスト28-29.
(4) ソ連軍参謀本部第2総局第3557号暗号電報（1951年6月13日付）．フォンド45，目録1，文書339，リスト31-32.
(5) スターリンへの毛沢東からの電報（1951年6月13日付）．ソ連軍参謀本部第2総局第20772号暗号電報（1951年6月13日付）．フォンド45，目録1，文書339，リスト55-56.
(6) フォンド45，目録1，文書339，リスト57.
(7) 同上．リスト58-60.
(8) ソ連軍参謀本部第2総局第21039号暗号電報（1951年6月21日付）．フォンド45，目録1，文書339，リスト64-65.
(9) 毛沢東へのスターリンからの電報（1951年7月6日付）．ソ連軍参謀本部第8局第635177号暗号電報（1951年7月6日付）．フォンド45，目録1，文書340，リスト9.
(10) 同上．リスト10.
(11) ソ連軍参謀本部第2総局第21334号暗号電報（1951年6月30日付）．フォンド45，目録1，文書339，リスト90-91.
(12) ソ連軍参謀本部第2総局第21336号暗号電報（1951年6月30日付）．フォンド45，目録1，文書339，リスト92.
(13) ソ連軍参謀本部第2総局第21340号暗号電報（1951年6月30日付）．フォンド45，目録1，文書339，リスト93-94.
(14) ソ連軍参謀本部第2総局第3917号暗号電報（1951年6月30日付）．フォンド45，目録1，文書339，リスト95-96.
(15) ソ連軍参謀本部第2総局第21412号暗号電報（1951年7月3日付）．フォンド45，目録1，文書339，リスト6-7.
(16) 毛沢東へのスターリンからの1951年7月15日付電報，およびスターリン

(2)　ソ連軍参謀本部第2総局第633号暗号電報（1951年1月30日付）．フォンド45，目録1，文書337，リスト44.

(3)　ソ連軍参謀本部第2総局第651号暗号電報（1951年1月30日付）．フォンド45，目録1，文書337，リスト47-48.

(4)　ソ連軍参謀本部第8局第500316/sh号暗号電報（1951年1月31日付）．フォンド45，目録1，文書348，リスト15-19.

(5)　ソ連軍参謀本部第8局第10031号暗号文（1951年2月3日付）．フォンド45，目録1，文書348，リスト20.

(6)　ソ連軍参謀本部第2総局第500361/sh号暗号電報（1951年2月4日付）．フォンド45，目録1，文書348，リスト25-26.

(7)　ソ連軍参謀本部第2総局第16480号暗号電報（1951年2月8日付）．フォンド45，目録1，文書337，リスト54-55.

(8)　スターリンへのユマシェフからの報告（1951年2月10日付）．第350号極秘暗号電報．フォンド3，目録65，文書828，リスト124-125.

(9)　ソ連軍参謀本部第2総局第17255号暗号電報（1951年3月1日付）．フォンド45，目録1，文書337，リスト78-82.

(10)　ソ連軍参謀本部第2総局第1749号暗号電報（1951年3月15日付）．フォンド45，目録1，文書337，リスト124.

(11)　ソ連軍参謀本部第2総局第17834号暗号電報（1951年3月18日付）．フォンド45，目録1，文書337，リスト126-127.

(12)　スターリンへの周恩来からの電報．ソ連軍参謀本部第2総局17994号暗号電報（1951年3月23日付）．フォンド45，目録1，文書337，リスト138-139.

(13)　ソ連軍参謀本部第8局第646007号暗号文（1951年4月12日付）．フォンド3，目録65，文書828，リスト140-142.

(14)　ソ連軍参謀本部第2総局第3220号暗号電報（1951年5月26日付）．フォンド45，目録1，文書338，リスト91.

(15)　スターリンへの毛沢東からの電報，彭徳懐からの電報添付．ソ連軍参謀本部第2総局第20147号暗号電報（1951年5月27日付）．フォンド45，目録1，文書338，リスト95-97.

(16)　ソ連軍参謀本部第2総局第3282号暗号電報（1951年5月29日付）．フォンド45，目録1，文書338，リスト98-99.

(17)　スターリンへの毛沢東からの電報，彭徳懐からの1951年5月31日付電報文添付．ソ連軍参謀本部第2総局第20412号暗号電報（1951年6月4日付）．フォンド45，目録1，文書339，リスト1-3.

ォンド45，目録1，文書334，リスト111-112.
(6) 金日成へのスターリンからの第75525（4）6759号電報（1950年10月13日付）．フォンド45，目録1，文書347，リスト74-75.
(7) ソ連軍参謀本部第2総局第4829号暗号電報（1950年10月14日付）．フォンド45，目録1，文書347，リスト77.
(8) モスクワへのローシチンからの電報（1950年10月20日付）．フォンド45，目録1，文書335，リスト30.
(9) モスクワへのローシチンからの電報（1950年10月25日付）．フォンド45，目録1，文書335，リスト80-81.
(10) モスクワへのローシチンからの電報（1950年10月25日付）．フォンド45，目録1，文書335，リスト83-84.
(11) ソ連軍参謀本部第8局第600584/M号暗号文（1950年10月31日付）．フォンド45，目録1，文書347，リスト81-83.

第9章　中国、朝鮮戦争に派兵
成功による幻惑

(1) ソ連軍参謀本部第2総局第26637号暗号電報（1950年11月8日付）．フォンド45，目録1，文書335，リスト80-81.
(2) ソ連軍参謀本部第2総局第9768号暗号電報（1950年12月1日付）．フォンド3，目録1，文書336，リスト5.
(3) 中国大使王稼祥との接見．A. グロムイコの日誌より．フォンド3，目録65，文書515，リスト35-37.
(4) ソ連外務省第23343号暗号電報（1950年12月7日付）．フォンド3，目録1，文書336，リスト20-21.
(5) ソ連軍参謀本部第2総局第15227号暗号電報（1951年1月8日付）．フォンド3，目録1，文書336，リスト88-90.
(6) 同上.
(7) ソ連軍参謀本部第2総局第15608号暗号電報（1951年1月16日付）．フォンド3，目録1，文書336，リスト125-127.
(8) ソ連軍参謀本部第2総局第15994号暗号電報（1951年1月21日付）．フォンド45，目録1，文書337，リスト37-40.

第10章　有頂天は弱まり、そして消える

(1) ソ連軍参謀本部第2総局第16052号暗号電報（1951年1月29日付）．フォンド45，目録1，文書337，リスト41-43.

(3) ソ連軍参謀本部第8局第3172号暗号文（1950年7月5日付）．フォンド45，目録1，文書331，リスト79.
(4) ソ連軍参謀本部第2総局第3231号暗号電報（1950年7月8日付）．フォンド45，目録1，文書331，リスト82.
(5) ソ連軍参謀本部第2総局暗号電報（1950年7月13日付）．フォンド45，目録1，文書331，リスト85.
(6) モスクワへのローシチンからの電報．フォンド45，文書331，リスト97-98.
(7) 北京駐在大使へのソ連外務省からの電報（1950年8月6日付）．フォンド45，目録1，文書331，リスト102-103.
(8) スターリンへの中国駐在ソ連大使からの電報（1950年8月20日付）．フォンド45，目録1，文書331，リスト107.
(9) スターリンへの中国駐在ソ連大使からの電報（1950年8月28日付）．フォンド45，目録1，文書331，リスト112-113.
(10) スターリンへのローシチンからの電報（1950年9月18日付）．フォンド45，目録1，文書331，リスト123-126.
(11) ローシチンへのスターリンからの電報（1950年9月20日付）．フォンド45，目録1，文書331，リスト129-130.
(12) スターリンへのローシチンからの電報（1950年9月21日付）．フォンド45，目録1，文書331，リスト131.
(13) モスクワへのローシチンからの電報（1950年9月22日付）．フォンド45，目録1，文書331，リスト133-135.
(14) スターリンへのユージンからの電報（1950年9月22日付）．フォンド45，目録1，文書331，リスト136-138.

第8章　モスクワ、中国の参戦を要求

(1) 毛沢東と周恩来へのスターリンからの電報（1950年10月1日付）．滞在先のソチから発信．フォンド45，目録1，文書334，リスト90.
(2) ソ連軍参謀本部第2総局第25199号暗号電報（1950年10月3日付）．フォンド45，目録1，文書334，リスト105-106.
(3) シトゥイコフへのスターリンからの電報（1950年10月8日付）．フォンド45，目録1，文書334，リスト112-115.
(4) 金日成へのスターリンからの電報（1950年10月12日付）．フォンド45，目録1，文書334，リスト109.
(5) ソ連軍参謀本部第2総局第25629号暗号電報（1950年10月13日付）．フ

ォンド45，目録1，文書347，リスト46-49.

(15) 第182-sh号（1950年9月30日付）．フォンド3，目録65，文書827，リスト123，125.

(16) ソ連軍参謀本部第8局第600308/sh号暗号文（1950年9月30日付）．フォンド45，目録1，文書347，リスト41-45.

(17) ソ連共産党中央委員会政治局第78会議速記録抄録第P78/118号（1950年9月30日付決定）．フォンド3，目録65，文書827，リスト100-101.

(18) 軍事顧問団長マトヴェーエフへの国防相ブルガーニンからの電報（1950年10月2日付）．フォンド45，目録1，文書347，リスト64.

(19) ソ連共産党中央委員会政治局第78会議速記録抄録第P78/168号（1950年10月5日付決定）．フォンド3，目録65，文書827，リスト121-122.

(20) シトゥイコフへの「中央」からの第1405/sh号暗号文（1950年10月6日付）．フォンド3，目録65，文書827，リスト126-127.

(21) 金日成へのスターリンからの電報（1950年10月13日付）．フォンド45，目録1，文書335，リスト2.

(22) ソ連軍参謀本部第8局第600428/sh号暗号文（1950年10月14日付）．フォンド45，目録1，文書335，リスト3.

(23) ソ連軍参謀本部第8局第600603/sh号暗号文（1950年11月2日付）．フォンド45，目録1，文書347，リスト87.

(24) ソ連軍参謀本部第8局第600382/sh号暗号文（1950年10月9日付）．フォンド45，目録1，文書347，リスト72-73.

(25) 第357/a号．フォンド3，目録65，文書776，リスト157-158.

(26) 第255-gi号（1950年10月20日付）．フォンド3，目録65，文書776，リスト160.

(27) ソ連外務省課長代理E・クルデュモフの朝鮮民主主義人民共和国大使との会見メモ（1950年11月13日付）．フォンド3，目録65，文書776，リスト163.

(28) ソ連軍参謀本部第8局第75835号暗号文（1950年11月20日付）．フォンド45，目録1，文書347，リスト88-89.

第7章　戦争初期段階における中国の役割

(1) モスクワへのローシチンからの電報（1950年7月1日付）．フォンド45，目録1，文書331，リスト73-74.

(2) モスクワへのローシチンからの電報（1950年7月2日付）．フォンド45，目録1，文書331，リスト75-77.

(14)　朝鮮民主主義人民共和国駐在ソ連大使へのスターリンからの電報（1950年6月17日付）．フォンド45，目録1，文書346，リスト84.
(15)　スターリンへのシトゥイコフからの電報（1950年6月20日付）．フォンド45，目録1，文書346，リスト86.
(16)　スターリンへのシトゥイコフからの電報（1950年6月21日付）．フォンド45，目録1，文書348，リスト14-15.

第6章　戦争の初期段階

(1)　ソ連軍参謀本部第8局第34691号暗号文（1950年7月1日付）．フォンド45，目録1，文書346，リスト104.
(2)　ソ連軍参謀本部第8局第405809号暗号文（1950年7月2日付）．フォンド45，目録1，文書346，リスト105-107.
(3)　ソ連軍参謀本部第8局第405840号暗号文（1950年7月4日付）．フォンド45，目録1，文書346，リスト136-139.
(4)　ソ連軍参謀本部第8局第35678号暗号文（1950年7月6日付）．フォンド45，目録1，文書346，リスト140.
(5)　ソ連軍参謀本部第8局第405976号暗号文（1950年7月8日付）．フォンド45，目録1，文書346，リスト143-144.
(6)　ソ連軍参謀本部第8局第37220号暗号文（1950年7月13日付）．フォンド45，目録1，文書346，リスト149-150.
(7)　ソ連軍参謀本部第8局第75021号暗号文（1950年8月28日付）．フォンド45，目録1，文書346，リスト5-6，10-11.
(8)　ソ連軍参謀本部第8局第600037号暗号文（1950年8月31日付）．フォンド45，目録1，文書347，リスト12-13.
(9)　ソ連軍参謀本部第8局第600047号暗号文（1950年8月31日付）．フォンド45，目録1，文書347，リスト14-15.
(10)　スターリンへのワシレフスキーからの第1172号報告（1950年9月21日付）．フォンド3，目録65，文書827，リスト79-80.
(11)　スターリンへのワシレフスキーからの報告（1950年9月23日付）．フォンド3，目録65，文書827，リスト81-82.
(12)　ソ連軍参謀本部第8局第600262/sh号暗号文（1950年9月26日付）．フォンド3，目録65，文書827，リスト103-106.
(13)　ソ連共産党中央委員会政治局第78会議速記録抄録第P78/73号（1950年9月27日付決定）．フォンド3，目録65，文書827，リスト90-93.
(14)　ソ連軍参謀本部第8局第600301/sh号暗号文（1950年9月29日付）．フ

(13) スターリンへのローシチンからの電報（1950年5月16日付）．フォンド45，目録1，文書331，リスト60-61.

(14) 同上.

(15) スターリンへのローシチンからの電報（1950年7月2日付）．フォンド45，目録1，文書331，リスト76-77.

(16) 同上.

(17) スターリンへのローシチンからの電報（1950年5月16日付）．フォンド45，目録1，文書331，リスト60-61.

(18) ローシチンへのスターリンからの電報（1950年5月16日付）．フォンド45，目録1，文書331，リスト58.

第5章 戦争準備

(1) スターリンへの金日成からの手紙（1949年4月28日付）．フォンド3，目録65，文書775，リスト82.

(2) スターリンへのシトゥイコフからの電報（1949年5月1日付）．フォンド3，目録65，文書775，リスト90-91.

(3) 同上.

(4) ソ連邦と朝鮮民主主義人民共和国間の貿易支払協定議定書（1949年3月17日付）．フォンド3，目録65，文書776，リスト53-58.

(5) ソ連邦と朝鮮民主主義人民共和国間の貿易支払協定議定書（1949年3月17日付）．フォンド3，目録65，文書776，リスト57.

(6) スターリンへのシトゥイコフからの電報（1950年1月1日付）．フォンド3，目録65，文書826，リスト16-17.

(7) 朝鮮民主主義人民共和国覚書（1950年3月14日付）．フォンド3，目録65，文書826，リスト62.

(8) 上記覚書の添付文書．フォンド3，目録65，文書826，リスト63-70.

(9) モスクワへの平壌駐在ソ連大使館からの電報（1950年4月10日付）．フォンド3，目録65，文書826，リスト80.

(10) スターリンへのシトゥイコフからの電報（1950年5月12日付）．フォンド3，目録65，文書829，リスト34-35.

(11) モスクワへのシトゥイコフからの電報（1950年5月29日付）．フォンド3，目録65，文書829，リスト43-44.

(12) 同上.

(13) モスクワへのシトゥイコフからの電報（1950年6月16日付）．フォンド3，目録65，文書830，リスト9-11.

目録1，文書346，リスト77.

(7) モスクワへのシトゥイコフからの電報（1950年3月21日付）．フォンド45，目録1，文書346，リスト90-91.

(8) スターリンへのシトゥイコフからの電報（1950年3月23日付）．フォンド45，目録1，文書346，リスト92-93.

(9) モスクワへのシトゥイコフからの電報（1950年3月24日付）．フォンド45，目録1，文書346，リスト94-95.

第4章 南朝鮮「解放」計画に関する中国の立場

(1) モスクワへのシトゥイコフからの電報（1949年5月15日付）．フォンド3，目録65，文書9，リスト51-55.

(2) スターリンへのコワリョフ中国駐在ソ連共産党代表からの電報（1949年5月18日付）．ソ連軍参謀本部情報総局第54611号暗号文．フォンド45，目録1，文書331，リスト59-61.

(3) 平壌駐在ソ連大使へのスターリンからの電報（1950年1月1日付）．フォンド45，目録1，文書346，リスト110.

(4) モスクワへのシトゥイコフからの電報（1950年1月11日付）．フォンド45，目録1，文書346，リスト114-115.

(5) モスクワへのシトゥイコフからの電報（1950年4月10日付）．フォンド45，目録1，文書346，リスト88-89.〔原資料と照合した結果，上記発信人と受信人は著者の記載ミスと考えられ，「ヴィシンスキーへのイグナチェフからの電報」が正しい——訳者〕

(6) 中国駐在ソ連大使へのスターリンからの電報．ソ連軍参謀本部第8局第2220号暗号電報．フォンド45，目録1，文書331，リスト54.

(7) フィリポフはスターリンの偽名の一つ．

(8) 毛沢東へのスターリンからの電報．ソ連外務省第8600号暗号電報（1950年5月14日付）．フォンド45，目録1，文書331，リスト55.

(9) モスクワへのシトゥイコフからの電報（1950年5月12日付）．フォンド45，目録1，文書346，リスト90-94.

(10) スターリンへのローシチンからの電報（1950年5月13日付）．フォンド45，目録1，文書331，リスト52-53.

(11) スターリンへのローシチンからの電報（1950年5月14日付）．フォンド45，目録1，文書331，リスト54.

(12) スターリンへのローシチンからの電報（1950年5月15日付）．フォンド45，目録1，文書331，リスト57-59.

(7) 同上.

(8) モスクワへのトゥンキンからの電報（1949年9月3日付）．フォンド3，目録65，文書775，リスト116-119.

(9) トゥンキンへのスターリンからの電報（1949年9月11日付）．フォンド3，目録65，文書775，リスト122.

(10) モスクワへのトゥンキンからの電報（1949年9月14日付）．フォンド3，目録65，文書837，リスト94-99.

(11) 同上.

(12) 朝鮮民主主義人民共和国駐在ソ連大使館の回答情報「南北朝鮮の政治・経済状況の特徴について」（1949年9月15日付）．フォンド3，目録65，文書776，リスト1-21.

(13) ソ連共産党中央委員会政治局決定（1949年9月24日付）．ソ連共産党中央委員会政治局第71会議速記録抄録第P71/191号，および p. 191（OP）pr. PB No. 71 添付文書．フォンド3，目録65，文書776，リスト30-32.

(14) 第二修正指示案の提議があるV・モロトフのメモ．フォンド3，目録65，文書776，リスト33-38．および文書839，リスト4-16も参照.

(15) フォンド3，目録65，文書776，リスト39-42.

(16) フォンド3，目録65，文書776，リスト42.

(17) モスクワへのシトゥイコフからの電報（1949年10月4日付）．フォンド43，目録1，文書346，リスト59.

(18) モスクワへのシトゥイコフからの電報（1950年1月19日付）．フォンド45，目録1，文書346，リスト62-65.

第3章 南進が祝福を得る

(1) シトゥイコフへのスターリンからの電報（1950年1月30日付）．フォンド45，目録1，文書346，リスト70.

(2) スターリンへのシトゥイコフからの電報（1950年1月31日付）．フォンド45，目録1，文書346，リスト71-72.

(3) シトゥイコフへのスターリンからの電報（1950年2月2日付）．フォンド45，目録1，文書347，リスト12.

(4) モスクワへのシトゥイコフからの電報（1950年2月4日付）．フォンド45，目録1，文書346，リスト71.

(5) シトゥイコフへの「中央」からの電報（1950年2月9日付）．ソ連外務省第2429号暗号電報．フォンド45，目録1，文書346，リスト76.

(6) モスクワへのシトゥイコフからの電報（1950年2月10日付）．フォンド45,

(14) スターリンへのシトゥイコフからの電報（1949年6月5日付）．フォンド45，目録1，文書346，リスト59-63.

(15) スターリンへのシトゥイコフからの電報（1949年6月18日付）．フォンド3，目録65，文書3，リスト65-67.

(16) モスクワへのシトゥイコフからの電報（1949年6月22日付）．フォンド3，目録65，文書3，リスト68-75.

(17) 朝鮮民主主義人民共和国駐在大使へのスターリンからの電報（1949年8月3日付）．フォンド3，目録65，文書3，リスト88-89.

(18) 朝鮮に関する提案書（1949年8月2日付）．フォンド45，目録1，文書33，リスト121-128.

(19) モスクワへのシトゥイコフからの電報（1949年7月13日付）．フォンド3，目録65，文書5，リスト25-27.

(20) シトゥイコフへのスターリンからの電報（1949年10月26日付）．フォンド3，目録65，文書6，リスト103.

(21) スターリンへのシトゥイコフからの電報（1949年10月31日付）．フォンド3，目録65，文書5，リスト104-106.

(22) シトゥイコフへのスターリンからの電報（1949年11月20日付）．フォンド3，目録65，文書9，リスト26.

(23) モスクワへのシトゥイコフからの電報（1950年1月6日付）．フォンド3，目録65，文書91，リスト46-47.

(24) モスクワへのシトゥイコフからの電報（1950年9月2日付）．ソ連軍参謀本部第8局第600081号暗号文（1950年9月2日付）．フォンド3，目録65，文書827，リスト43-48.

第2章　金日成、南「解放」の許可を手にする
スターリン、躊躇する

(1) モスクワへのシトゥイコフからの電報（1949年8月12日付）．フォンド3，目録65，文書775，リスト102-106.

(2) 同上.

(3) 同上.

(4) 同上.

(5) モスクワへのシトゥイコフからの電報（1949年8月14日付）．フォンド3，目録65，文書775，リスト108-111.

(6) モスクワへのシトゥイコフからの電報（1949年8月27日付）．フォンド3，目録65，文書775，リスト112-114.

注

〔著者が基本的に依拠したのは外国人が容易に接近できないロシア連邦大統領文書館（Arkhiv Prezidenta Rossiiskoi Federatsii＝APRF）である．以下，フォンド，目録，文書，リストとあるのは，その中の分類番号である〕

第1章　スターリン、南からの侵攻を恐れる

(1)　ソ連軍参謀本部第8局第121973号暗号文（1947年5月12日付）．ロシア連邦大統領文書館〔以下略〕．フォンド45，目録1，文書346，リスト4-6.
(2)　同上，リスト4.
(3)　モロトフへのシトゥイコフからの電報（1949年1月19日付）．フォンド3，目録65，文書3，リスト1-2.
(4)　モロトフへのシトゥイコフからの電報（1949年1月27日付）．フォンド3，目録65，文書3，リスト3-5.
(5)　モロトフへのシトゥイコフからの電報（1949年2月3日付）．フォンド3，目録65，文書3，リスト6-7.
(6)　モロトフへのシトゥイコフからの電報（1949年2月3日付）．フォンド3，目録65，文書3，リスト8-9.
(7)　モロトフへのシトゥイコフからの電報（1949年2月4日付）．フォンド3，目録65，文書3，リスト11-12.
(8)　同志スターリンと朝鮮民主主義人民共和国政府代表団（団長＝金日成首相）との会談（1949年3月5日付）．フォンド45，目録1，文書346，リスト13-23，46.
(9)　平壌大使へのスターリンからの電報（1949年4月17日付）．フォンド3，目録65，文書3，リスト25.
(10)　スターリンへのシトゥイコフからの電報（1949年4月20日付）．フォンド3，目録65，文書3，リスト26-28.
(11)　スターリンへのワシレフスキー将軍とシトゥイコフ大使からの電文．第17064号暗号電報（1949年4月20日付）．フォンド3，目録65，文書3，リスト29-30.
(12)　スターリンへのシトゥイコフからの電報（1949年5月2日付）．フォンド45，目録1，文書346，リスト41-44.
(13)　モスクワへのシトゥイコフからの電報（1949年5月28日付）．フォンド45，目録1，文書346，リスト51-52.